PASCAL GURK

Die Skill-Bibel

Die 100 besten Fußball-Tricks
von Ronaldo, Neymar und Co.

HEYNE

Alle Bilder stammen von Philipp Behrendt, mit Ausnahme von:
Julian Meusel: 54/55; © picture alliance: 52 (Pressebildagentur ULMER | ULMER), 84 (dpa/Revierfoto | Revierfoto)

FSC
www.fsc.org
MIX
Papier aus verantwortungsvollen Quellen
FSC® C021956

Penguin Random House Verlagsgruppe FSC® N001967

Originalausgabe 2022

in der Penguin Random House Verlagsgruppe GmbH,
Neumarkter Straße 28, 81673 München
Redaktion: Ulrike Strerath-Bolz
Umschlaggestaltung: wilhelm typo grafisch
Umschlag- und Innenteilfotos: Philipp Behrendt
Konzeption und Gestaltung: Dominic Wilhelm, wilhelm typo grafisch
Druck und Bindung: Alcione Litotipografia S.r.l., Lavis
Printed in Italy
ISBN: 978-3-453-21846-8

www.heyne.de

INHALT

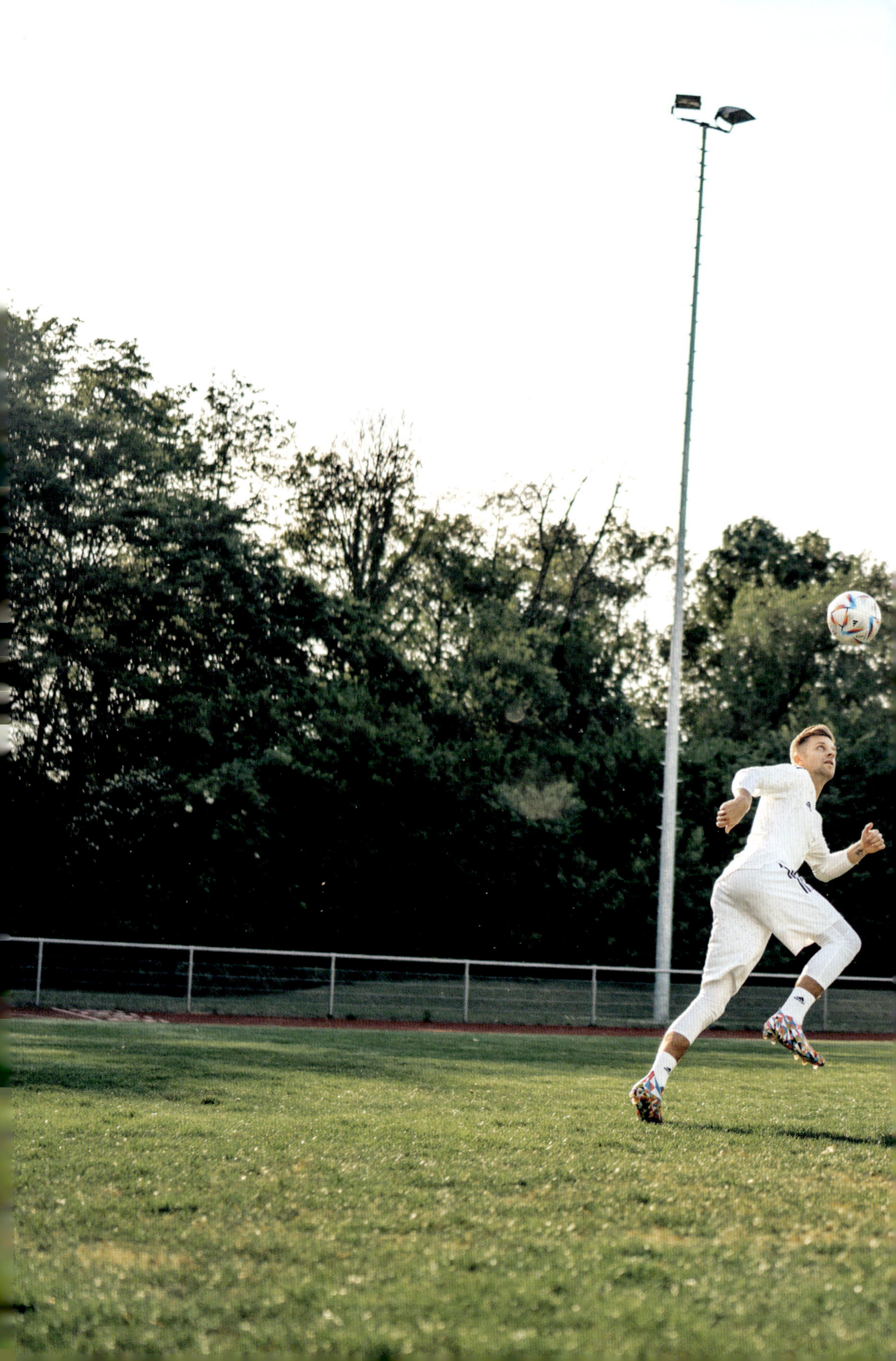

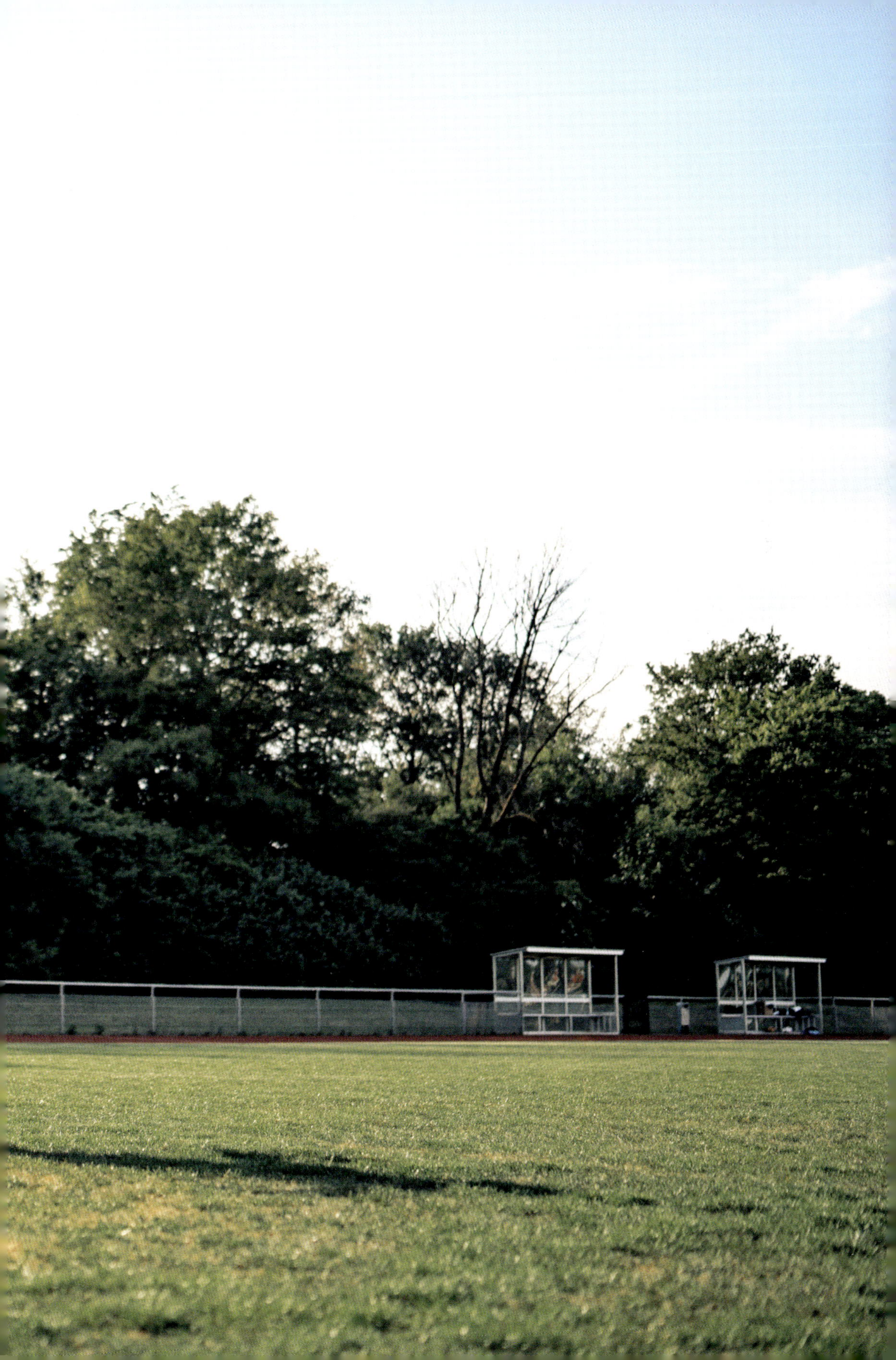

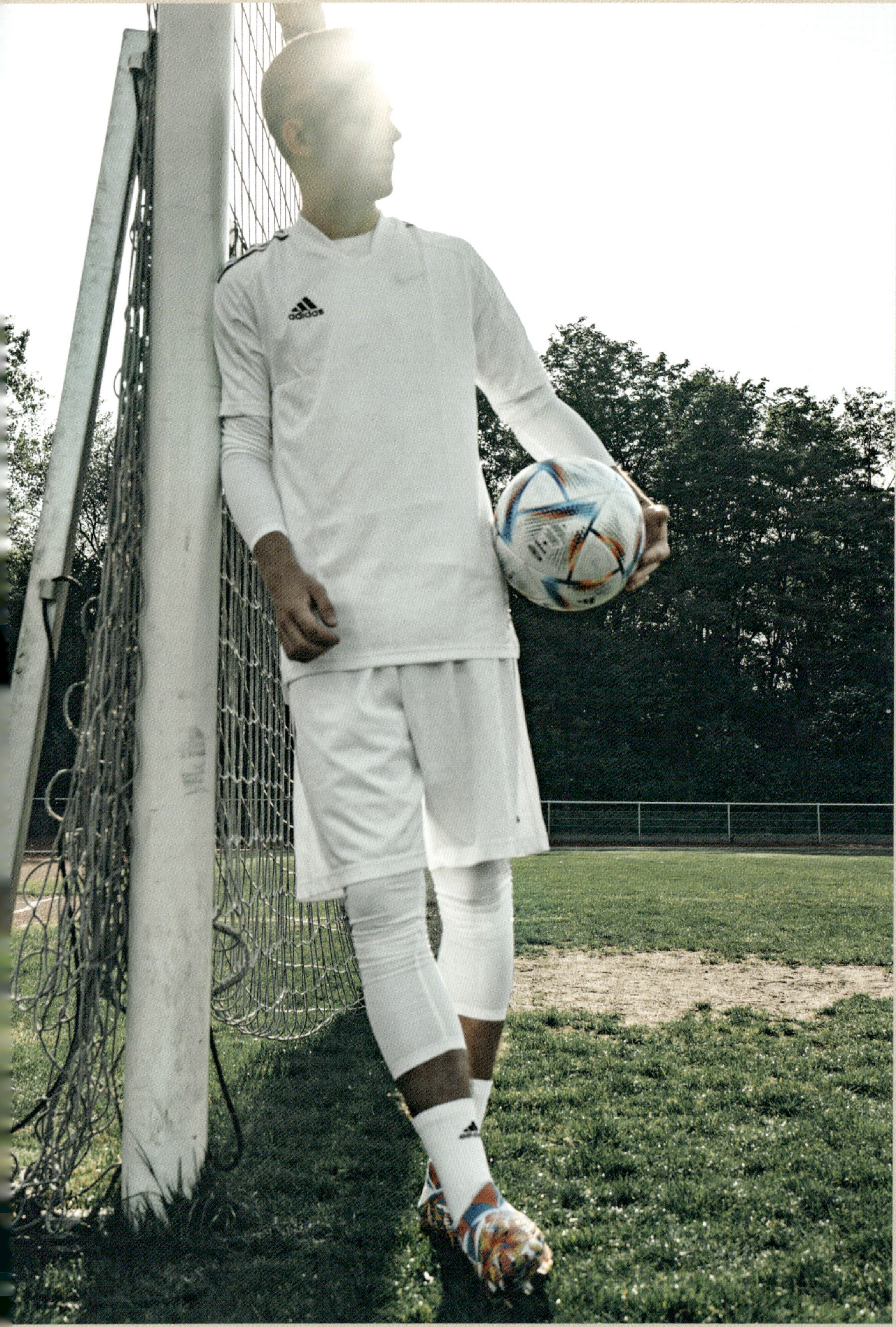
adidas

EINLEITUNG

**»Ein Leben ohne Ball
kann ich mir nicht vorstellen!«**

**Das konnte einfach nicht wahr sein.
Warum jetzt? Warum ich?
Warum konnte mein verfluchtes Drecks-Knie nicht einfach halten?**

**War gerade etwas zerplatzt?
War mit dieser Verletzung mehr kaputtgegangen als nur mein Außenband?**

Völlig wild schossen mir die verschiedensten Fragen durch den Kopf. Ohne dass ich mir selbst eine Antwort darauf geben konnte. Es lief doch gerade alles so gut. Das durfte doch nicht in Wirklichkeit passiert sein.

Es ratterte in meinem Hirn.

Hättest du dich früher vom Ball getrennt, wäre das nicht passiert. Ich machte mir selbst Vorwürfe.

Ich starrte an die Decke und suchte nach irgendeinem Punkt, der mir Halt bieten konnte. Aber da war nichts. Das kalte, grelle Licht der Neonröhre, die mein Krankenhauszimmer im Uniklinikum Essen beleuchtete, verschlimmerte mein Hirnrattern sogar noch.

Sechs Mal hatte ich in der U19-Bundesliga gespielt. Mit 17 Jahren. Gegen die besten Nachwuchs-Talente von Düsseldorf, Bochum, Paderborn, Bielefeld und Fortuna Köln. Ich war Rechtsverteidiger. Immer hart im Zweikampf. Kompromisslos. Ich habe darauf gelauert, impulsiv nach vorne zu verteidigen und mit meiner Schnelligkeit Pässe abzufangen, die ungenau gespielt waren. Gegen Dortmund stellte mich unser Trainer deshalb einmal sogar als Mittelstürmer auf, weil er probieren wollte, wie ich meine Geschwindigkeit auf dieser Position ausspielen konnte.

Scouts, das wusste jeder von uns Spielern, standen bei den meisten Partien am Spielfeldrand und suchten nach denjenigen, denen sie den Sprung nach ganz oben zutrauten. Angeblich, so sagte man mir, sei mein Name auch schon in Büchern von diesen Männern, die mitunter als Diamanten-Augen bezeichnet wurden, gelandet.

Das hatte mich aber nie interessiert. Angeblich in irgendwelchen Büchern oder Scouting-Berichten von noch größeren Klubs zu stehen, klang in der Theorie toll, half aber erst mal überhaupt nichts.

Ich wollte kicken. Am liebsten in jeder freien Sekunde. Mich mit den Besten messen.

Doch nun, im September 2017, in diesem Krankenhaus, als ich die Kontrolle über meine Gedanken zumindest vorübergehend verloren hatte, beschäftigte ich mich plötzlich mit schrägen Dingen.

Was wäre wohl passiert, wenn ich beim Spiel gegen Schalke hätte dabei sein können, das nur wenige Wochen nach meiner Verletzung angesetzt war – womit bereits jetzt feststand, dass ich nicht rechtzeitig fit werden würde? Ich hätte vor den Augen von Norbert Elgert gespielt, dem wohl besten deutschen Talente-Macher, der schon zahlreichen Jungs auf dem Weg zum Weltstar behilflich gewesen war. Was hätte dieser Mann, den jeder Nachwuchsspieler in Deutschland kennt, wohl gedacht, wenn er mich gesehen hätte? Wäre ich ihm womöglich aufgefallen und in Erinnerung geblieben?

Meine Mannschaft schlug Gladbach, Leverkusen und Duisburg, Köln konnte uns nicht besiegen. Ich humpelte an Krücken und stand am Spielfeldrand.

Der Werbeslogan von DSF (so hieß Sport1 früher mal), der während meiner Kindheit ständig im Fernsehen lief, lautete »Mittendrin, statt nur dabei«. Für mich fühlte es sich an, als wäre ich ganz weit weg. Ich durfte zwar nach wie vor mit in die Kabine und bei den Ansprachen unseres Trainers zuhören, aber sobald die Jungs rausgingen, ich das Klacken von Stollenschuhen auf dem Kabinenboden hörte, war es, als würde ich aus meiner eigenen Mannschaft herausgerissen.

Neun Spiele lang war ich raus. Gerade der Oktober und November waren die Hölle. Das erste Mal überhaupt wurde mir klar, was der Spruch »Mein Körper ist mein Kapital« wirklich bedeutet. Ich war, bezogen auf diesen Spruch, quasi bankrott, völlig abgebrannt, am Ende.

Aber zum Glück hatte ich gelernt zu kämpfen. Champions, so heißt es, würden fünfmal so schnell wieder aufstehen wie der durchschnittliche Mensch. »Es kommt nicht darauf an, wie tief man fällt, sondern wie man zurückfedert.«

An guten Tagen halfen mir diese Sprüche, und sie überzeugten und motivierten mich. An schlechten Tagen, davon gab es zum Glück aber viel weniger als von den guten, kam es auch mal vor, dass ich sie frustriert und genervt als Glückskeks-Weisheiten verspottete.

Mein Außenband wuchs wieder zusammen. Ich konnte die Krücken schneller als zunächst erwartet wieder in die Ecke schmeißen und anfangen zu trainieren. Im Februar des nächsten Jahres, nach 147 Tagen Zwangspause, war ich zurück.

Mario Götze, der Deutschland 2014 mit seinem Schuss ins Glück den WM-Titel beschert hatte, hat Jahre später mal erklärt, wie sich bei ihm im Laufe seiner langen und großartigen Karriere das Bewusstsein für die Kleinigkeiten verschärft habe. »Mit zunehmendem Alter«, sagte er kurz vor seinem 30. Geburtstag, »erlebe ich Fußball einfach bewusster, die Sinne sind geschärfter, was mir bei Entscheidungen hilft. Das können Kleinigkeiten sein. Zum Beispiel einfach auf den Fußballplatz zu gehen, den Rasen unter den Füßen zu spüren und den ersten Ballkontakt, dieses Geräusch bewusst wahrzunehmen, wenn man den Ball richtig gut trifft. Ich nehme Fußball in seinen Einzelheiten viel bewusster wahr. Ich genieße die Momente mit der Mannschaft viel mehr als noch vor einiger Zeit.«

Unterbewusst war es genau das, was ich nach meiner Rückkehr auf den Platz verspürte, ohne dass ich es jemals so gut hätte ausdrücken können, wie Mario Götze es nach Tausenden Interviews, die er im Laufe seiner Karriere gegeben hat, formulierte.

Wir spielten zu Hause gegen Dortmund. Ich hatte mich in die Startelf zurückgekämpft. Es tat so gut, wieder auf dem Rasen zu stehen, diesen Geruch von frisch gemähtem und leicht feuchtem Gras einzuatmen, diese Kleinigkeiten quasi zu inhalieren, sodass ich es etwas leichter akzeptieren konnte, dass wir gegen den BVB-Nachwuchs mit 2:6 verloren.

Mein Knie hatte gehalten. Die Bänder waren wieder stabil. Ich kam in jedem verbleibenden Spiel der Saison zum Einsatz, sechsmal über die vollen 90 Minuten.

Ich durfte sogar an Nachwuchs-Lehrgängen teilnehmen, aus denen die Jugend-Nationalmannschaften bestückt wurden, auch wenn ich es am Ende nicht schaffte, sondern mich immer nur im erweiterten Kreis bewegte.

Die nächste Saison begann hoffnungsvoll. In meinem zweiten Jahr in der U19 halfen mir meine Erfahrung und die Tatsache, dass ich nun zu den älteren gehörte, die gegen die nachrückenden Spieler antraten. Ich hatte körperliche Vorteile, wusste mittlerweile

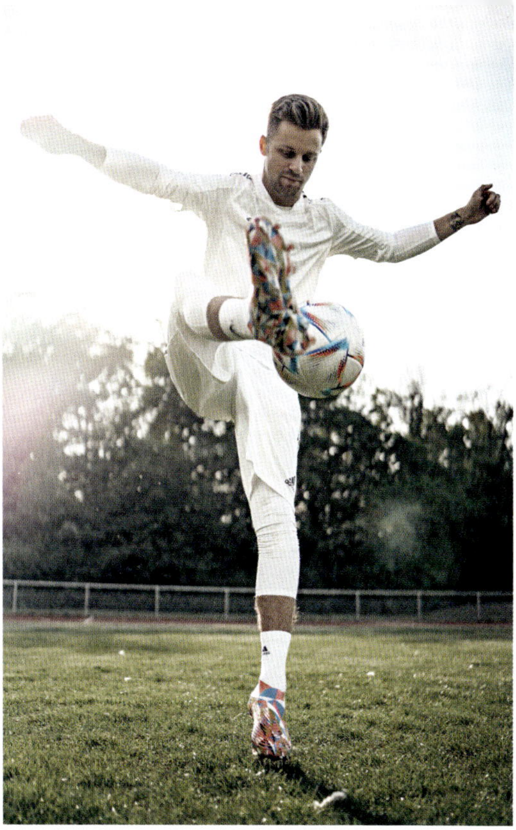

auch viel besser, wie ich meinen Körper einsetzen musste, um die heraneilenden Stürmer einfach wegzuschieben.

Dimitrios Grammozis, der spätere Schalker Cheftrainer, coachte die U19 von Bochum, gegen die wir ranmussten. Bei der U19 von Köln, einem weiteren Gegner von uns, stand mit Stefan Ruthenbeck jemand an der Linie, der bereits Greuther Fürth in der zweiten Liga trainiert hatte. Die Nähe zum Profifußball war immer wieder spürbar.

Meist spielte ich auf meiner angestammten Position als Rechtsverteidiger. Zwischenzeitlich probierte mich unser Trainer auch mal im zentralen Mittelfeld oder auf der offensiven rechten Außenbahn aus. Das ist nicht ungewöhnlich in der Jugend, in der die Ausbildung wichtiger ist als das Ergebnis.

Unser Trainer wollte, dass ich so lernte, auch in anderen Spielsituationen klarzukommen. Als Rechtsverteidiger hat man einen klaren Job. Man muss Bälle antizipieren, impulsiv nach vorne verteidigen und gegnerische Zuspiele verhindern. Meist läuft der Gegner frontal auf einen zu. Das Spiel findet überwiegend vor einem statt, links ist viel Platz, rechts wird man von der Außenlinie begrenzt.

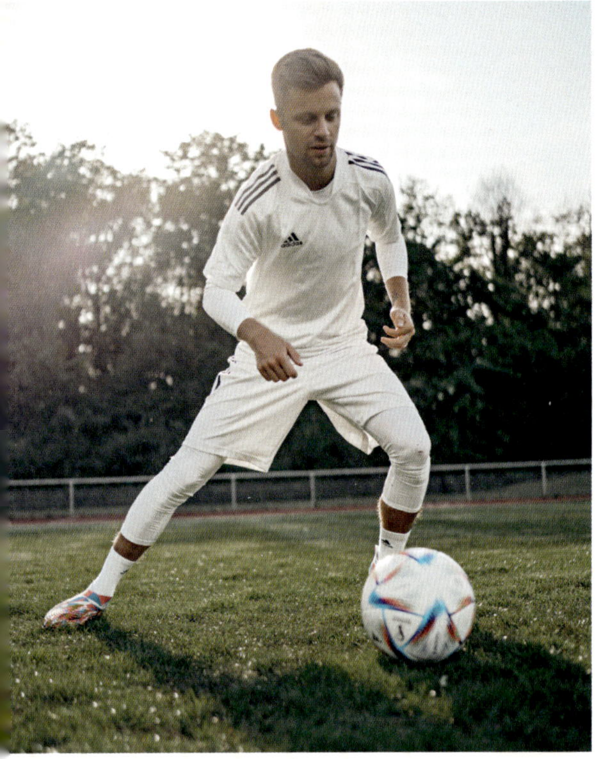

Im zentralen Mittelfeld hat man andere Aufgaben. Man braucht Ruhe am Ball, um dem Spiel Rhythmus zu verleihen. Gegner können einen aus jeder Richtung anlaufen und attackieren. Es ist daher noch wichtiger, eine gute Vororientierung zu haben, was im Klartext heißt, dass man ständig weiß, wo vor, neben und hinter einem die Gegenspieler und Mitspieler stehen. Man muss seine Umgebung permanent scannen und erfassen, Räume sehen, damit man schon weiß, wohin man den Ball passen kann, bevor man ihn überhaupt selbst hat.

Frank Lampard, heute Trainer bei Everton, war als Spieler das Paradebeispiel dafür. Er hatte immer alles im Blick. Es gibt bei YouTube ein Video von ihm, das das eindrucksvoll zeigt. Nicht, weil Lampard ein spektakuläres Tor schießt oder ein hammerhartes Tackling macht. Man sieht ihn eigentlich nur, wie er in einer Minute und sechsundzwanzig Sekunden 47-mal seinen Kopf nach links und rechts fliegen lässt, ein bisschen wie eine Eule, um zu erkennen, was passiert.

Dieses Platz-Scannen sollte ich auch lernen, daher die zwischenzeitlichen Ausflüge ins zentrale Mittelfeld.

Alles schien gut. Bis ich ab Anfang der Rückrunde ein Stechen in der Leistengegend spürte. Wir hatten ein Unentschieden gegen Gladbach geholt, als ich in der Kabine saß und spürte, dass irgendetwas komisch war. Es war kein dauerhafter Schmerz. Aber auf irgendeine Art fühlte es sich anders an als sonst. Ich saß nach dem Duschen in einer Umkleide nahe dem Borussia-Park. Das Nachwuchsleistungszentrum der Gladbacher liegt in unmittelbarer Nähe zum Stadion der Profis. Bei nahezu jedem Zweikampf, vor allem in der zweiten Halbzeit, sah ich im Hintergrund dieses Prachtstadion mit seinen Stahlträgern, die mich an übermäßige Spinnenbeine erinnerten.

Ich drückte mit meinem Finger in den Schmerz und verzog das Gesicht. Für einen Moment tat es höllisch weh. Doch als ich wieder losließ, verschwand der Schmerz zum Glück auch wieder, genauso plötzlich, wie er gekommen war.

Ich dehnte mich, schüttelte die Beine aus und fuhr mit meinen Mannschaftskollegen zurück nach Oberhausen, als wäre nichts gewesen. Doch der Schmerz folgte mir und suchte mich wieder und wieder heim. Mal nach dem Training. Mal sogar im Schulsport, der ja eigentlich ein Klacks für mich war im Vergleich zu meinem täglichen Training seit vielen, vielen Jahren.

Manchmal stand ich auf dem Platz und suchte regelrecht nach diesem schmerzhaften Gefühl, bis ich es gefunden hatte, so sehr gelang es ihm, mich mental zu beeinflussen.

Nach manchen Trainingseinheiten war es, als gehörte mein Bein gar nicht mehr zu mir. Ich schleppte es wie einen Fremdkörper hinter mir her, weil ich es vor Schmerzen nicht mehr richtig bewegen konnte.

Tommy Haas, der irgendwann, als ich ein kleiner Junge war, als Tennis-Profi die Nummer zwei der Weltrangliste war, hatte mal, nachdem ihn zahlreiche Verletzungen zurückgeworfen hatten, ungefähr – jedenfalls habe ich es mir so gemerkt – gesagt: »Wenn ich ein Rennpferd wäre, das beim Kentucky-Derby reiten müsste, wäre ich schon längst erschossen worden, weil ich nur noch lahme.«

Zum Glück waren weder er noch ich ein Rennpferd, sonst wären für uns beide die Stunden gezählt gewesen.

Ich quälte mich gegen Dortmund 90 Minuten über den Platz. Gegen Aachen schaffte ich es nur noch eine Halbzeit, gegen den Schmerz anzuspielen.

Gegen Rödinghausen schoss ich unseren Treffer zum 3:1 und hätte mir unmittelbar danach am liebsten das Bein ausgerissen, weil ich nicht mehr wusste, wie ich es aushalten sollte. Inzwischen hatte sich der Schmerz von meinem Bein in meinem gesamten Körper ausgebreitet. Mir tat einfach alles weh.

Wenn der Ball rollte, ich im Spielgeschehen drin war, konnte ich dieses Pochen und Zerren, Ziepen und Brennen irgendwie ignorieren. Aber wehe, ich hatte zwischendurch auch nur eine Sekunde Zeit nachzudenken, dann war es vorbei. Bei jeder Spielunterbrechung, bei jedem Einwurf, jeder Ecke, jedem Freistoß war es, als würde der Schmerz von hinten angehechelt kommen, mich einholen und bewusst fertigmachen wollen. Wenn das Spiel weiterging, lief ich ihm wieder davon. Doch irgendwann hatte ich keine Kraft mehr, dieses Laufduell für mich zu entscheiden.

Ich probierte es wieder und wieder, musste mich aber geschlagen geben. Ich hatte in den ersten zwanzig Spieltagen 90 Prozent der möglichen Einsatzminuten gespielt. Ich war im Dauereinsatz bei Rot-Weiß Oberhausen. Doch nun, so kurz vor dem Sprung in den Herrenbereich, war meine Batterie ausgelaufen und hatte mein Innenleben zerfressen.

Sechs Monate war ich raus. Dieses Mal war meine Zwangspause noch länger als beim Außenbandriss.

Gonzalo Higuaín, der für Real Madrid, Juventus Turin und Neapel 278 Tore erzielte, sagte einmal einen entlarvenden Satz: »Du bist interessant, solange du spielst, danach kräht kein Hahn mehr nach dir. Du bist als Spieler wie eine Einwegflasche. Wenn sie leer ist, treten sie drauf und schmeißen sie weg.«

Ich will mich natürlich auf gar keinen Fall mit diesem Superstar vergleichen. Niemals! Aber ich verstehe, was er meint.

Ich war noch kilometerweit davon entfernt, tatsächlich Fußballprofi zu werden. Aber trotzdem war diese Erfahrung, die zweite dieser Art, wieder unfassbar hart. Seit der U17 hatte ich einen Lebensrhythmus, der sich sehr von dem anderer Jugendlicher unterschied. Alles drehte sich um Fußball, alles war nach Trainingseinheiten, Trainingslagern und Spielen ausgerichtet. Der Fußball gab den Takt vor. Doch nun war es, als habe jemand mit brachialer Gewalt den Takt unterbrochen. Der Stecker war gezogen worden. Plötzlich hatte ich so viel Zeit wie seit Beginn meiner Pubertät nicht mehr.

Ich hing viel im Internet und am Handy. Zum Glück blieb ich bei den richtigen Seiten hängen. Ich schaute Fußballvideos. Die schönsten Tore. Spektakuläre Dribblings. Beinharte Tacklings. Vor allem Best-off-Zusammenschnitte von den Spielern, bei denen Fußball zu einer Kunstform wird. In denen Fußballer und deren Bewegungen wissenschaftlich seziert werden, etwa bei Ronaldinho, über dessen Beckenschwung philosophiert wurde.

Fußball kann Zauberei sein. Es gibt Spieler, deren Aktionen kaum mit Worten beschrieben werden können. Sie verwirren nicht nur den Gegner, sondern auch Zuschauer und Journalisten.

Ich verfiel Ronaldinho, von dem viele behaupten, er liebe den Ball mehr als jeder andere Spieler auf dieser Welt. Er werde auf ewig einer der größten Ballkünstler der Fußballgeschichte bleiben. Er sei der beste auf dem Planeten. Mit immer neuen Superlativen versuchten Wortakrobaten, ihn zu beschreiben.

Mir war es eigentlich egal, wer was über ihn schrieb. Ich wollte immer nur wissen: Wie macht der das? Und weil man Ronaldinho schlecht mal eben so anrufen und fragen kann – wahrscheinlich würde er es auch gar nicht erklären wollen –, fing ich an, seine Skills zu sezieren.

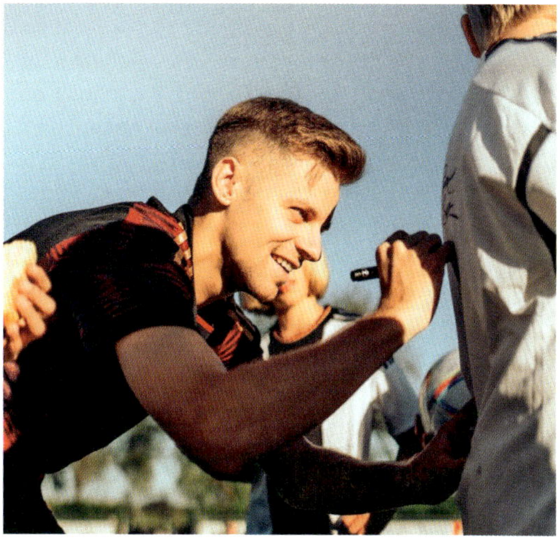

Die Vor- und Zurückspulfunktion wurde mein wichtigstes Tool. Ich klickte und schaute. Mal guckte ich nur auf den Ball. Dann nur auf Ronaldinhos linken Fuß, später auf die Haltung seines rechten Fußes. Guckte er eigentlich auf den Ball? Wie aufrecht war sein Oberkörper? Wie holte er Schwung? Wie landete er? Welche Geschwindigkeit braucht man, um den Trick nachzumachen?

Ich zerlegte Ronaldinhos Bewegungsablauf in Hunderte Einzelteile, machte mir Skizzen und Notizen. Ich glaube, dass Tricks, wie sie Ronaldinho, Lionel Messi, Cristiano Ronaldo, aber auch Mario Götze oder Florian Wirtz machen, wie eine kleine Choreografie sind. Natürlich nicht so gescriptet wie etwa beim Eiskunstlauf, weil da noch die perfekte Synchronität zur Musik hinzukommt, aber in etwa schon.

Währenddessen versuchte ich weiter, so schnell wie möglich wieder fit zu werden. Mit einer Spritzenkur sollte zunächst meine Schambeinentzündung bekämpft werden. Ich bekam fingerlange Nadeln in die Leiste gerammt, wobei ich Angst hatte, dass sie auf der anderen Seite meines Beins wieder rauskommen würden. Es war der Horror, vor allem, weil ich wirklich ein absoluter Schisser bin, was Spritzen angeht.

Irgendwann, nachdem die Entzündung nicht besser wurde, landete ich bei einem Heilpraktiker, der mit alternativen Behandlungsmethoden erfolgreicher war. Nach einem halben Jahr waren die Schmerzen weg. Die Hoffnung, vielleicht irgendwann Fußballprofi zu werden, aber auch.

Bei meinem ersten Comeback hieß der Gegner noch Dortmund, auch wenn es die Jugendmannschaft war. Nun spielte ich in der Oberliga Niederrhein gegen den 1.FC Bocholt, den FC Kray und SF Baumberg. Großes Geld würde ich mit Fußball so nie verdienen. Der Applaus von den 30 bis 80 Zuschauern, die sich noch für uns interessierten, war auch leiser geworden als während meiner U19-Jahre zuvor, wo immerhin ab und zu ein paar Hundert Menschen kamen.

Ich hatte auf internationalen Turnieren gegen die besten Jugendmannschaften der Welt gespielt. Gegen Atletico Madrid, Real Madrid und Arsenal London. Ich meine, dass Florian Wirtz, den heute jeder kennt, damals aber logischerweise nicht, mindestens einmal auf dem gleichen Turnier angetreten ist wie ich. Ihm ist es gelungen, mit 17 Jahren und 15 Tagen für Bayer Leverkusen in der Bundesliga zu debütieren.

Meine Hoffnung, auch nur ansatzweise in diese Klasse vorzustoßen, endete im Alter von 19 Jahren im November 2019 im Keramag Sportpark in Ratingen, als mir wirklich endgültig klar wurde: Das wird nichts mehr. Ich konnte sportlich nach den beiden Ausfällen und vielen verpassten Monaten nur noch auf Oberliga-Niveau mithalten.

Immerhin hatte ich keine Probleme mehr mit dem Schambein. Ich spielte weiter Fußball, bei Ratingen 04/19, später dann beim VfB Homberg – immerhin noch in der Regionalliga West. Ab und zu gab es da Gegner, die mich an meine frühere Hoffnung erinnerten. Bei Mönchengladbach, Schalke und Köln steht nun jeweils eine »II« hinter dem Vereinsnamen, weil es sich um die Reservemannschaften der Bundesliga-Vertretungen handelt, bei denen Talente, die zum Beispiel nach Verletzungen ein bisschen Spielzeit brauchen, wieder rangeführt werden.

Auch die Sportfreunde Lotte waren dabei. Dieses Team, das kurzzeitig auf der Fußballlandkarte wahrgenommen wurde, nachdem es im DFB-Pokal 2016/17 nacheinander Werder Bremen, Bayer Leverkusen und den TSV 1860 München ausgeschaltet hatte.

»Lottes Platz ist schon unter normalen Umständen in der dritten Liga umstritten«, schrieb die SÜDDEUTSCHE ZEITUNG in einem Artikel mit der Überschrift »Der Albtraum verwöhnter Fußballprofis« damals. Und beschrieb die Platzbeschaffenheit weiterhin so: »Er ist uneben, tief und hat einen übersichtlichen Grasbewuchs.«

Genauso fühlen sich die Plätze, auf denen ich mittlerweile spielte, wirklich an. Sie sind viel schlechter als so mancher Platz, auf dem wir als U19-Truppe antreten durften. Allein deshalb bemerkt man oftmals schon beim Betreten des Rasens, wie weit man vom Profifußball weg ist.

Aber es war egal. Jahr für Jahr platzt bei hunderttausend Jugendlichen der Traum vom Profitum. Übrig bleibt, dass man den Sport aus Spaß an der Sache, als Hobby, weiterbetreibt.

Ich kickte. Und rutschte immer mehr in meine zweite Leidenschaft hinein. Inzwischen zerlegte ich die Tricks und Skills von Profis nicht mehr nur auf dem Papier, sondern fing an, sie auch selbst nachzumachen. Ich kann gar nicht genau erklären, warum es mir gelingt, sogar Bewegungsläufe zu imitieren, die sonst nur Weltstars zelebrieren, obwohl

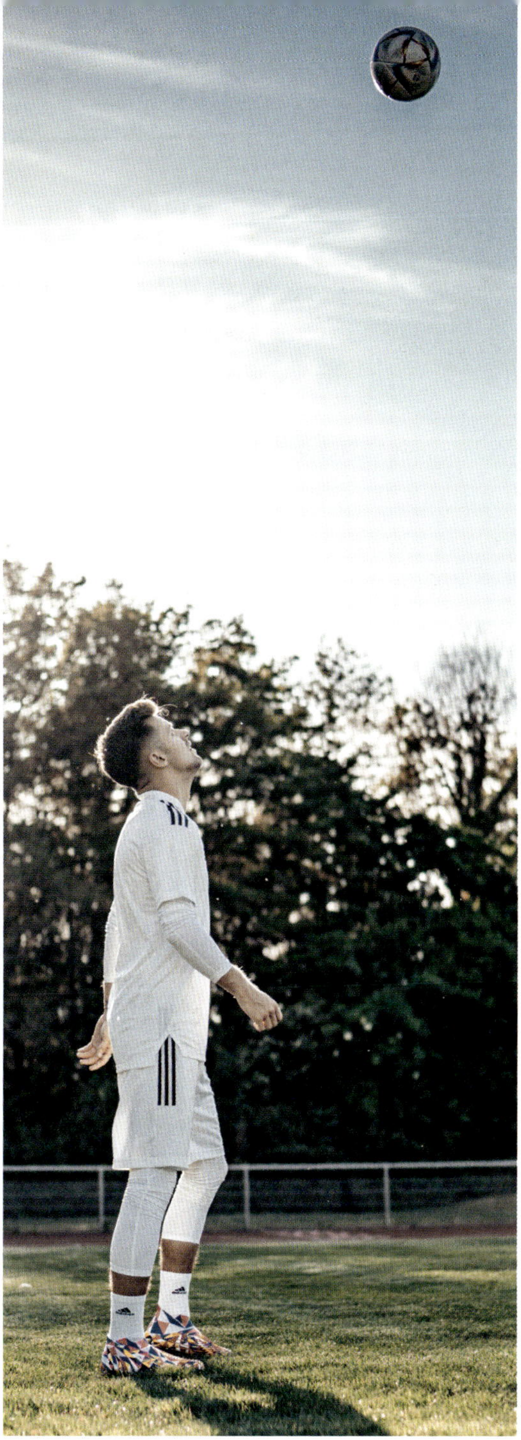

ich selbst Lichtjahre davon entfernt bin, der größte Fußballer auf dem Planeten zu sein. Vielleicht habe ich ein ganz gutes Bewegungstalent und Ballgefühl und eine sehr große Portion Geduld, denn die braucht man, um Skills in ihre Einzelteile zu zerlegen und Schritt für Schritt zu verstehen, wie die Weltstars ihren Gegnern Knoten in die Beine spielen.

Ich fing an – ähnlich übrigens wie mein älterer Bruder –, meine Tricks zu filmen und bei TikTok Anleitungen einzustellen, wie man sie nachmachen kann. Meine Followerzahlen schossen rasant in die Höhe. Aus ein paar Tausend wurden ein paar Zehntausend. Plötzlich folgten mir hunderttausend Leute, und mittlerweile sind es über drei Millionen.

Ich darf mit Benjamin Henrichs drehen, dem deutschen Nationalspieler, der bei Bayer Leverkusen, AC Monaco und RB Leipzig spielte. Mario Götze, Jonas Hofmann und Florian Wirtz duellieren sich mit mir im Skill-Battle. Ich habe mit Jude Bellingham, dem 75-Millionen-Mann von Borussia Dortmund, und Manuel Neuer, dem Mann mit Deutschlands wichtigsten Händen, gezockt. Selbst Model Heidi Klum wollte ein bisschen mit mir Fußball spielen, als ihr Freund Tom Kaulitz mit seiner Band auf Promo-Tour war, wobei ihr Talent leider nicht beim Fußball liegt.

Ich stand für meine Videos auf dem Rasen der Münchner Allianz Arena. Und auf dem grünen Geläuf im Camp Nou, der Kathedrale der Katalanen, im wohl ehrwürdigsten Stadion, das es gibt. Dieses Stadion war lange, lange, lange Zeit die Bühne für die besten Fußballer der Welt. Lionel Messi ist hier ebenso aufgetreten wie Diego Armando Maradona, Xavi oder Johan Cruyff. Die Liste der Weltstars, die hier zauberten, ist lang. Selbst Beschreibungen wie mystische Arena oder Heiligtum werden dem Gefühl nicht gerecht, das ich spürte, als ich auf dem Rasen dieses Stadions stand. Das Barça-Motto »Mes que un club«, mehr als ein Verein, gilt auch fürs Camp Nou, das »mehr als ein Stadion« ist, auch wenn es mittlerweile ein wenig in die Jahre gekommen ist.

Ich bin – und werde auch – kein Profifußballer. Aber ich habe meine Bühne gefunden, auf die ich Euch, in diesem Buch, gerne mitnehmen möchte.

Ich zeige Euch, wie man trickst. Und skillt. Wie man zaubert und täuscht. Wie Fußball auch abseits des Rasens wahnsinnig schön sein kann.

Habt Spaß und lasst Euch nicht entmutigen, wenn es nicht gleich beim ersten Mal funktioniert. Geduld kann helfen.

EUER PASCAL!

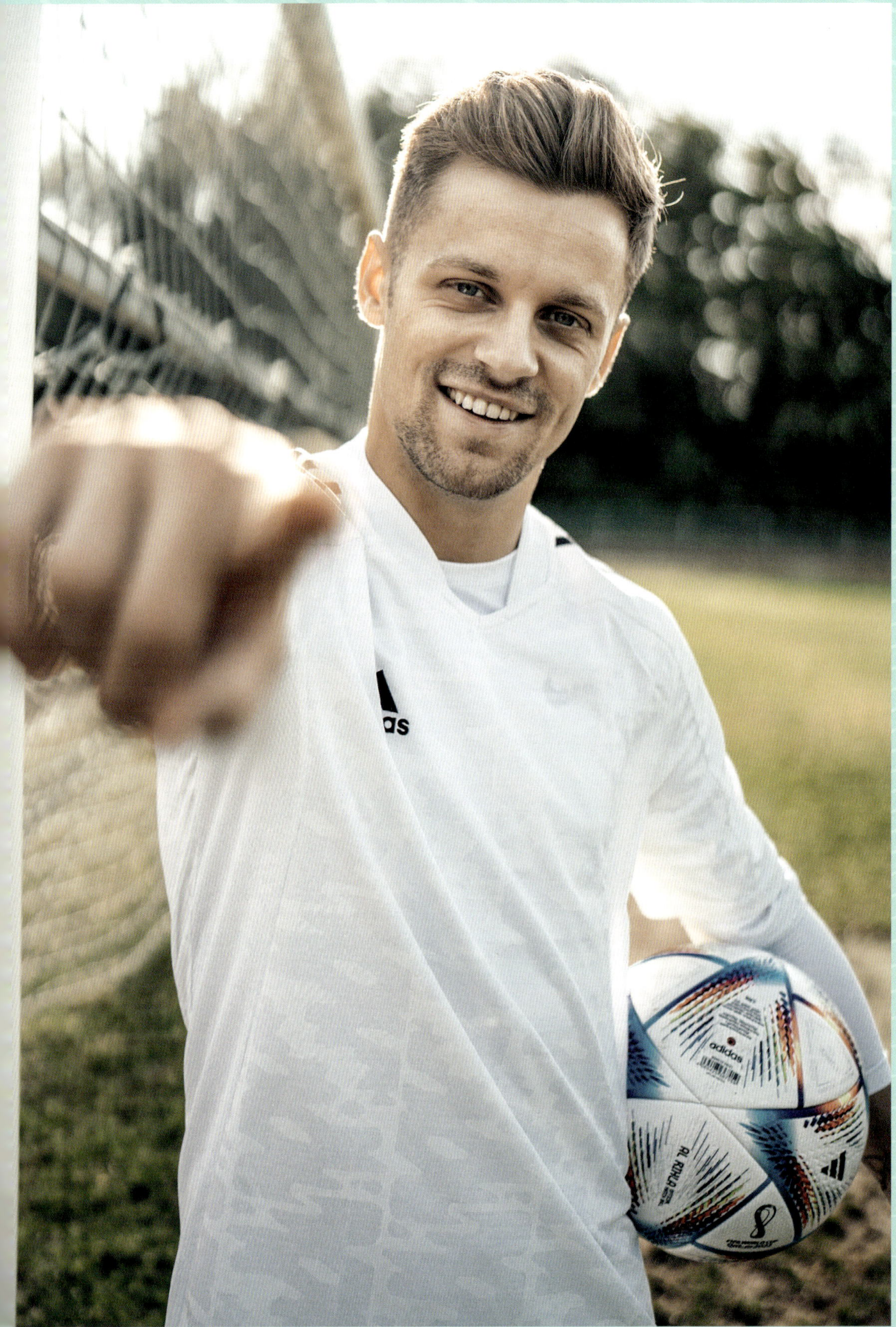
adidas

BASICS

Fußballtricks, die jeder kennt? Welche Skills benutzen Ronaldo, Messi, Haaland & Co., um an ihren Gegenspielern vorbeizukommen? Nichts geht über die Basics. Mit diesen Tricks steigst du simpel und effektiv in die Skill-Welt ein. Hast du die Basics drauf, kannst du dich an die nächsten Tricks rantasten.

NICHT VERGESSEN Zu jedem Trick gibt es ein Video! Ganz einfach den QR-Code scannen.

ÜBERSTEIGER - BASIC 1

SCHWIERIGKEITSGRAD ★☆☆☆☆

BESCHREIBUNG

Wer im Fußball erfolgreich sein will, muss seinen Gegner auf irgendeine Weise überspielen. So kann er einen Sprint ansetzen oder auch eine Finte nutzen, um an seinem Kontrahenten vorbeizukommen. Hierzu gehört auch der Übersteiger.

STEP 1

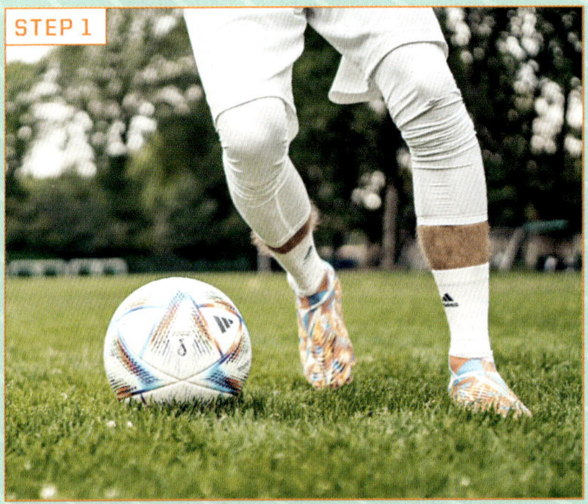

Führe im Dribbling mit dem ballführenden Bein eine kreisförmige Bewegung um den Ball aus.

STEP 2

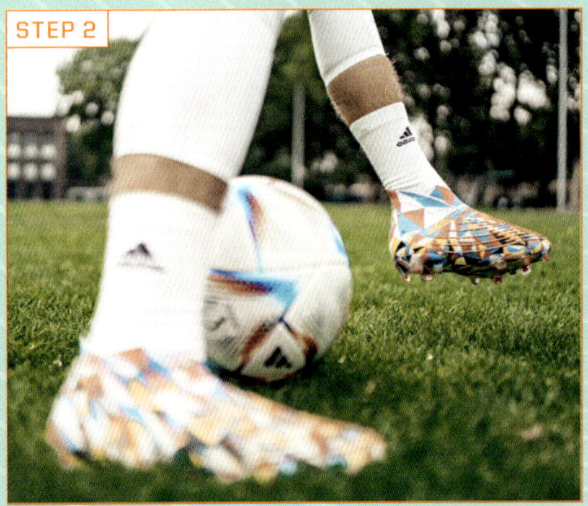

Die Bewegung geht dabei nach innen hin zum Standbein und setzt dann neben dem Ball auf.

STEP 3

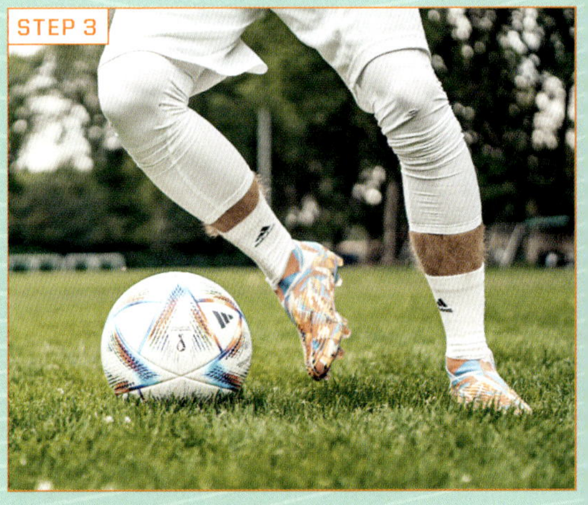

Nach dem Aufsetzen des Fußes spielst du den Ball mit der Außenseite des anderen Fußes schräg nach außen weg.

← Zum Video

DOPPELTER ÜBERSTEIGER – BASIC 2

SCHWIERIGKEITSGRAD

★☆☆☆☆

BESCHREIBUNG

Wer kennt ihn nicht? Einer der beliebtesten Tricks der Fußballer. Genutzt wird er in unterschiedlichen Situationen – perfekt passt der Trick ins offensive Eins gegen Eins. Was den Trick so besonders macht? Er ist relativ simpel, dafür sehr effektiv! Besonders im vollen Tempo!

STEP 1

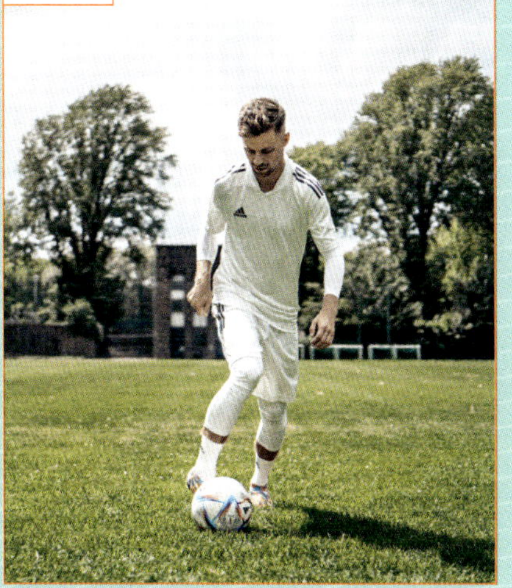

Dribble mit deinem rechten Fuß auf deinen Gegner zu. Achte darauf, den Ball eng zu führen.

STEP 2

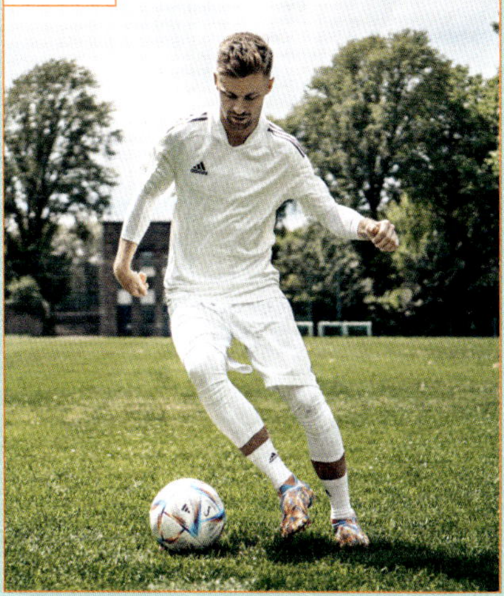

Ziehe dann deinen Dribbelfuß zunächst von innen nach außen über den Ball. Dein linkes Bein bleibt links vom Ball.

STEP 3

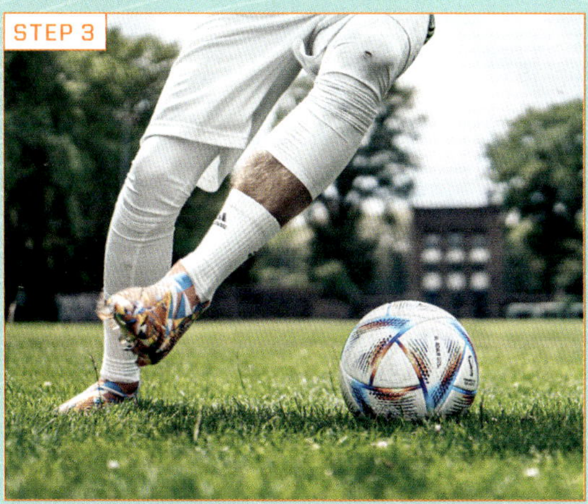

Den gleichen Ablauf führst du nun mit deinem anderen Fuß fort. Das Gewicht ist auf dem rechten Fuß, und du steigst mit dem linken Fuß über den Ball.

STEP 4

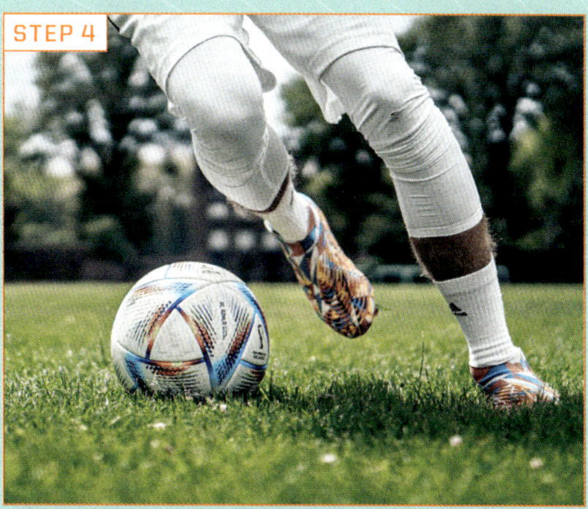

Abschließend dribbelst du mit der Außenseite des rechten Fußes explosiv zur Seite weg.

Zum Video →

DOUBLE TAP - BASIC 3

SCHWIERIGKEITSGRAD

★☆☆☆☆

BESCHREIBUNG

Wie der Name schon zu erkennen gibt: Zwei Kontakte und du lässt deinen Gegner ganz einfach stehen! Den Trick kannst du aus dem Stand ausführen, aber auch aus dem Tempo! Wichtig ist hier das Timing und dein Körperschwerpunkt. Worauf wartest du? Zwei Kontakte und los geht's!

STEP 1

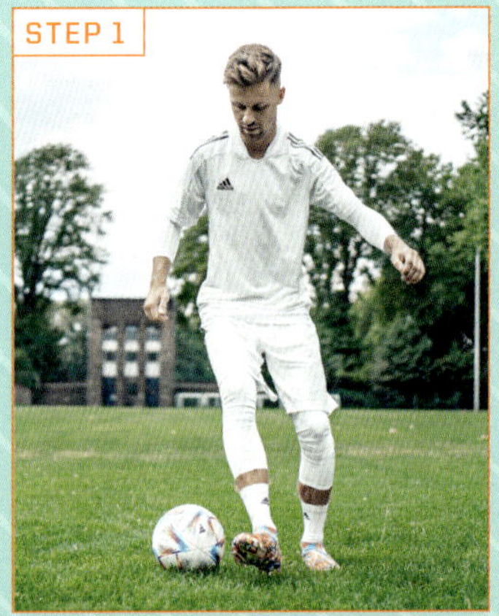

Verlagere dein Gewicht auf deinen schwächeren Fuß und platziere diesen ca. 20 cm neben dem Ball. Führe nun deinen starken Fuß von innen nach außen über den Ball.

STEP 2

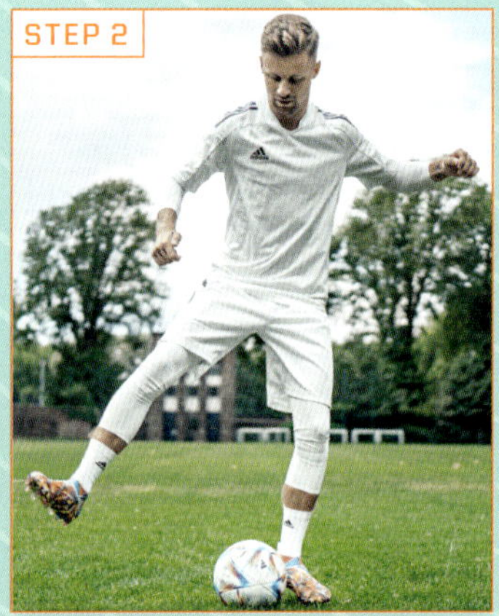

Ziehe danach dein Standbein mit einem kleinen Sprung zum Ball und spiele den Ball leicht rüber zu Seite. Dabei ziehst du deinen starken Fuß seitlich nach oben, wobei du ihn gestreckt lässt.

STEP 3

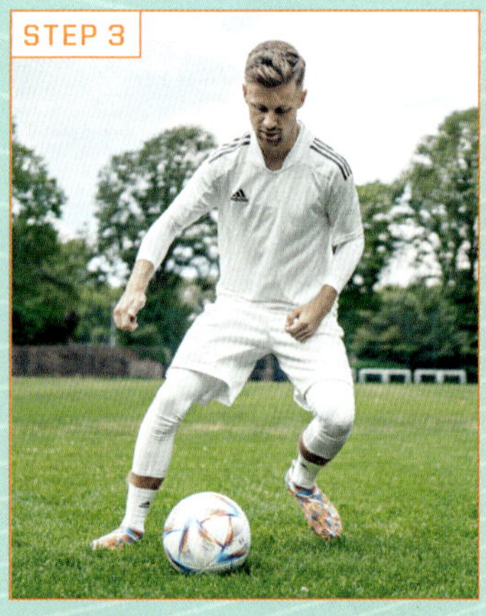

Anschließend landest du mit deinem starken Fuß …

STEP 4

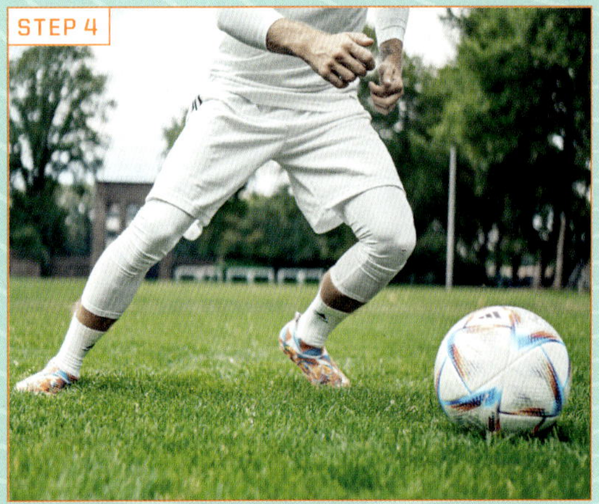

… und spielst den Ball in die entgegengesetzte Richtung.

← Zum Video

ZIDANE ROLLE - BASIC 4

SCHWIERIGKEITSGRAD ★☆☆☆☆

BESCHREIBUNG

Der Roulette-Trick wird historisch vor allem mit Zinedine Zidane in Verbindung gebracht, der damit in den 1990er- und 2000er-Jahren zahlreiche Verteidiger aussteigen ließ. Wie er funktioniert, erfährst du jetzt.

STEP 1

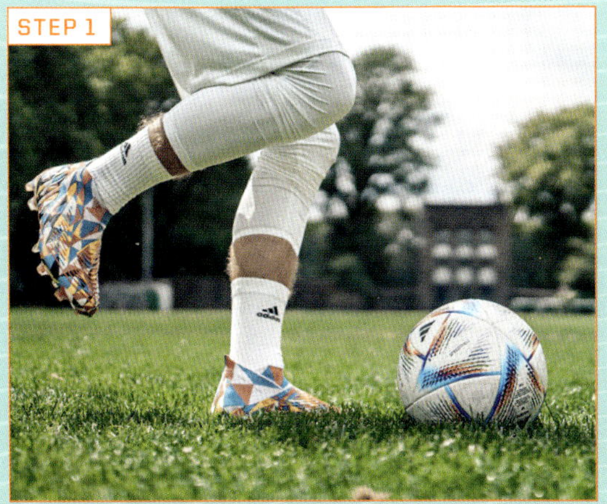

Drehe dich im Dribbling zum Ball hin und setze mit der Sohle deines Dribbelfußes auf dem Ball auf.

STEP 2

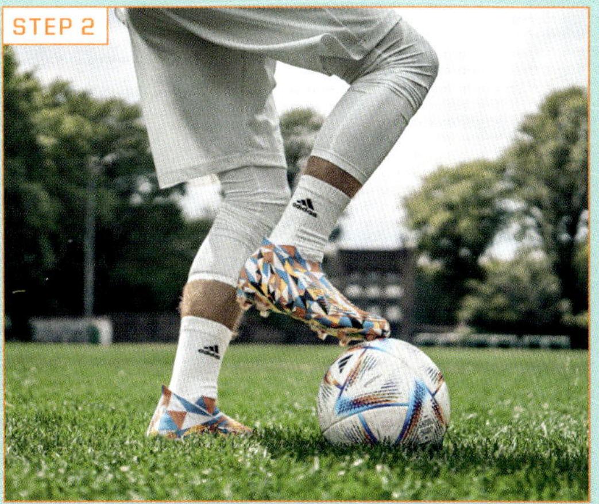

Tippe den Ball dabei nur kurz an und drehe dich mit dem Körper von der Spielrichtung weg.

STEP 3

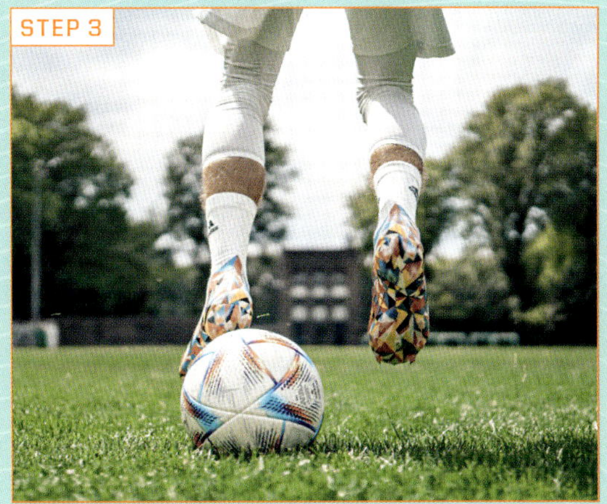

Springe nun nach oben, sodass du dich mit dem Rücken in Dribbelrichtung befindest, und ziehe den Ball dabei mit der Sohle des anderen Fußes rückwärts weiter in Dribbelrichtung. Anschließend drehst du dich wieder mit ihm auf.

STEP 4

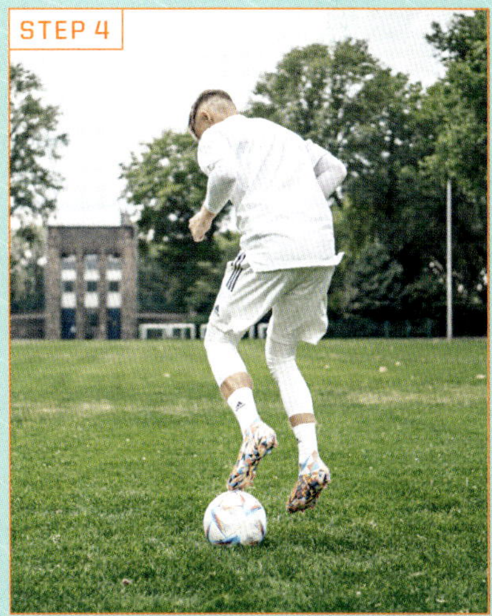

WICHTIG: Während du dich drehst, berührt für einen Moment keiner deiner Füße den Boden.

Zum Video →

RONALDO CHOP – BASIC 5

SCHWIERIGKEITSGRAD ★☆☆☆☆

BESCHREIBUNG

Der »Chop« ist einer der bekanntesten Tricks von Superstar Cristiano Ronaldo. Der Portugiese benutzt diesen Skill häufig, um vom linken Flügel in die Mitte zu ziehen.
Anwendung: Im Laufduell, um die Richtung schlagartig zu ändern.

STEP 1

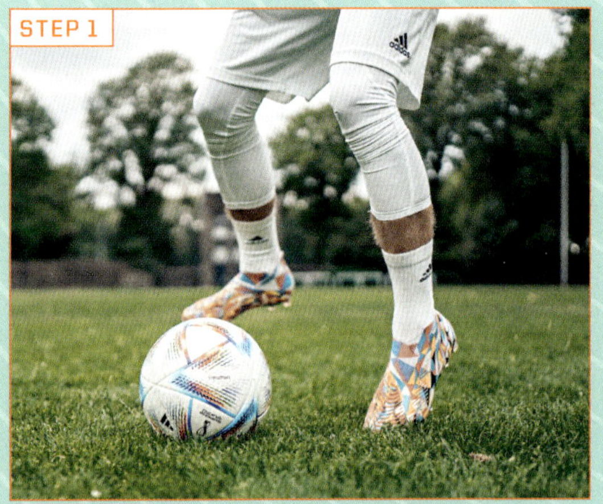

Lege dir den Ball einen halben Meter vor, um den Trick vorzubereiten. Achte darauf, den Ball leicht schräg nach rechts vorzulegen, um den Richtungswechsel vorzubereiten.

STEP 2

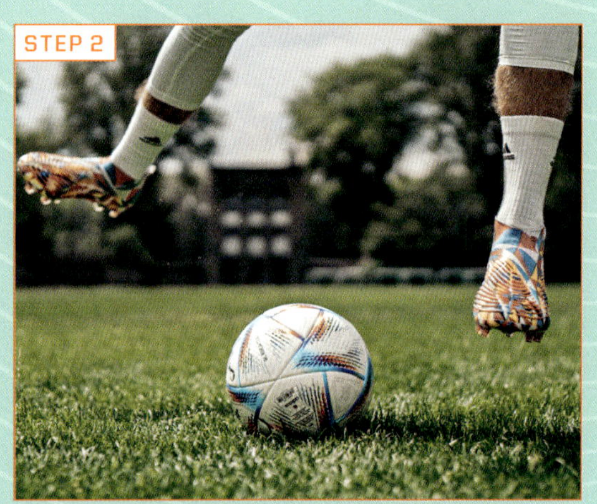

Springe nun leicht ab, sodass sich dein rechter Fuß vor dem Ball befindet, und gib dem Ball mit der Innenseite des linken Fußes einen Impuls nach rechts zur Spielmitte. Du spielst den Ball so hinter deinem rechten Bein entlang.

STEP 3

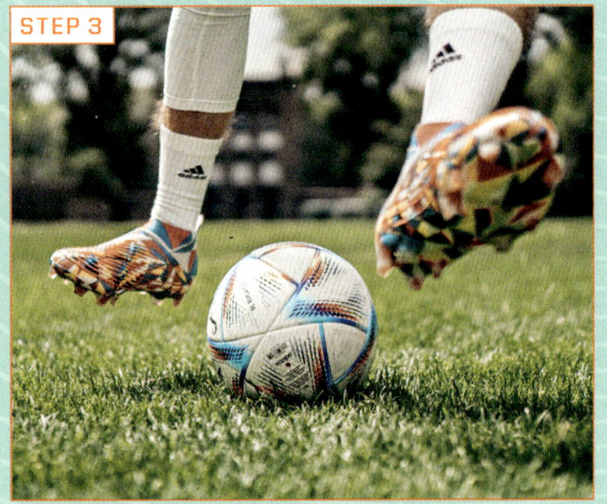

Währenddessen berührt für einen Moment keiner deiner Füße den Boden.

STEP 4

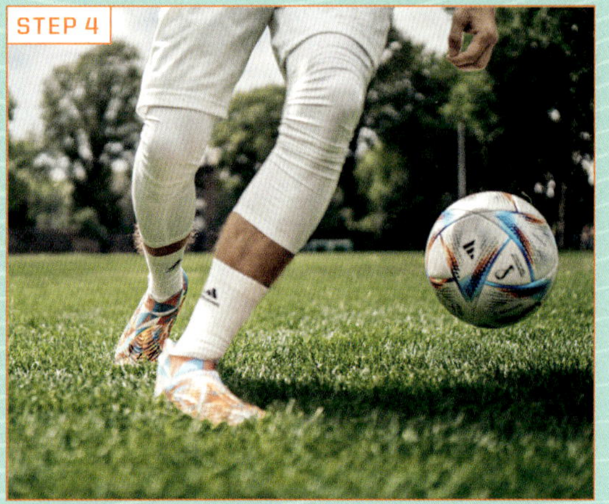

Drehe dich nun zum Ball und spiele den Ball mit dem rechten Fuß weiter in deiner Laufrichtung.

← Zum Video

FAKE SHOT SCHUSSFINTE - BASIC 6

SCHWIERIGKEITSGRAD ★☆☆☆☆

BESCHREIBUNG

Momente im Spiel entscheiden? Mit simplen und einfachen Tricks. Die Schussfinte ist ein Trick, der in jedem Spiel der Profis zu sehen ist. Wieso der Trick so effektiv und aktiv genutzt wird? Finde es selbst heraus!

STEP 1

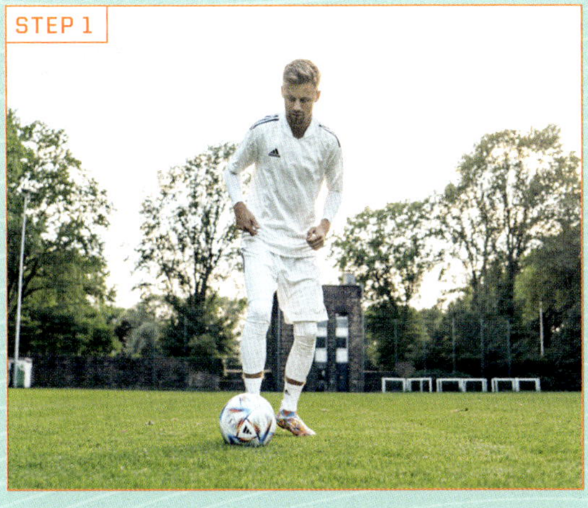

Dribble mit deinem starken Fuß auf deinen Gegenspieler zu.

STEP 2

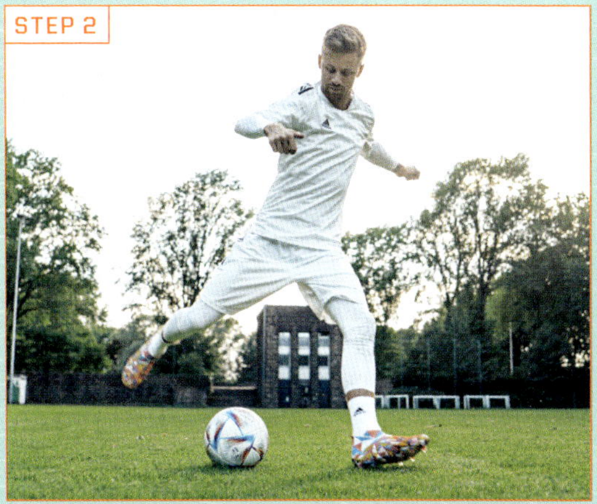

Täusche einen Schuss vor; dein Standbein befindet sich dabei leicht schräg vor dem Ball. Statt den Schuss auszuführen, steigst du jedoch mit deinem starken Fuß über den Ball.

STEP 3

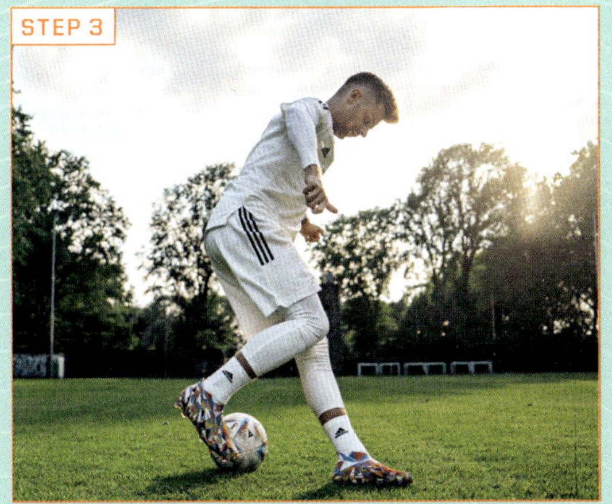

Bring deinen starken Fuß nun von hinten an den Ball, um im nächsten Schritt ...

STEP 4

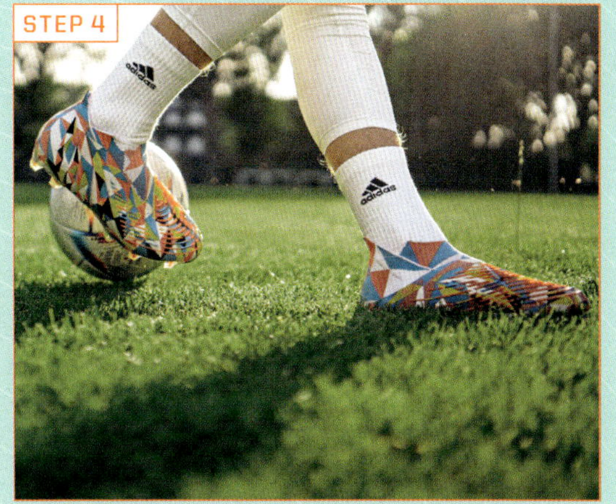

... den Ball mit der Innenseite hinter dem Standbein entlang in die entgegengesetzte Richtung zu befördern.

Zum Video →

SLIDE PANNA – BASIC 7

SCHWIERIGKEITSGRAD

★★☆☆☆

BESCHREIBUNG

Du stehst seitlich oder mit dem Rücken zu deinem Gegenspieler und siehst keinen Ausweg? Wie wär's mit dem »Slide Panna«? Tanze deinen Gegner aus und lasse ihn mit einem Tunnler stehen! Cool. Effektiv, aber auch riskant!

STEP 1

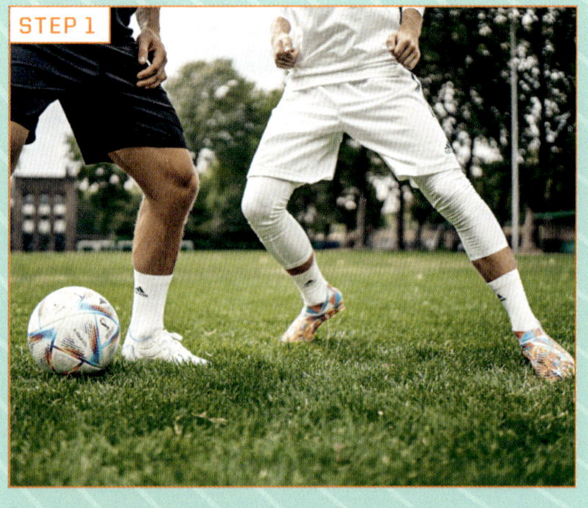

Positioniere dich seitlich zu deinem Gegenspieler – hier links von ihm.

STEP 2

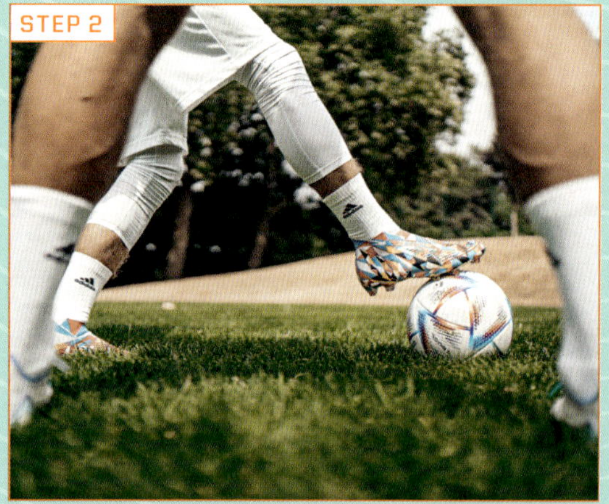

Platziere den Ball ca. einen Meter von dir entfernt und ziehe den Ball mit der Sohle des rechten Fußes zu dir zurück.

STEP 3

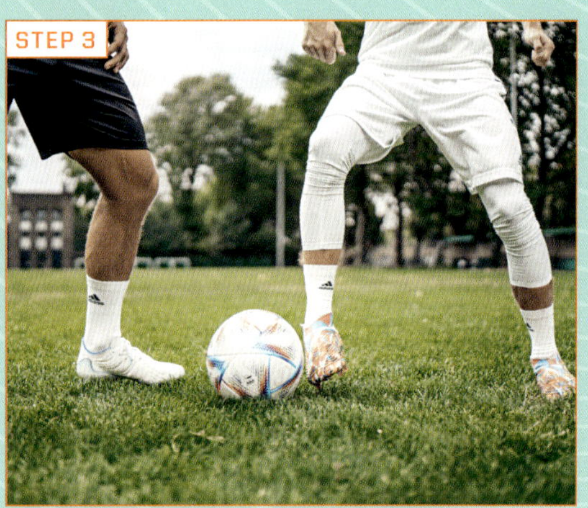

Springe beim Ziehen mit deinem linken Standbein ein Stück zurück und bringe den rechten Fuß nach innen neben den Ball, um diesen durch die Beine des Gegners spielen zu können.

STEP 4

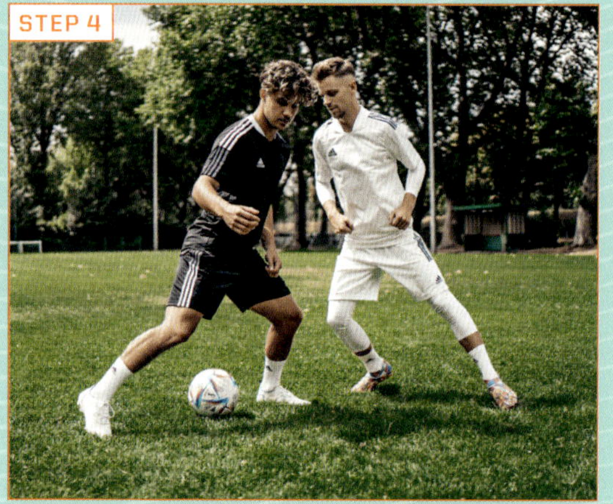

Anschließend spielst du den Ball mit der Außenseite des rechten Fußes durch die Beine deines Gegenspielers.

← Zum Video

DRAG BACK - BASIC 8

SCHWIERIGKEITSGRAD ★★☆☆☆

BESCHREIBUNG

Dieser Trick bereitet einen Richtungswechsel vor. Es gibt auf einer Seite kein Durchkommen für dich und deine Mannschaft? Nutze diesen Trick im Zentrum, um eine Spielverlagerung durchzuführen und so das Spiel auf die andere Seite zu bringen.

STEP 1

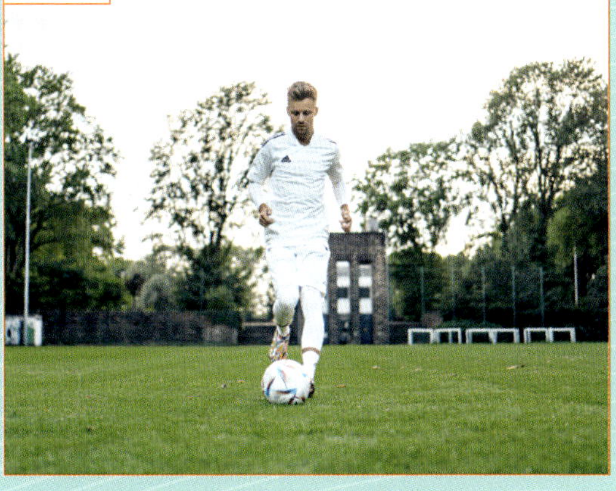

In der Ausgangsposition liegt der Ball gerade vor dir.

STEP 2

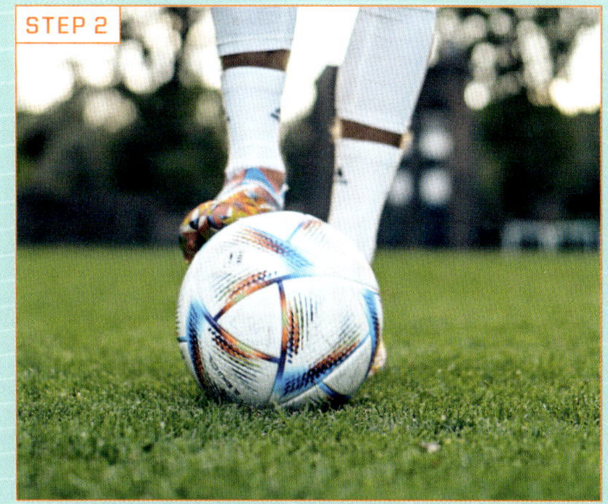

Zieh den Ball nun mit der Sohle zu dir zurück.

STEP 3

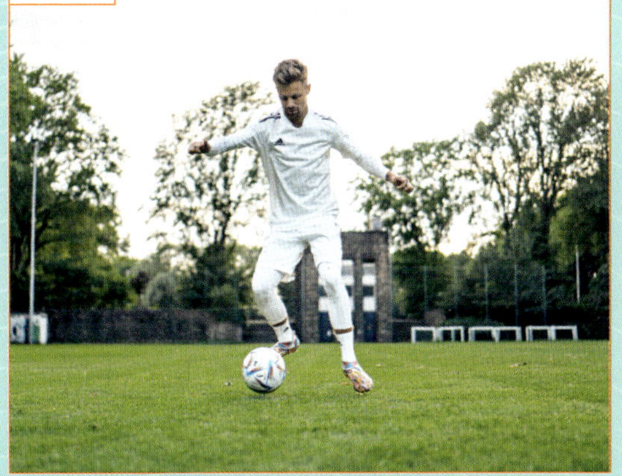

Dreh dich dabei in die neue Spielrichtung ...

STEP 4

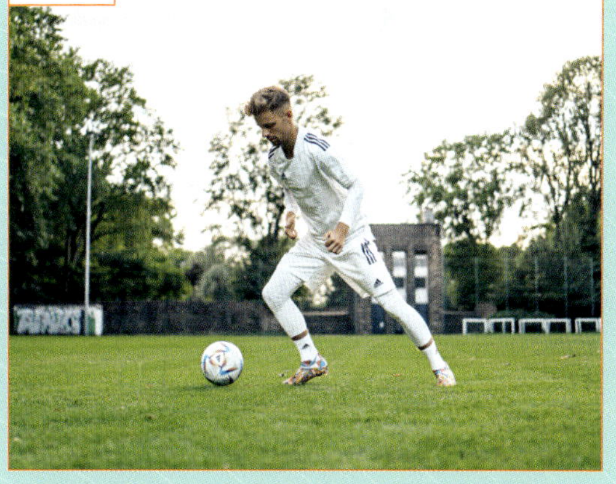

... und spiel den Ball anschließend mit der Fußaußenseite weiter nach links oder rechts.

Zum Video →

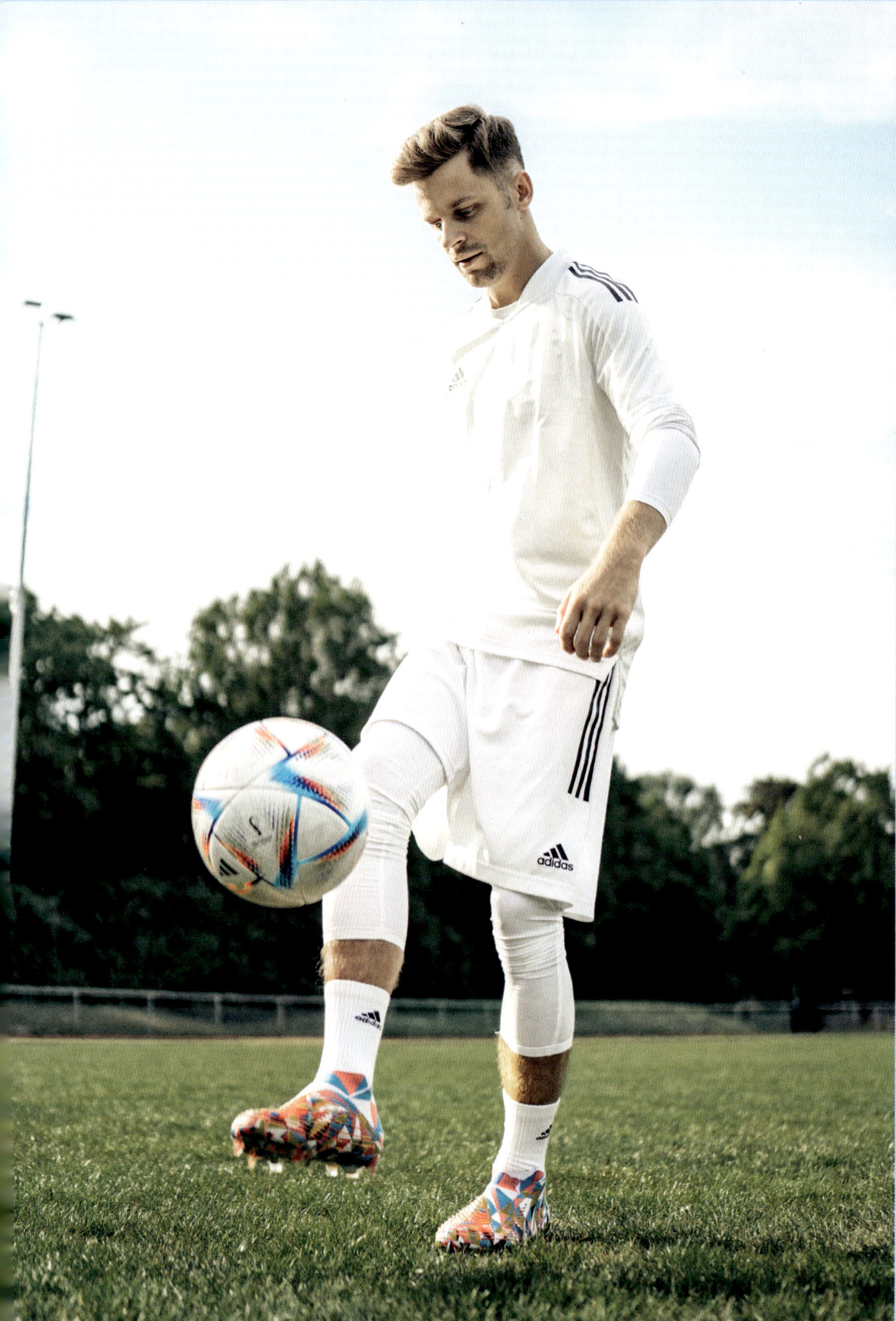

FLICK UP MOVES

Jeder von uns jongliert hin und wieder mit dem Ball. Entweder vor dem Spiel, um ein Gefühl für den Ball zu entwickeln, oder einfach, um Freunde zu beeindrucken. Bevor wir jedoch mit dem Hochhalten beginnen können, kommen sogenannte »Flick Ups« zum Einsatz. Mit diesen Flicks Ups beförderst du den Ball in die Luft und kannst so die nächsten Tricks vorbereiten.

NICHT VERGESSEN Zu jedem Trick gibt es ein Video! Ganz einfach den QR-Code scannen.

PULL FLICK UP - FLICK 1

SCHWIERIGKEITSGRAD ★☆☆☆☆

BESCHREIBUNG

Du kommst aus der Kabine und möchtest ganz entspannt, aber cool den Ball in die Luft befördern? Let's try the »Pull Flick Up«. Eine kleine Bewegung und du hast den Ball lässig in die Luft gebracht. Hast du ihn schon drauf?

STEP 1

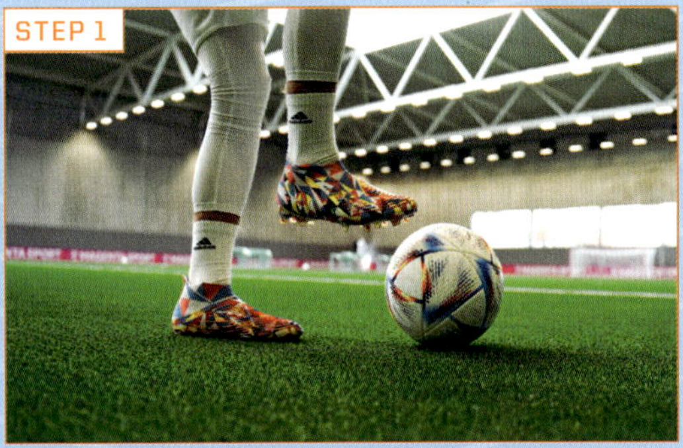

Platziere deinen starken Fuß mit der Sohle auf dem Ball.

STEP 2

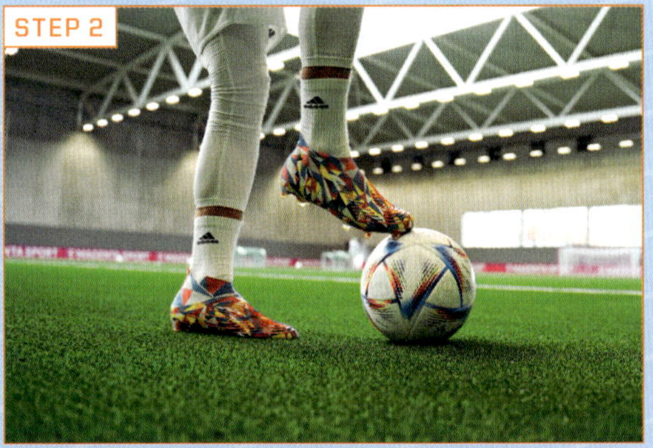

Dein Standbein ist ca. 10 cm hinter dem Ball.

STEP 3

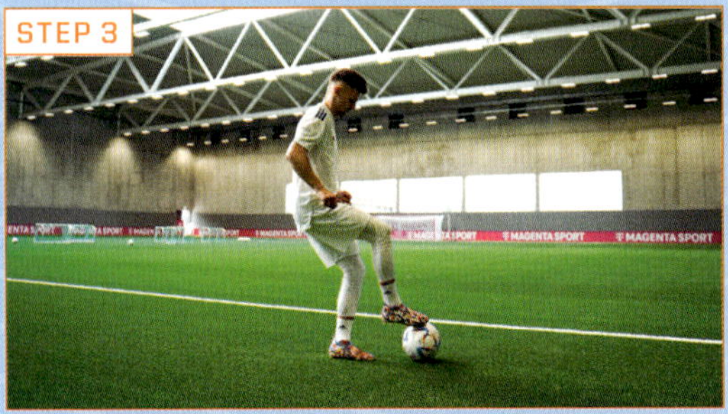

Zieh den Ball im nächsten Schritt Richtung Standbein.

STEP 4

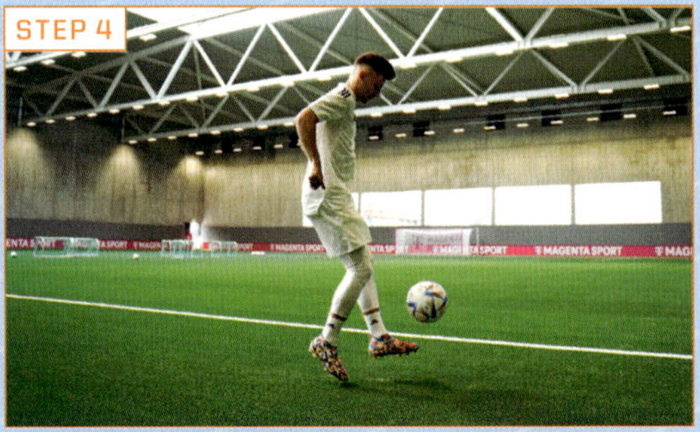

In dem Moment, wo der Ball auf deinem Vorderfuß liegt, ziehst du deinen Fuß nach oben, um den Ball in die Luft zu befördern.

STEP 5

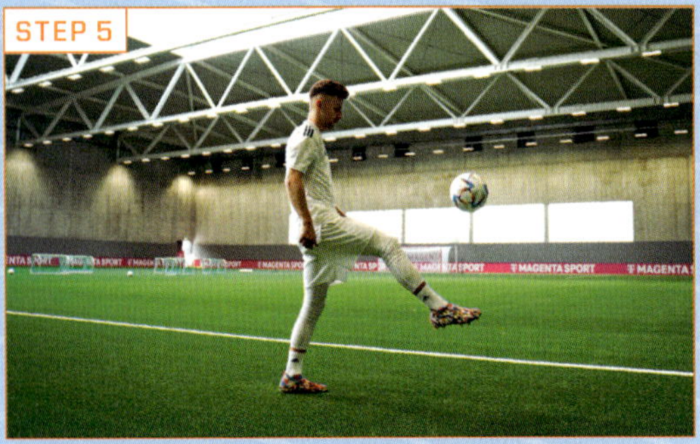

Halte den Ball danach weiter hoch à la Ronaldinho 😊.

← Zum Video

RONALDINHO FLICK UP - FLICK 2

SCHWIERIGKEITSGRAD ★☆☆☆☆

BESCHREIBUNG

Wer kennt ihn nicht? Die brasilianische Legende Ronaldinho. Bis heute ist sein Favorite- und Signature-Move der »Ronaldinho Flick Up«. Lässig und ohne jegliche Anstrengung! Sei der neue R10 auf dem Platz!

STEP 1

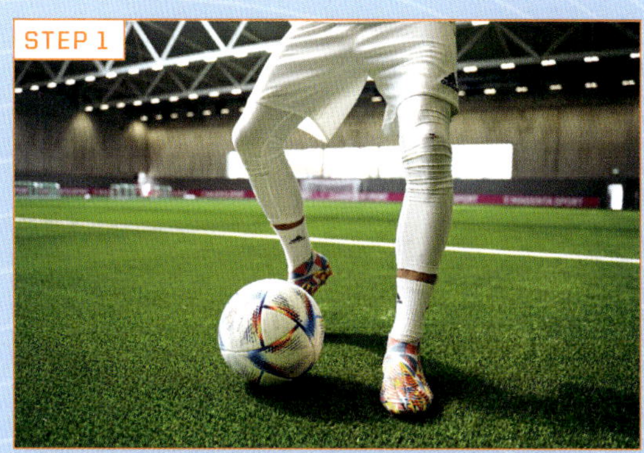

Platziere dein schwaches Bein etwa 20 Zentimeter vor deinem Körper. Dies ist nun dein Standbein.

STEP 2

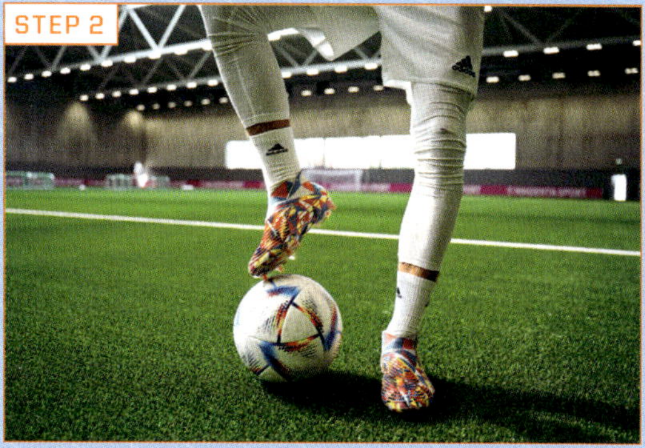

Zieh mit der Sohle deines starken Fußes den Ball in Richtung Standbein.

STEP 3

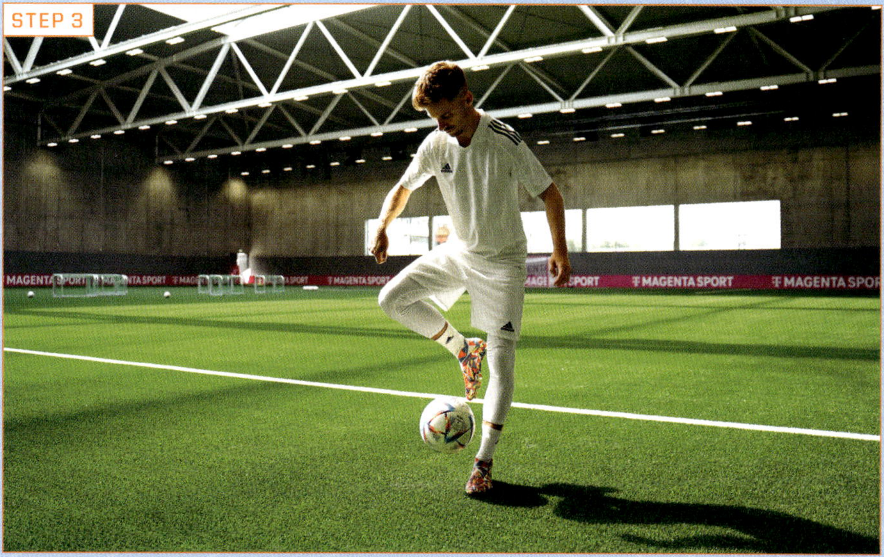

Spiel den Ball nun Richtung Knöchel, um ihn in die Luft zu befördern. Im Anschluss daran kannst du ganz einfach weiterjonglieren und die staunenden Gesichter deiner Mitspieler genießen.

Zum Video →

SIDE FLICK UP - FLICK 3

SCHWIERIGKEITSGRAD ★☆☆☆☆

BESCHREIBUNG

Du brauchst neue Ideen und neue Moves? Wie wär's mit diesem Flick Up Move? Der »Side Flick Up« befördert den Ball mit einem kleinen Sprung in die Luft und bringt deinen Skill-Level auf ein neues Niveau.

STEP 1

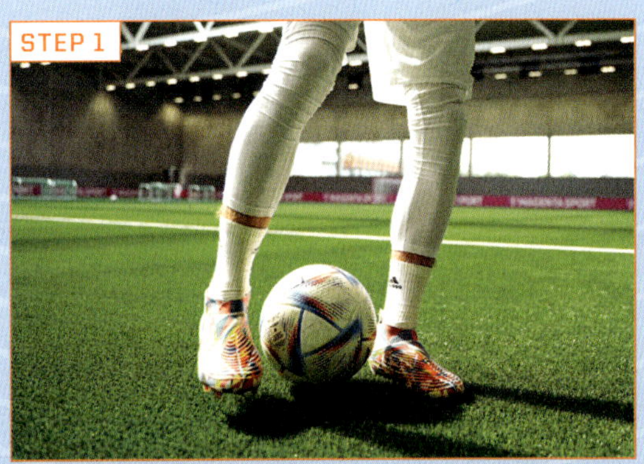

Klemm den Ball zwischen deine Füße. Achte darauf, deinen hinteren Fußteil zu benutzen.

STEP 2

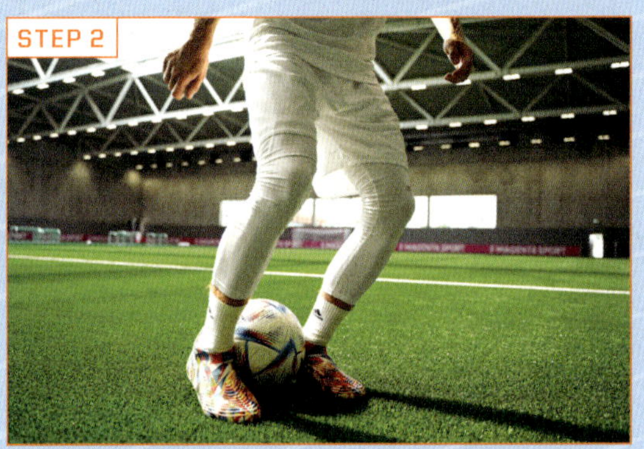

Geh im nächsten Schritt minimal in die Hocke, um genügend Schwung zu holen.

STEP 3

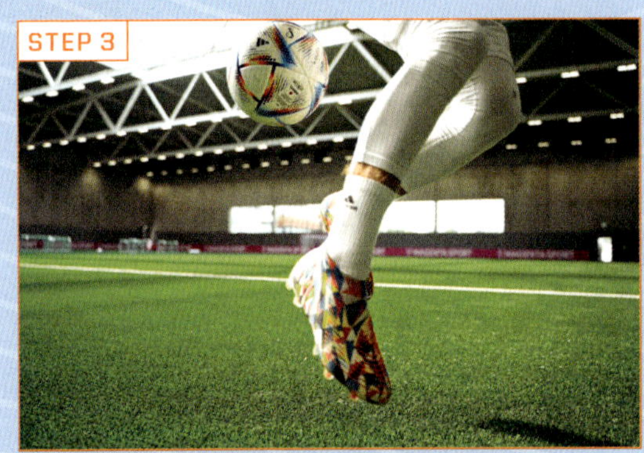

Spring im nächsten Schritt in die Luft und löse dabei deinen linken Fuß, sodass du den Ball in die Luft beförderst.

STEP 4

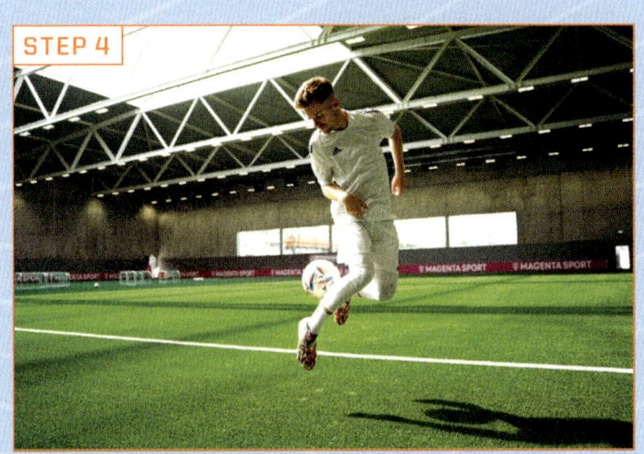

Ganz simpel: Einklemmen - Springen - Lösen 😊.

← Zum Video

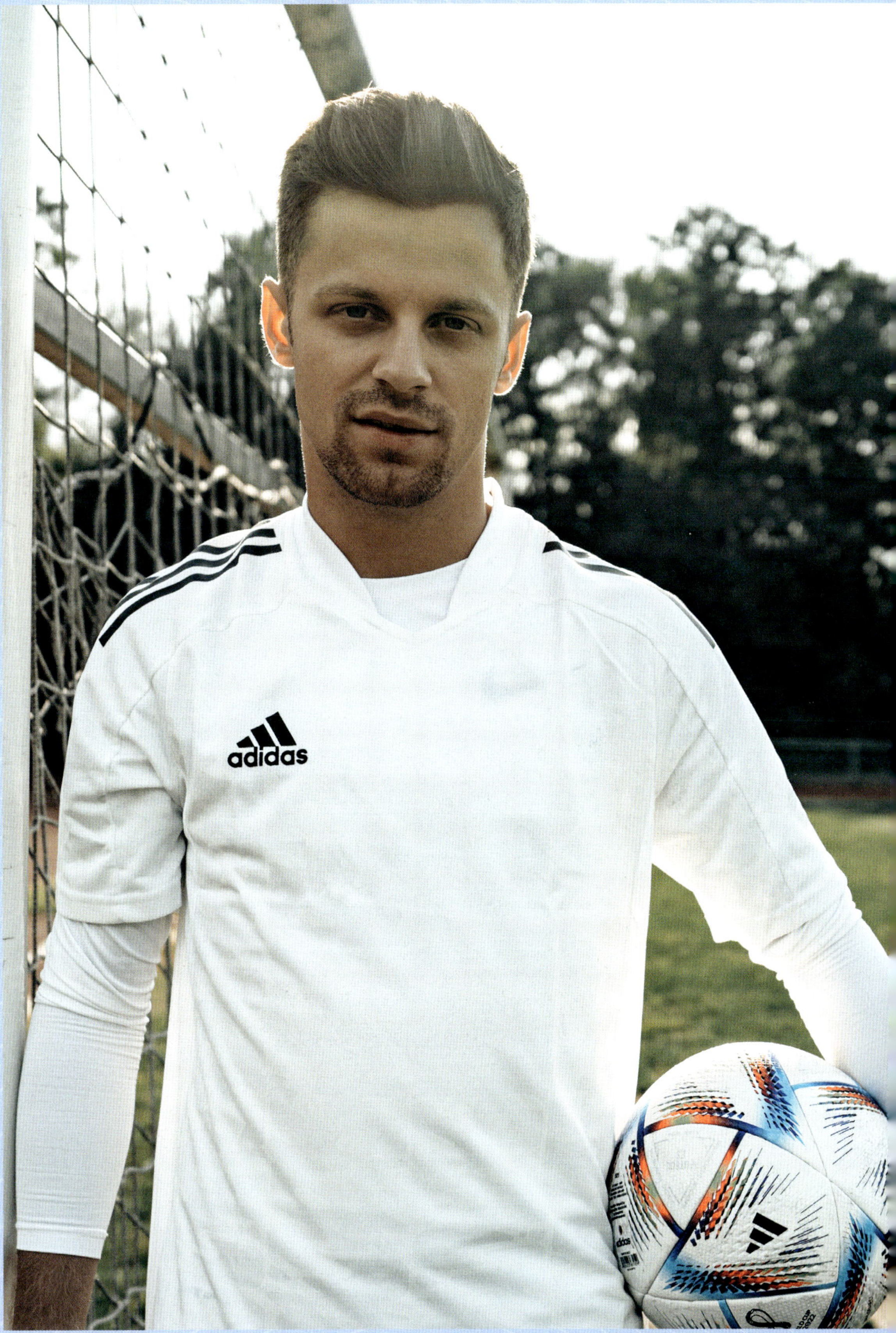
adidas

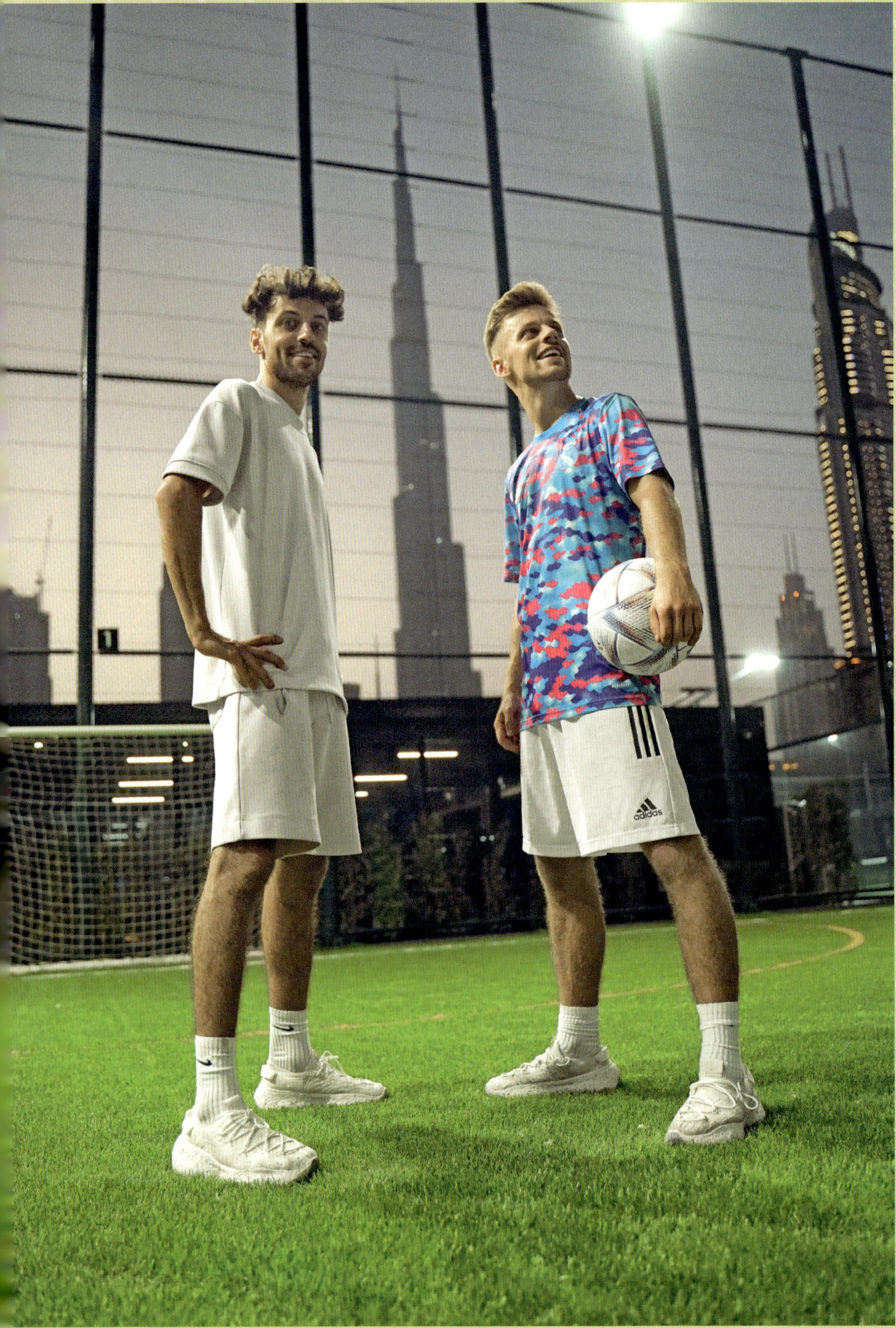
1
adidas

SKILL SPECIAL
FREESTYLE MOVES

Freestyle-Fußball ist die Kunst, einen Ball möglichst spektakulär in der Luft zu halten. Ein ganz wichtiger Punkt dabei: Der Kreativität sind keine Grenzen gesetzt! Das betont auch mein Bruder Marcel Gurk,der Deutscher Meister im Freestyle geworden ist und zehn Guinness World Records aufgestellt hat. Wer einmal einen Freestyler in Aktion gesehen hat, weiß, dass diese Sportart jede Menge Akrobatik und Körperbeherrschung erfordert. Außerdem braucht man ein gutes Ballgefühl, Technik, Koordination und Gleichgewichtsgefühl. Ohne diese Fähigkeiten könnte man die verschiedenen Moves gar nicht erlernen. Daher gilt es, erst die einfachen Tricks zu beherrschen, bevor man zu den schwierigen Bewegungen übergeht.

NICHT VERGESSEN Zu jedem Trick gibt es ein Video! Ganz einfach den QR-Code scannen.

ATW - MOVE 1

SCHWIERIGKEITSGRAD ★★★☆☆

BESCHREIBUNG

Beim Freestyle-Fußball gehört der »Around The World« zu den Standard-Tricks, die jeder Spieler beherrschen muss. Dabei wird der Ball in die Luft gehoben und anschließend einmal mit dem Fuß umkreist. Wie viele Versuche brauchst du?

STEP 1

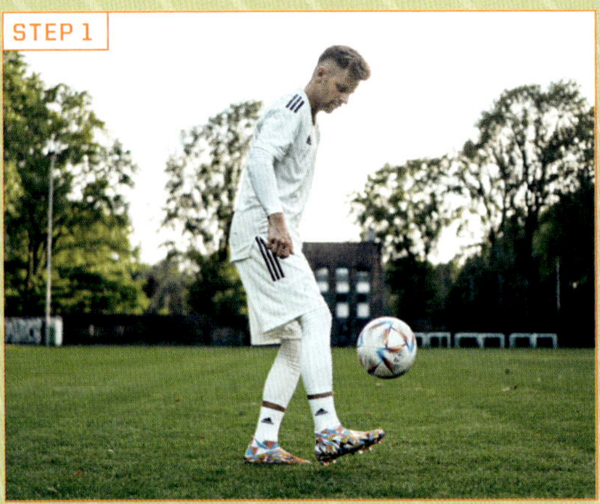

Halte den Ball einige Male hoch.

STEP 2

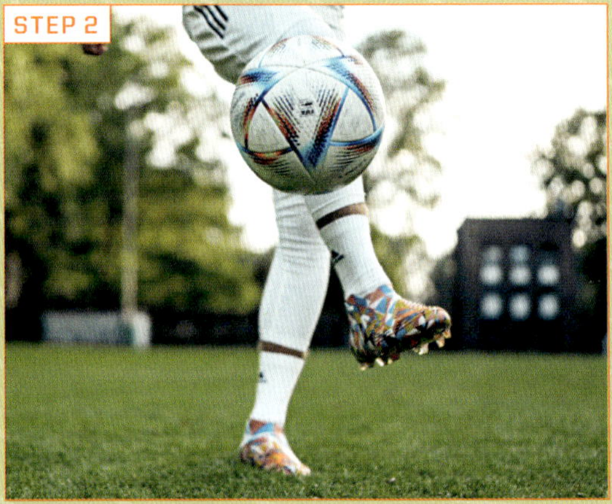

Setz eine Drehbewegung an: Schneide den Ball mit dem Spann von innen nach außen an, um dem Ball Spin zu geben.

STEP 3

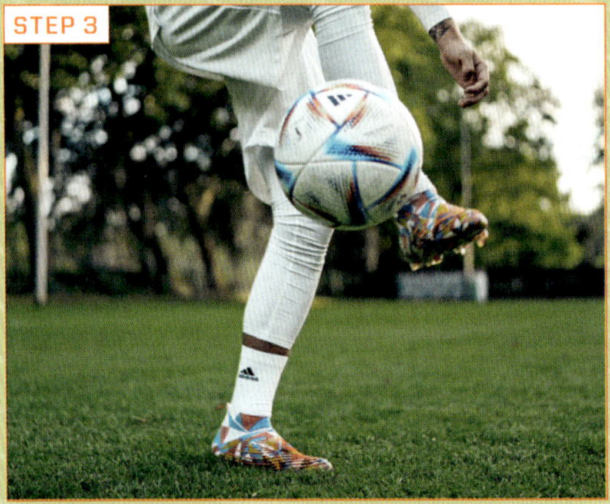

Bewege dabei deinen Fuß einmal um den Ball herum und halte diesen danach weiter hoch.

← Zum Video

HTW - MOVE 2

SCHWIERIGKEITSGRAD ★★★☆☆

BESCHREIBUNG

Einer der Basic-Skills der Fußballer, wenn es um Sachen Freestyle geht! Beim »HTW« gehst du von außen nach innen um den Ball herum. Cooler Skill, den man immer wieder lässig einbinden kann! Natürlich neben dem Platz.

STEP 1

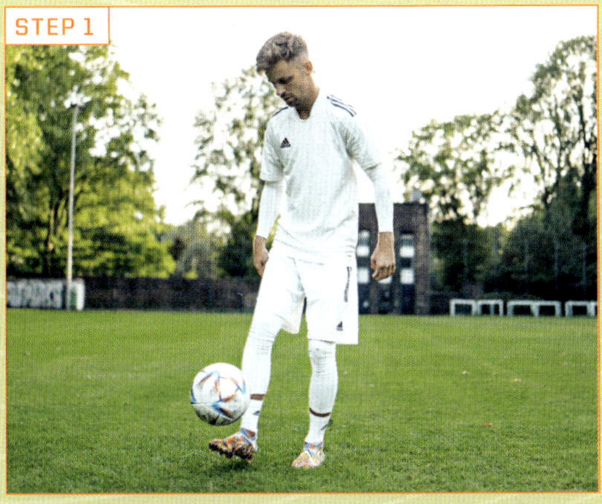

Ausgangssituation: Halte den Ball mit dem rechten Fuß kontrolliert hoch.

STEP 2

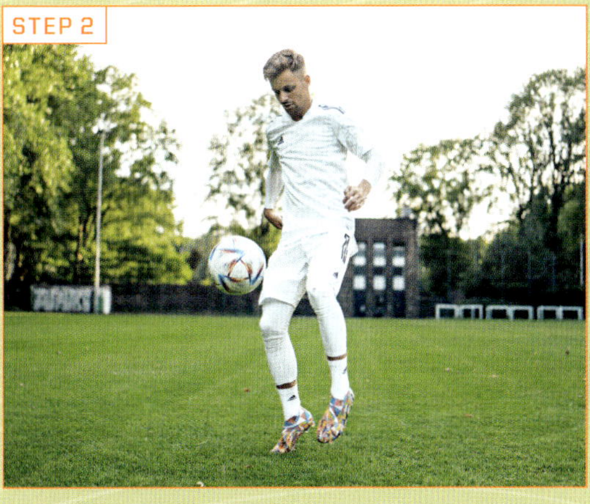

Spiel den Ball mit deinem Vorderfuß nach oben, sodass er etwa Oberschenkelhöhe erreicht.

STEP 3

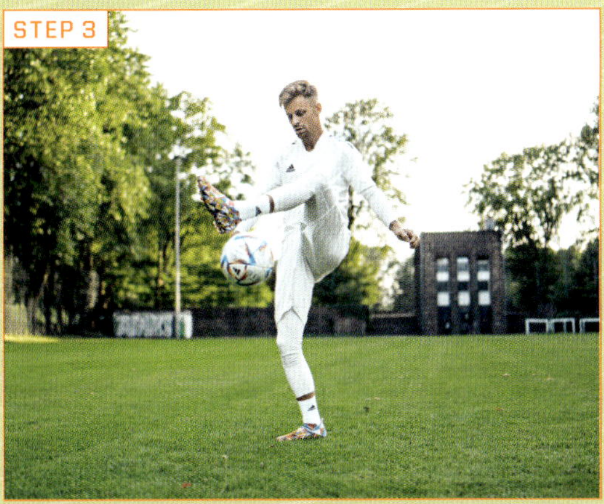

Im selben Moment springst du mit deinem linken Fuß ab und bewegst ihn einmal von außen nach innen um den Ball.

STEP 4

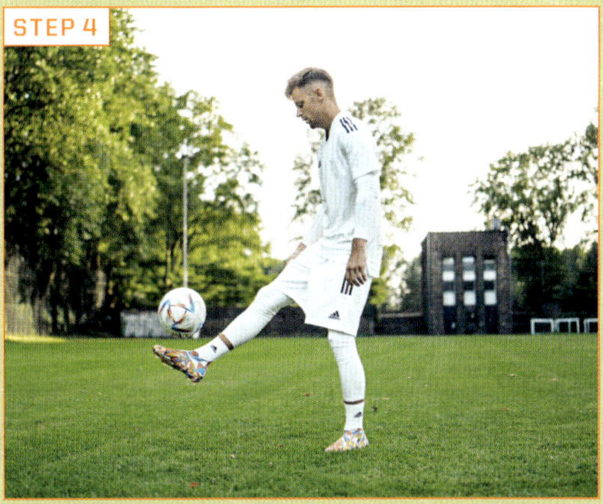

Anschließend fängst du den Ball mit dem rechten Fuß wieder auf.

Zum Video →

HTATW - MOVE 3

SCHWIERIGKEITSGRAD ★★★☆☆

STEP 1

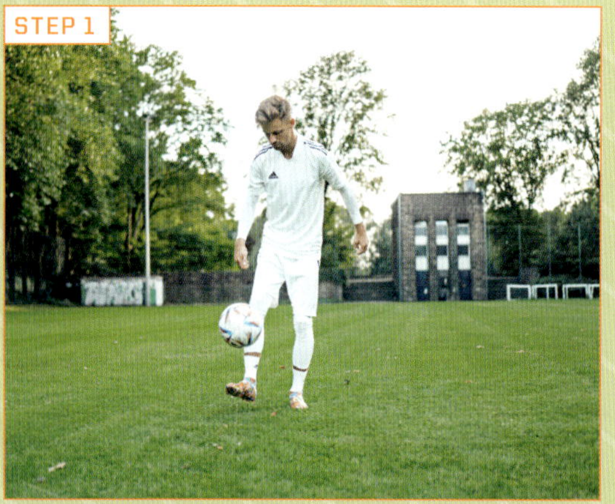

Jongliere den Ball einige Male.

STEP 2

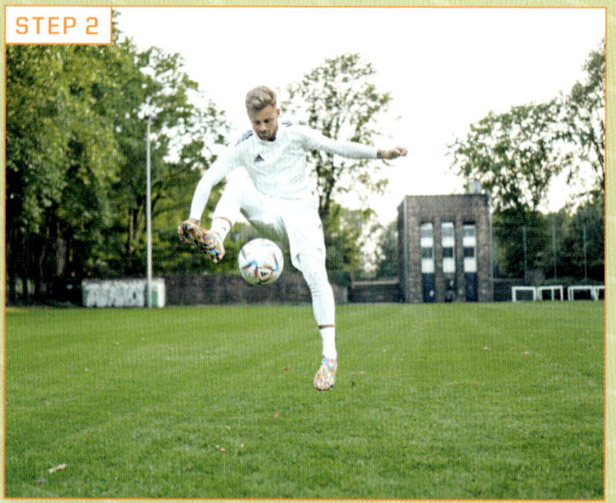

Setz wie zum ATW (Seite 32) an: Gib dem Ball also mit der Innenseite deines Fußes einen Spin.

STEP 3

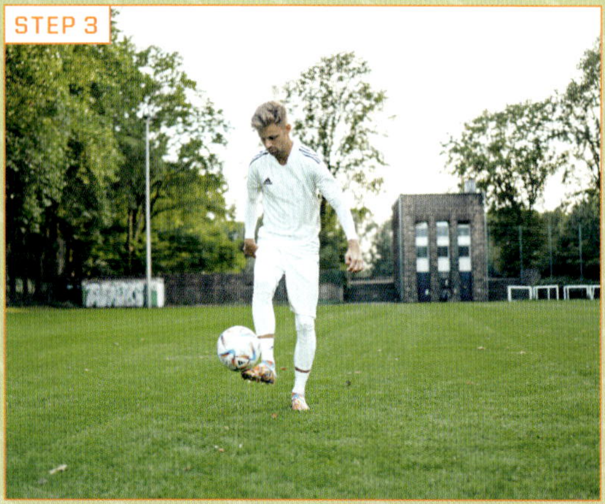

Anschließend folgt sofort in der Luft die Abfolge vom HTW (Seite 33): Spring mit deinem linken Fuß ab und beweg den Fuß einmal um den Ball herum.

STEP 4

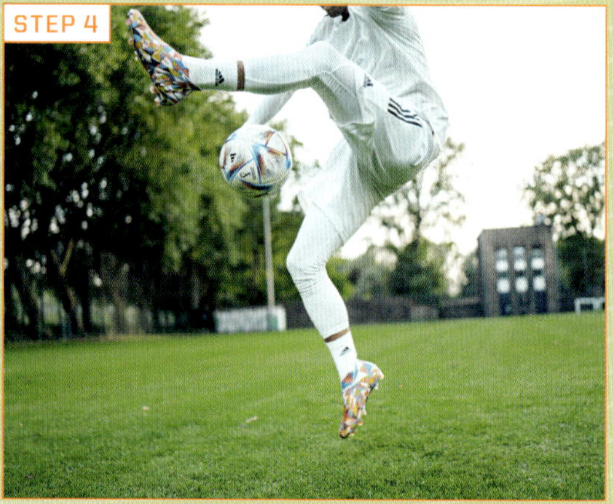

Der Trick erfolgt dabei, ohne dass der Ball auf dem Boden aufsetzt.

← Zum Video

TATW - MOVE 4

SCHWIERIGKEITSGRAD ★★★☆☆

BESCHREIBUNG

Auch bekannt als »Touzani Around The World«. Ein cooler Trick, für den du den »Around The World« als Basic schon drauf haben solltest! Dann ist der »TATW« für dich auch kein Problem mehr!

STEP 1

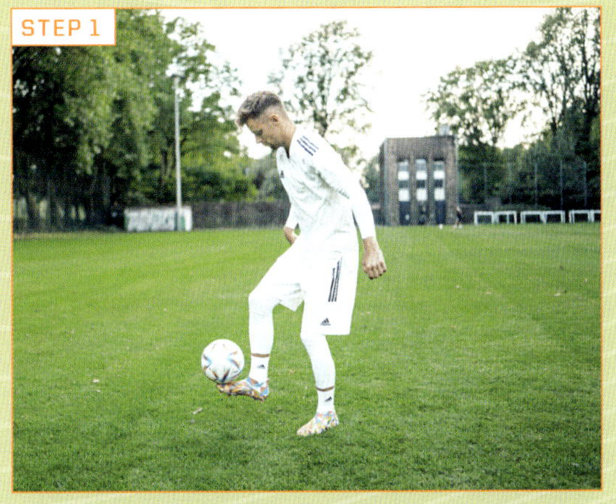

Fang erneut mit der Bewegung des ATW (Seite 32) an und gib dem Ball einen Spin, während du ihn in der Luft hältst. Setze anschließend zur Drehbewegung um den Ball herum an.

STEP 2

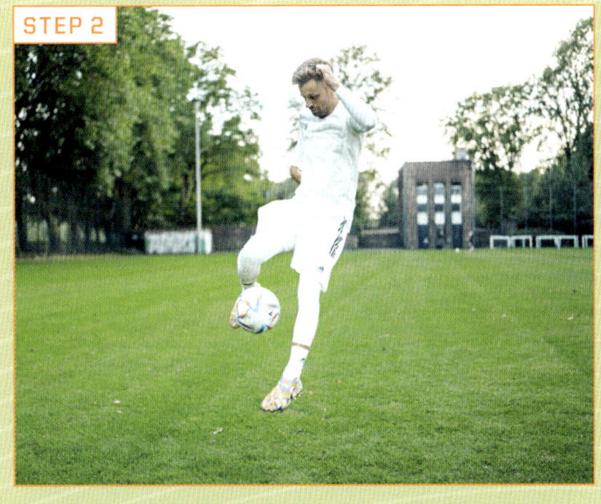

Sobald du etwa die Hälfte der Umrundung absolviert hast, nimmst du dein Standbein hinzu.

STEP 3

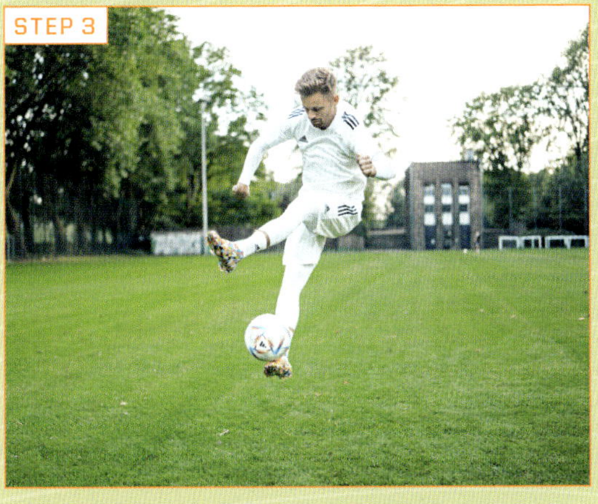

Spring dazu mit deinem linken Bein nach oben und zieh das Bein dabei diagonal über deinen rechten Fuß.

STEP 4

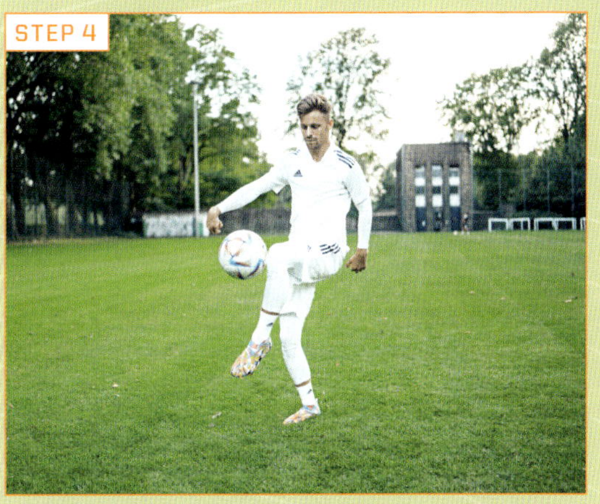

In der Luft spielst du den Ball nun mit dem rechten Fuß außen an deinem linken Fuß vorbei nach oben und kontrollierst ihn im darauffolgenden Schritt.

Zum Video →

KNEE ATW - MOVE 5

SCHWIERIGKEITSGRAD ★★☆☆☆

BESCHREIBUNG

Dir sind die Tricks alle zu basic? Wie wär's mit einer verrückten Kombination? Bevor es zum »HTW« geht, baust du dein Knie mit ein. Bei diesem Trick staunen deine Teamkollegen. Vergiss nicht, dich vorher aufzuwärmen! Let's go!

STEP 1

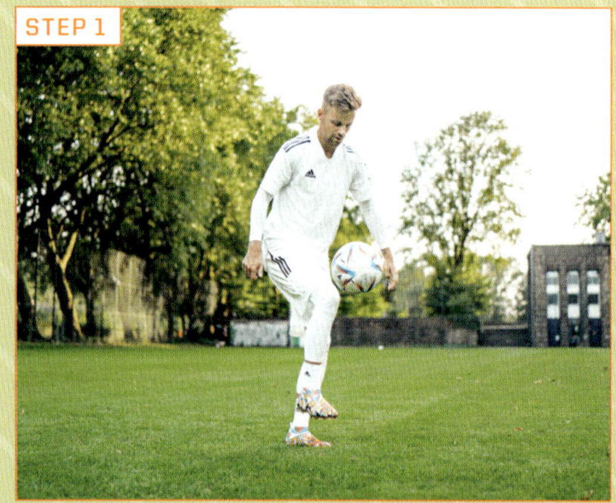

Spiel den Ball im ersten Schritt etwa kniehoch.

STEP 2

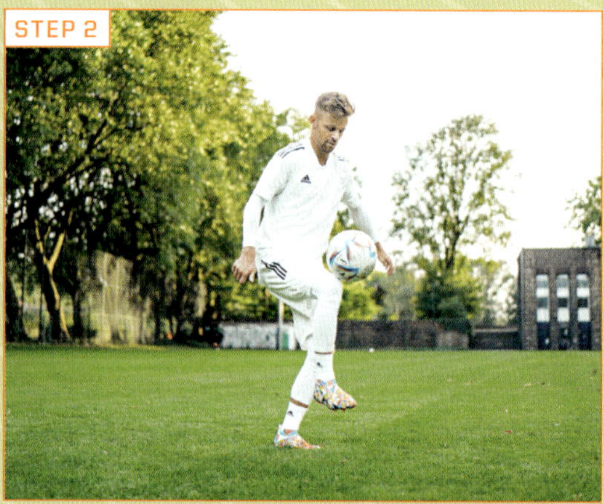

Lass den Ball im nächsten Schritt von deinem Knie abtropfen.

STEP 3

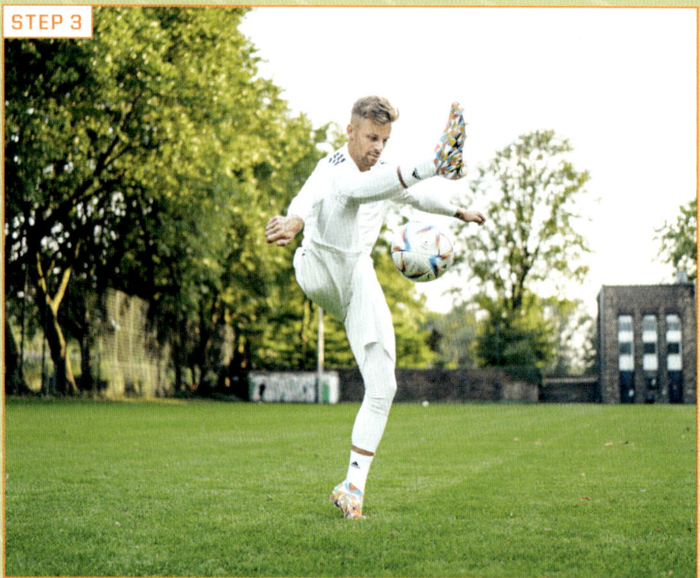

Zieh dasselbe Bein im selben Moment nach oben und beweg den Fuß einmal von außen nach innen um den Ball – ähnlich wie beim »HTW« (Seite 33).

← Zum Video

CROSSOVER - MOVE 6

SCHWIERIGKEITSGRAD ★★★☆☆

BESCHREIBUNG

Ein Trick, der von einem Freestyler im Schlaf ausgeführt werden kann! Er ist das tägliche Brot eines Freestylers und jetzt ein neuer Trick in deiner Sammlung. Hast du ihn schon drauf?

STEP 1

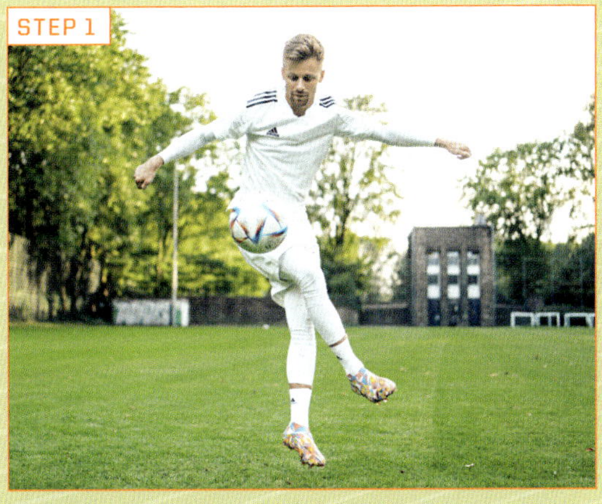

Spiel den Ball auf Hüfthöhe und spring anschließend mit dem linken Bein vom Boden ab, am besten etwas nach rechts zur Seite.

STEP 2

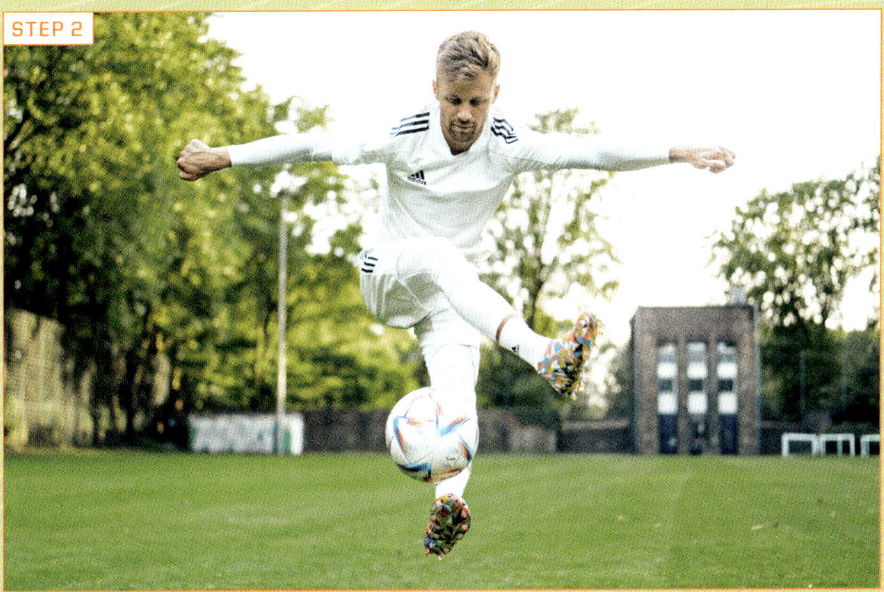

Gleichzeitig bewegt sich das rechte Bein von außen nach innen über den Ball und kreuzt dabei das linke Bein, das sich unter dem Ball befindet. Während das rechte Bein das linke kreuzt, spielst du mit dem linken Fuß den Ball nach oben.

Zum Video →

REVERSE CROSSOVER - MOVE 7

SCHWIERIGKEITSGRAD ★★★☆☆

STEP 1

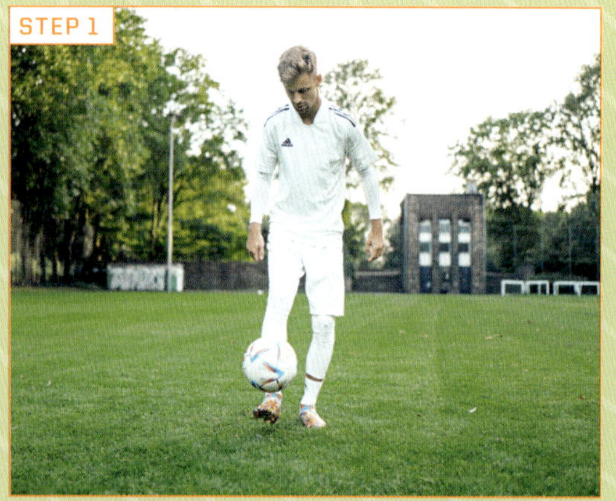

Spiel den Ball mit deinem rechten Fuß auf Hüfthöhe.

STEP 2

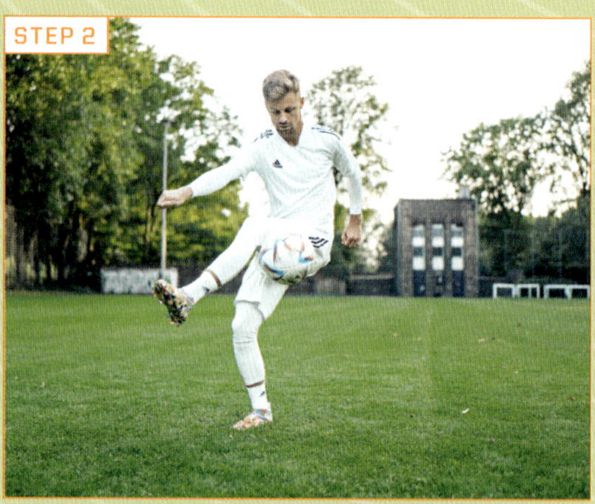

Wechsle das Bein: Stell deinen rechten Fuß ab und nimm den linken Fuß auf Ballhöhe nach oben.

STEP 3

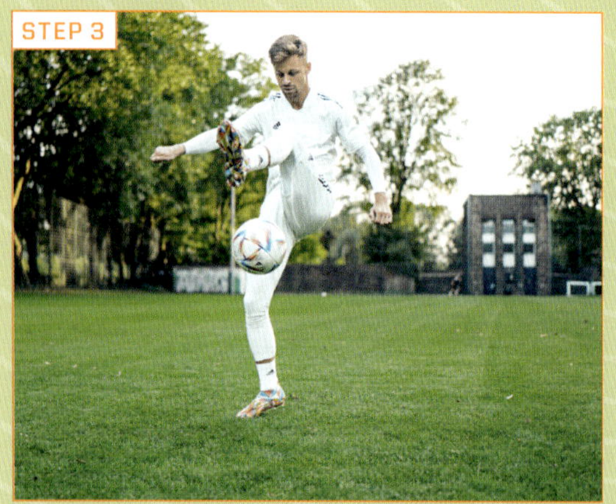

Führ dein linkes Bein nun von innen nach außen um den Ball.

STEP 4

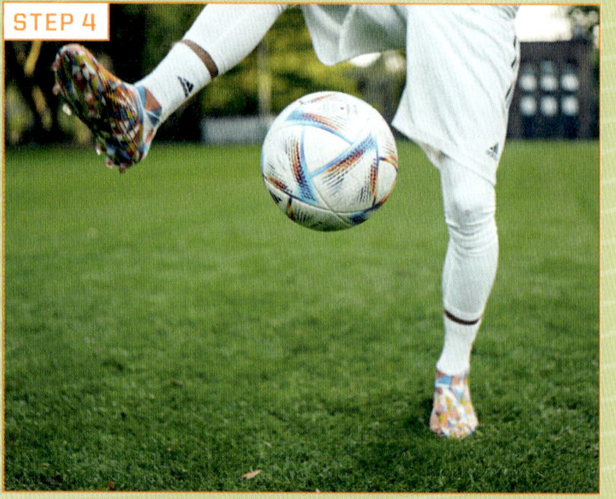

Hast du es geschafft, einmal um den Ball zu kommen, kannst du den linken Fuß anschließend abstellen und zum ATW (Seite 32) ansetzen.

← Zum Video

TOE BOUNCE - MOVE 8

SCHWIERIGKEITSGRAD ★★☆☆☆

BESCHREIBUNG

Ein Trick, der kompliziert aussieht, in der Umsetzung jedoch aus simplen Steps besteht. Dir reichen die Bilder nicht? Scan den QR-Code, um zum ausführlichen Video zu kommen. Viel Spaß beim Lernen!

STEP 1

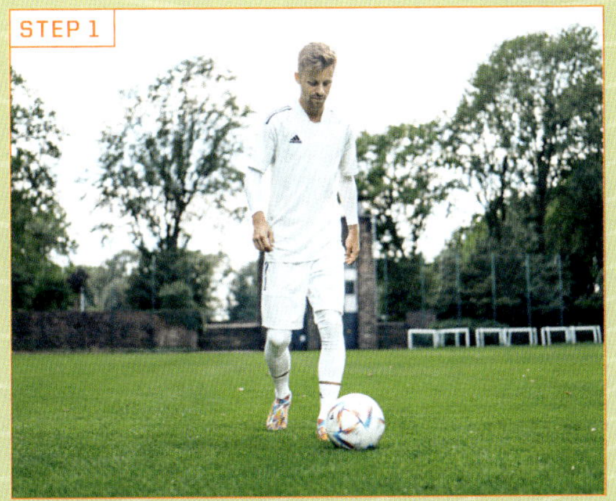

Zieh den vor dir liegenden Ball mit der Sohle des rechten Fußes in Richtung des linken Standbeins.

STEP 2

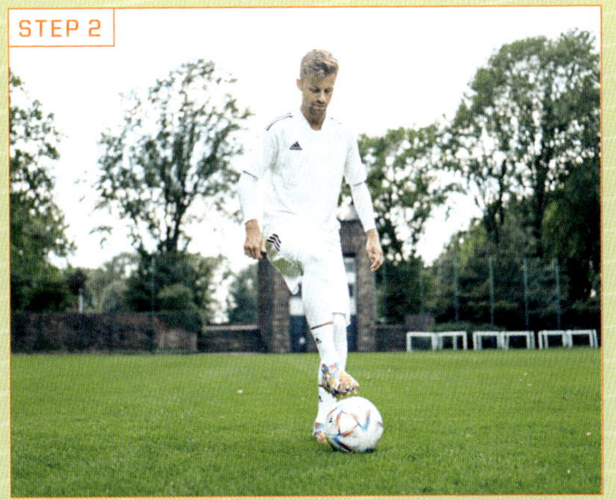

Spiel den Ball durch eine Gegenbewegung mit dem linken Fuß in die Luft.

STEP 3

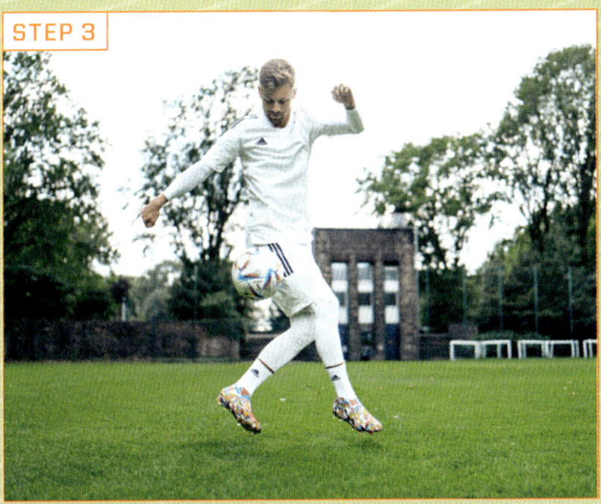

Zieh nun dein Standbein hinter deinem starken Fuß mit einem kleinen Sprung zur Seite.

STEP 4

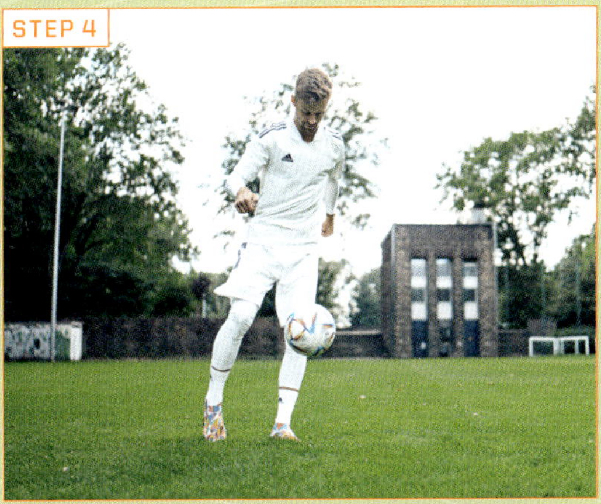

Setz deinen Fuß ab und warte darauf, dass der Ball perfekt darauf aufkommt. Wichtig ist dabei, dass du die Zehen ein wenig hebst und nach oben drückst, sodass der Ball wieder nach oben springen kann.

Zum Video →

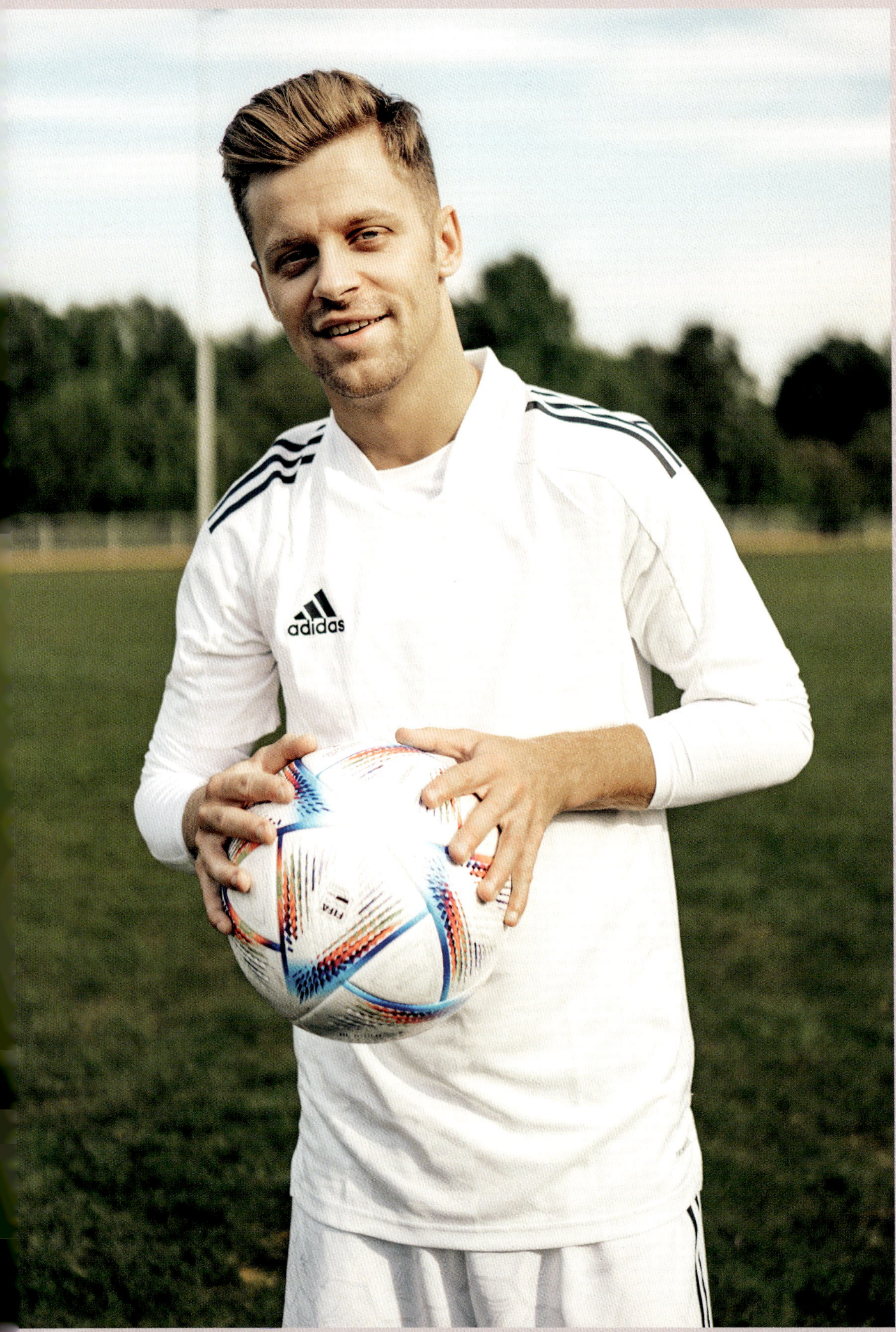
adidas

EASY

Time for NEW SKILLS! Skills, die man von der Konsole kennt, fordern dich hier heraus. »Scoop Turn«, »Drag Back« & Co. stehen jetzt auf dem Plan. Was ist dein Lieblingstrick auf der Konsole? Die folgenden Tricks sind simpel zu lernen und werden von Topstars wie Neymar, Pogba und vielen weiteren täglich genutzt.

NICHT VERGESSEN Zu jedem Trick gibt es ein Video! Ganz einfach den QR-Code scannen.

EASY

SCOOP TURN - TRICK 1

SCHWIERIGKEITSGRAD ★★☆☆☆

BESCHREIBUNG

Gamer aufgepasst! Bekannt aus einigen Videospielen, aber in der ein oder anderen Situation im Spiel genau so effektiv. Der »Scoop Turn« ermöglicht dir einen schnellen und effektiven Richtungswechsel.

STEP 1

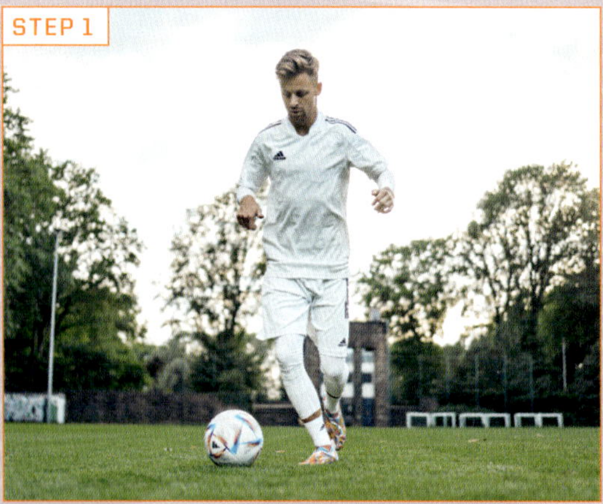

Stell dich seitlich versetzt zu deinem Gegner und platziere dein Standbein leicht vor dem Ball.

STEP 2

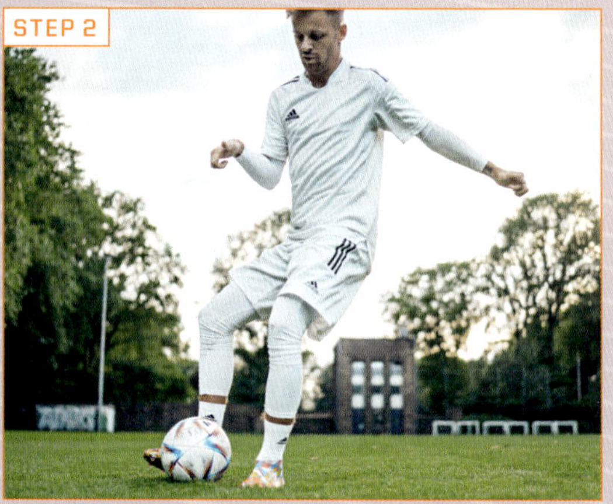

Zieh nun den Ball mit der Innenseite des rechten Fußes frontal auf den Verteidiger zu.

STEP 3

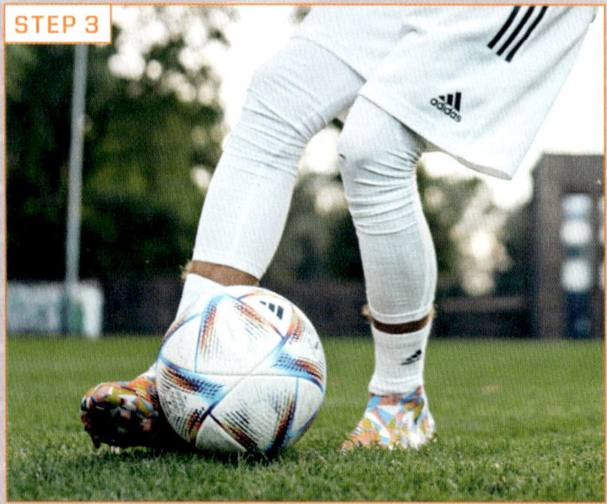

Statt den Ball nach vorne zu spielen, klappst du jedoch im letzten Moment die Fußspitze nach innen und ziehst links am Verteidiger vorbei.

STEP 4

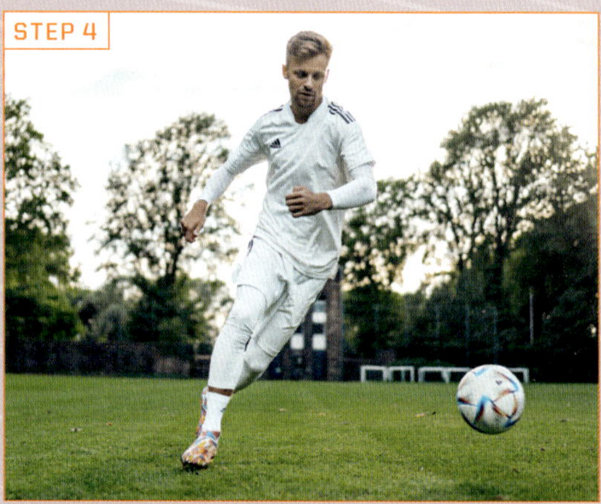

Zieh nun dein Tempo an, um den Gegner hinter dir zu lassen.

← Zum Video

McGEADY SPIN - TRICK 2

SCHWIERIGKEITSGRAD ★★☆☆☆

BESCHREIBUNG

Der McGeady Spin ist im Grunde eine 270-Grad-Drehung und kann in 1-gegen-1-Situationen auf dem Flügel angewendet werden. Am effektivsten ist er, wenn man ihn an der Außenlinie entlang oder zur Spielmitte hin in Richtung des Tores ausführt.

STEP 1

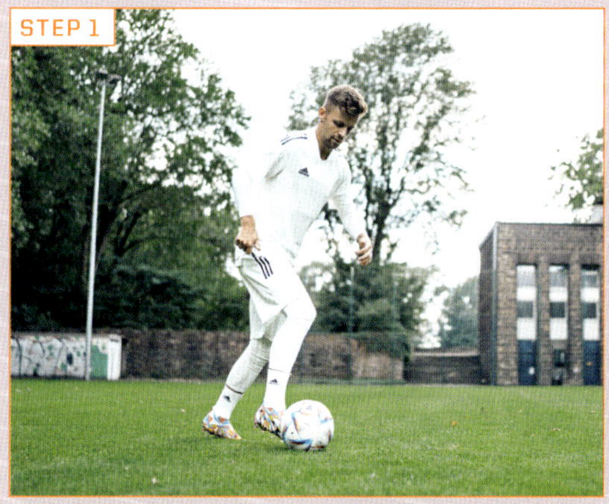

Dein Gegenspieler kommt frontal auf dich zu.

STEP 2

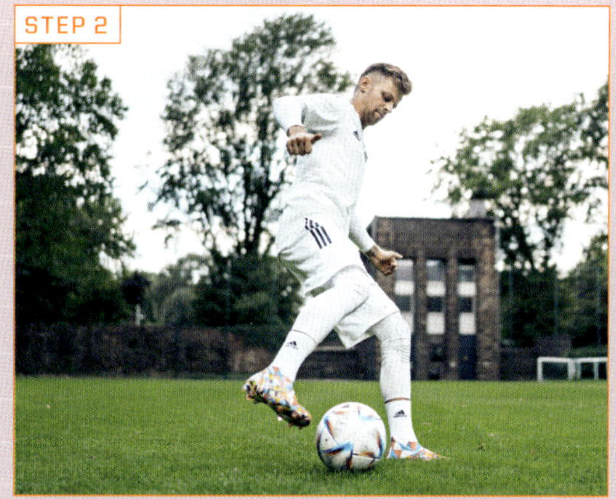

Etwa einen Meter vor dem Verteidiger ziehst du den Ball mit der Innenseite deines rechten Fußes zurück und drehst dich dabei um 90 Grad nach links. Nun zeigt dein Oberkörper nach links und deine rechte Schulter zum Abwehrspieler.

STEP 3

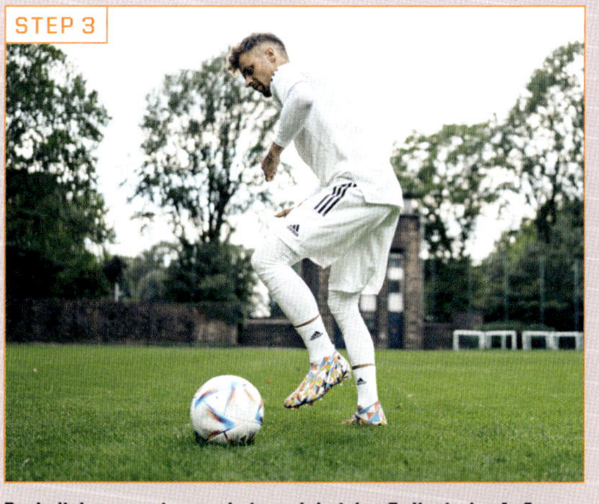

Dreh dich nun weiter und nimm dabei den Ball mit der Außenseite deines linkes Fußes mit, bis du ihn in die entgegengesetzte Richtung spielen kannst.

STEP 4

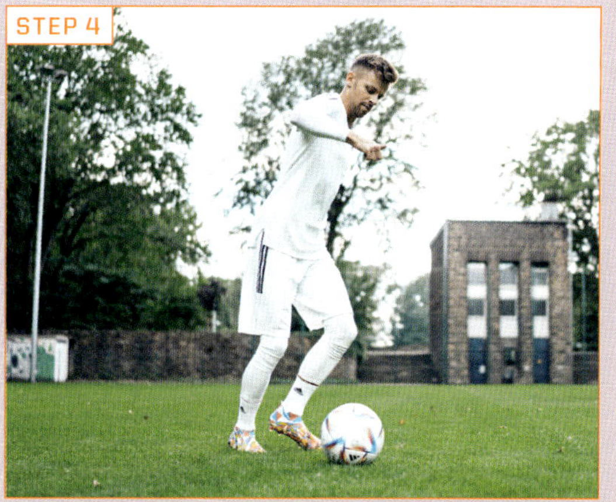

Wenn dir die Ausführung gelungen ist, hast du dich um weitere 180 Grad gedreht und kannst jetzt mit Zug auf das Tor ziehen.

Zum Video →

HEEL TURN - TRICK 3

SCHWIERIGKEITSGRAD ★★☆☆☆

BESCHREIBUNG

Du brauchst neue kreative Moves im Eins gegen Eins? Dann ist der »Heel Turn« genau der richtige Trick für dich! Hier spielt das Timing wie bei vielen anderen Tricks eine entscheidende Rolle. Wie viele Versuche brauchst du, um den Trick zu lernen?

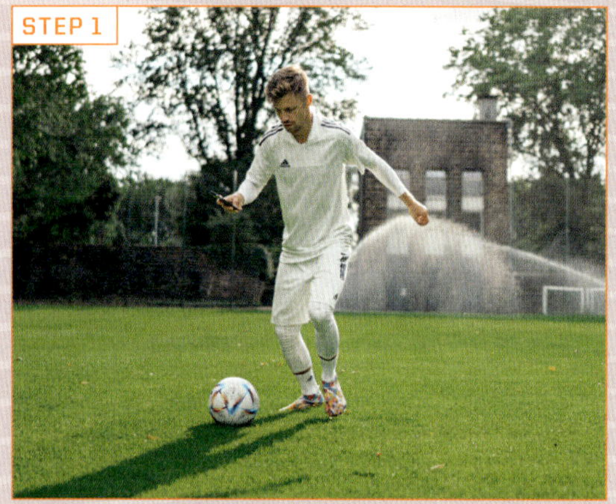

Dribble auf deinen Gegenspieler zu.

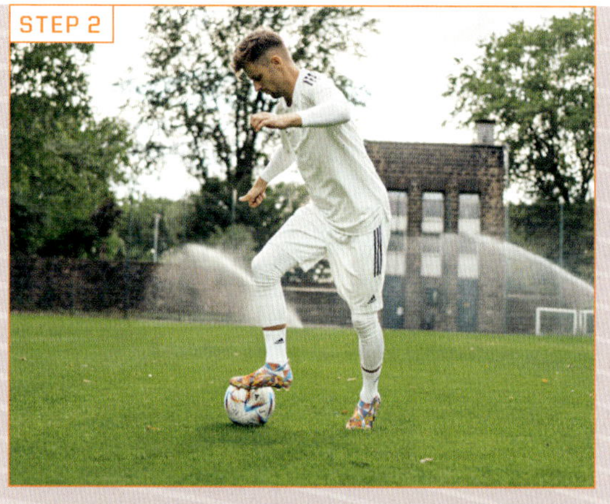

Zieh im nächsten Schritt den Ball seitlich mit der Sohle weg. Dreh deinen Körper dabei leicht nach rechts.

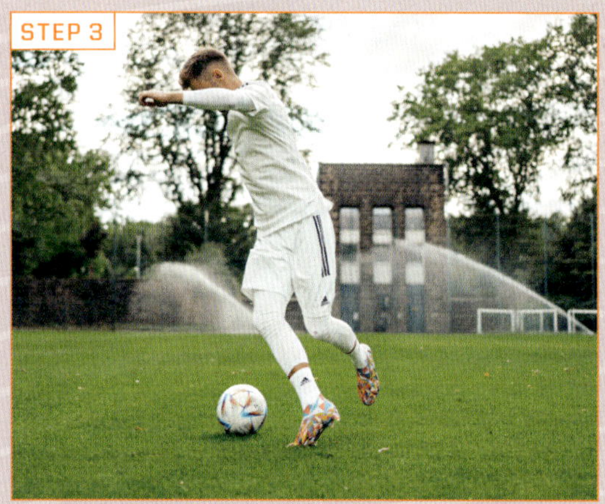

Platziere den rechten Fuß, während der Ball rollt, ca. 20 cm nach vorne. Dreh dich dabei weiter ein.

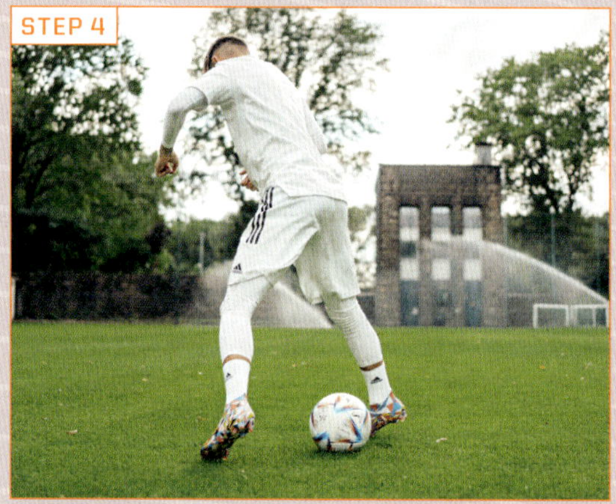

Nun stehst du mit deinem Rücken zum Gegner und setzt deinen linken Fuß Richtung Ball.

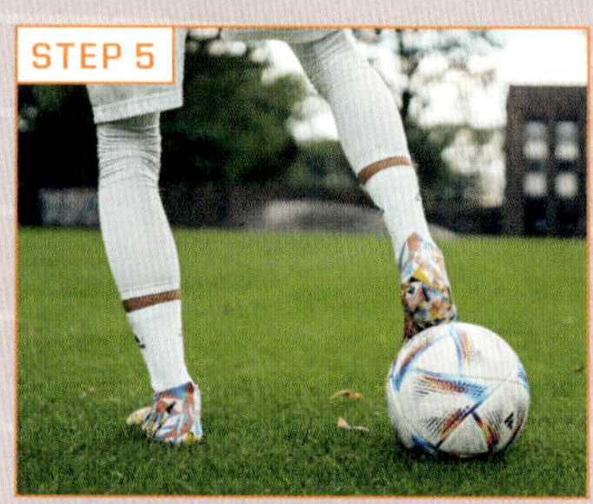

Zieh den Ball mit der Sohle diagonal in die Spielrichtung, um deinem Gegner zu entkommen.

← Zum Video

MESSI CHOP - TRICK 4

SCHWIERIGKEITSGRAD

★★☆☆☆

BESCHREIBUNG

Weltfußballer Lionel Messi ist durch seine schnellen Bewegungen für jeden Gegenspieler der Welt unberechenbar. Mit diesem Chop bist du der nächste Messi auf dem Platz! Genutzt wird der Trick in 1-gegen-1-Situationen in Tornähe des Gegners.

STEP 1

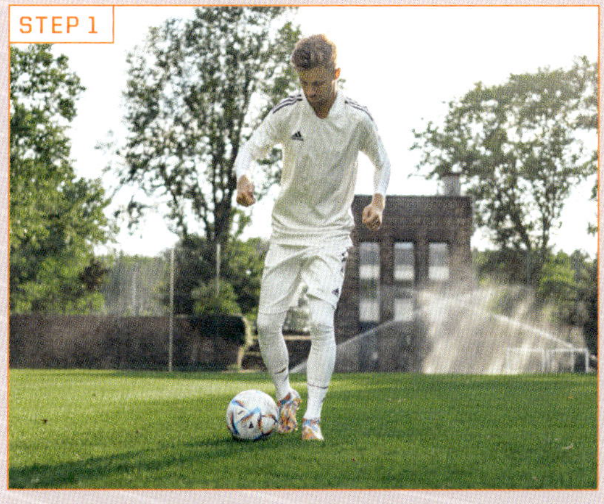

Lauf auf deinen Gegner zu.

STEP 2

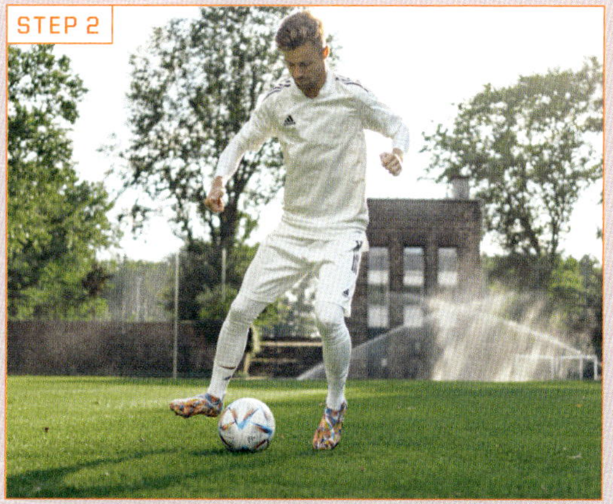

Setz zum »Ronaldo Chop« an (Seite 20).

STEP 3

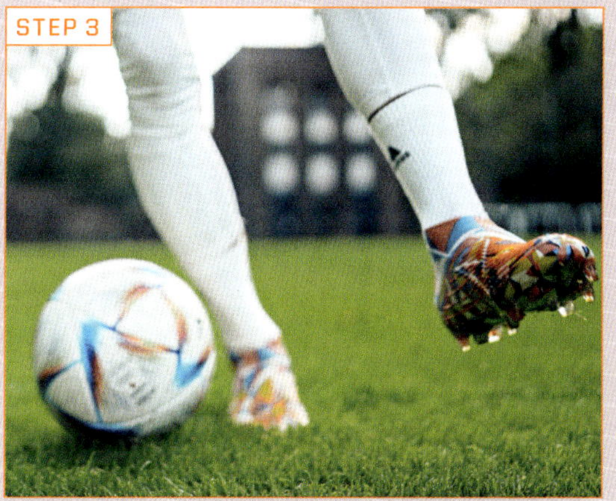

Platziere deinen Fuß links vom Ball, sodass du die Richtung ändern kannst.

STEP 4

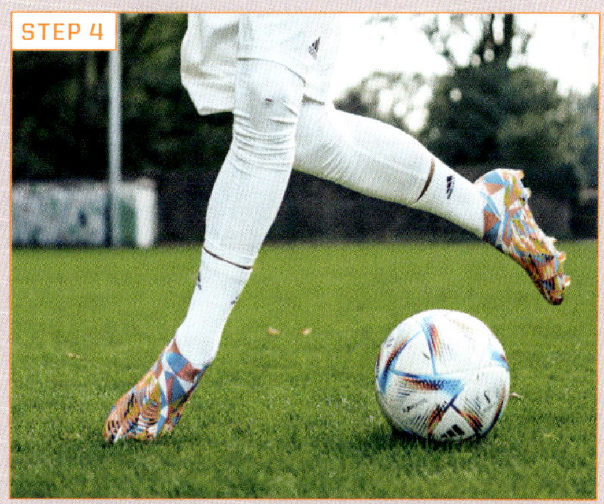

Das Ganze geschieht in einem Sprung. Dabei kommt dein Standbein so hoch, dass du den Ball durchspielen kannst.

Zum Video →

FLYING STEP OVER - TRICK 5

SCHWIERIGKEITSGRAD

★★☆☆☆

BESCHREIBUNG

Du kommst in den Stand und weißt nicht, wie du dich von deinem Gegenspieler lösen sollst? Jetzt hast du die Lösung: der »Flying Step Over«. Mit dem dynamischen Trick lässt du jeden Gegner stehen!

STEP 1

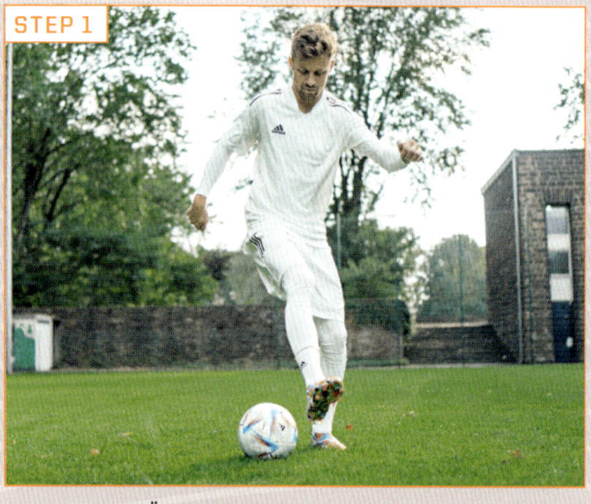

Setze zu einem Übersteiger von innen nach außen an.

STEP 2

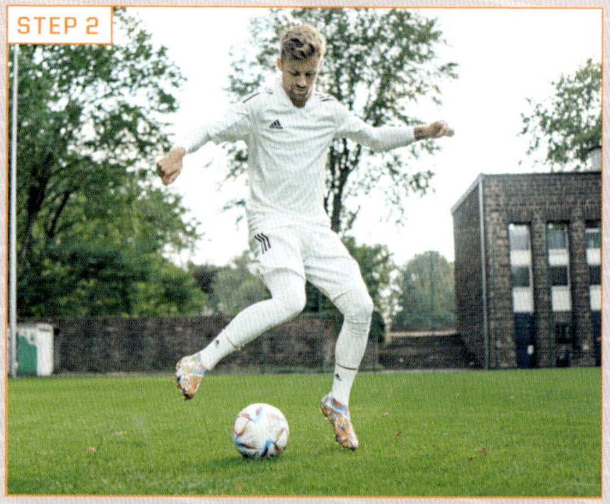

Heb dabei mit deinem Standbein einige Zentimeter ab, um den explosiven Richtungswechsel vorzubereiten.

STEP 3

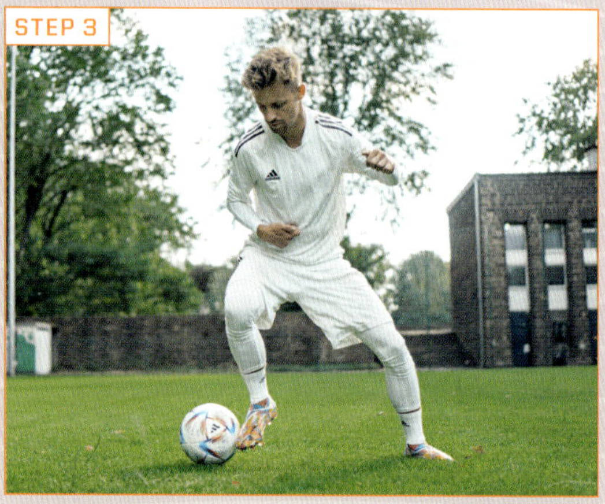

Zieh dann mit tiefem Körperschwerpunkt an deinem Gegner vorbei.

← Zum Video

TAP TOE PANNA – TRICK 6

SCHWIERIGKEITSGRAD ★★☆☆☆

BESCHREIBUNG

Für jeden Straßenkicker ein bekannter Trick! Im Frontalen Eins-gegen-Eins-Duell wird dieser Trick gerne genutzt. Achte dabei auf deinen Gegenspieler und passe dein Tempo entsprechend an! Genutzt wird der Trick über die Außenbahn.

STEP 1

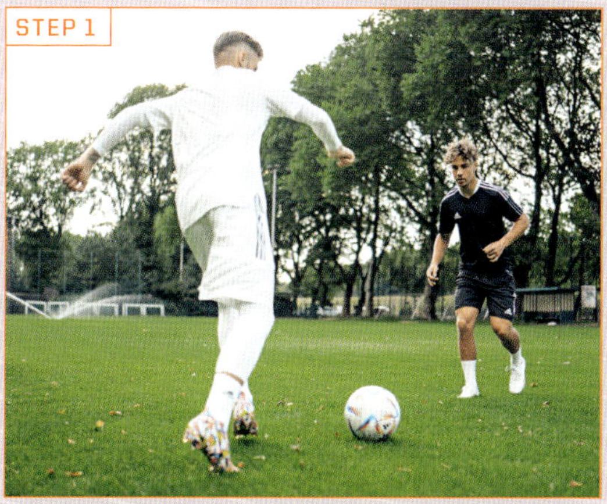

Lauf frontal auf deinen Gegenspieler zu.

STEP 2

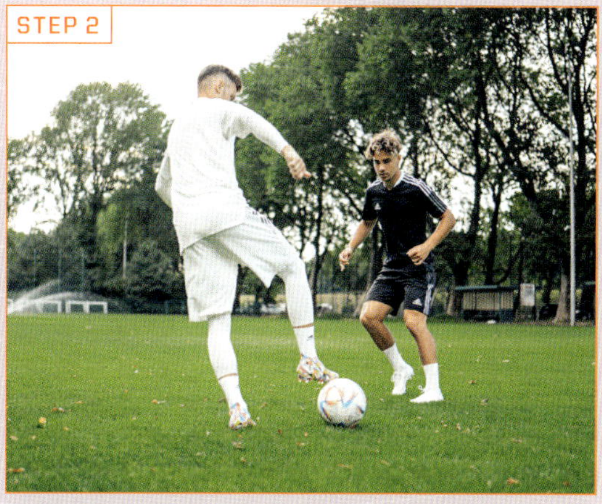

Zieh den Ball im nächsten Schritt diagonal zu deinem Standbein.

STEP 3

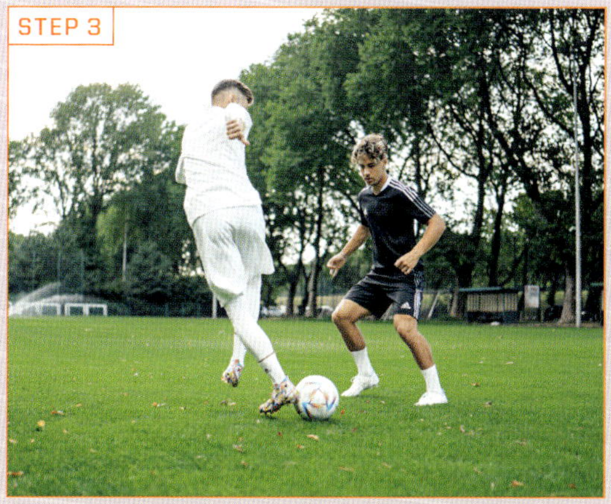

Beobachte deinen Gegner. Zieh deinen starken Fuß durch, um dir genügend Platz für den nächsten Schritt zu verschaffen.

STEP 4

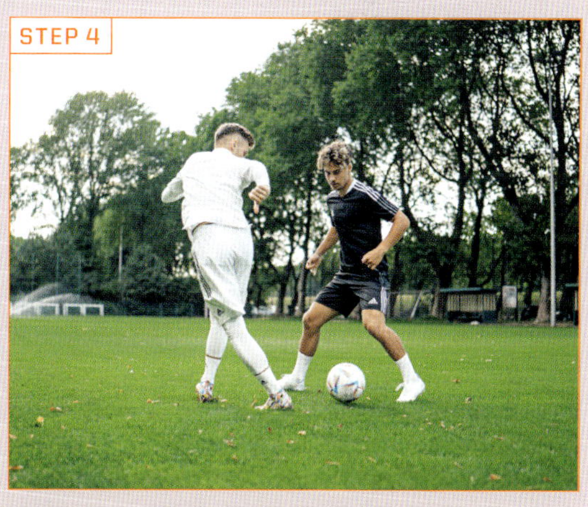

Spiel den Ball im nächsten Schritt mit der Innenseite deines Standbeins durch die Beine deines Gegenspielers.

Zum Video →

SPEED CHANGE - TRICK 7

SCHWIERIGKEITSGRAD ★★☆☆☆

BESCHREIBUNG

Du brauchst in der nächsten Aktion einen neuen Trick? Setze nun nach dem »Flying Step Over« zum »Speed Change« an und überrasche deinen Gegner. Diesen Trick kannst du in vielen Situationen anwenden.

STEP 1

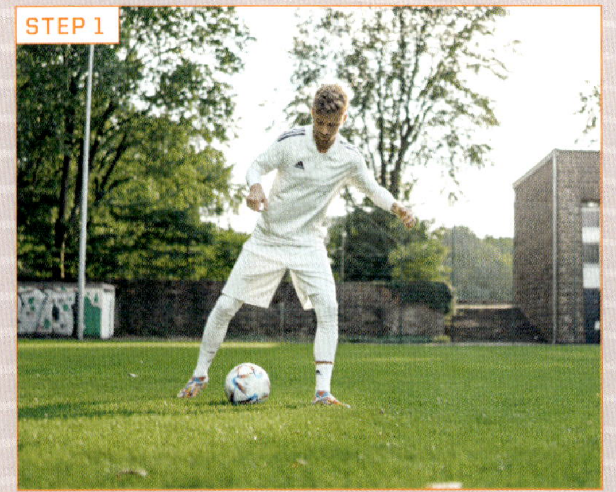

Du stehst frontal vor deinem Gegner.

STEP 2

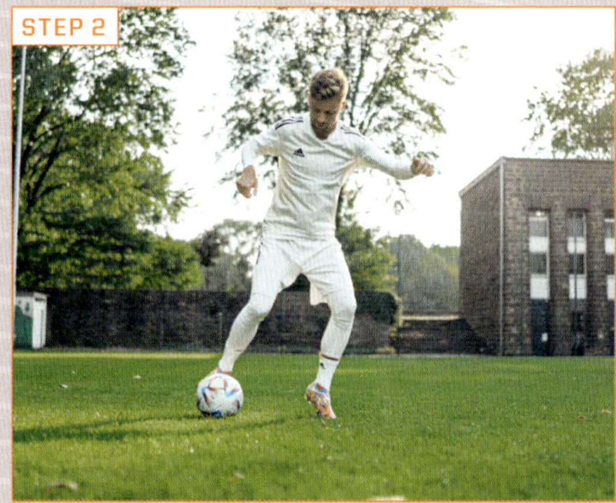

Spring nun leicht nach links und bring deinen Fuß nach innen.

STEP 3

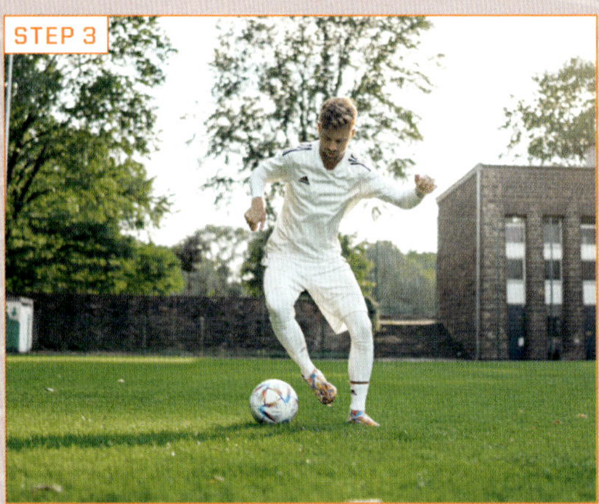

Zieh im nächsten Schritt den Ball mit der Außenseite von innen nach außen.

← Zum Video

DIE SCHERE - TRICK 8

SCHWIERIGKEITSGRAD ★★☆☆☆

BESCHREIBUNG

Ein Trick, ohne einen Trick zu machen? Die Schere! Achtung: Der Trick ist nur bei einem festen Zuspiel von deinem Mitspieler möglich! Bleibe dabei zentral vor deinem Gegenspieler.

STEP 1

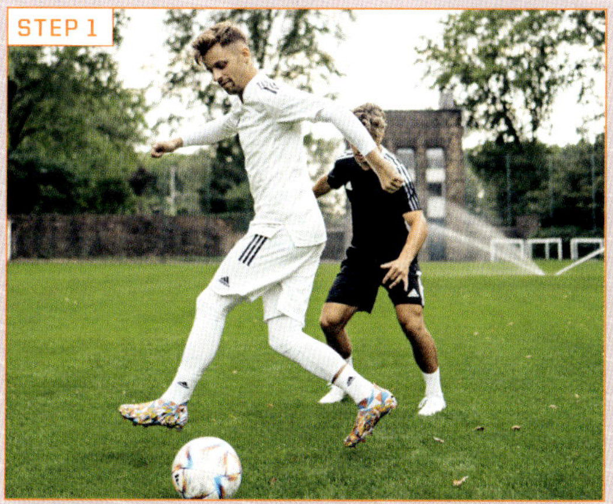

Der Ball kommt frontal auf dich zu. Stell dich seitlich zum Ball.

STEP 2

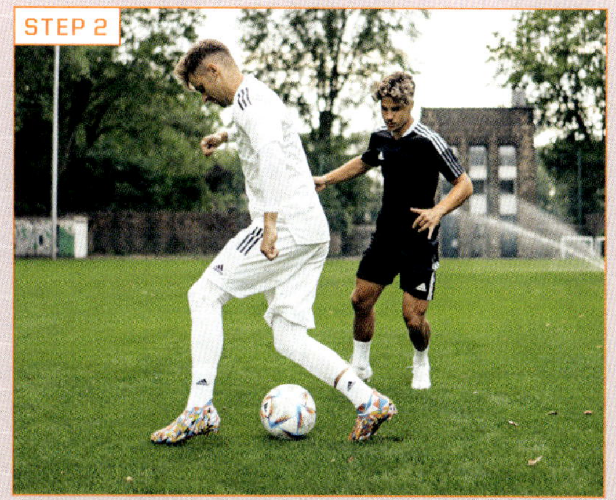

Im nächsten Schritt sind deine Beine wie eine Schere geöffnet, sodass du den Ball mit der Innenseite des Fußes annehmen kannst, der auf der Seite deines Gegners ist.

STEP 3

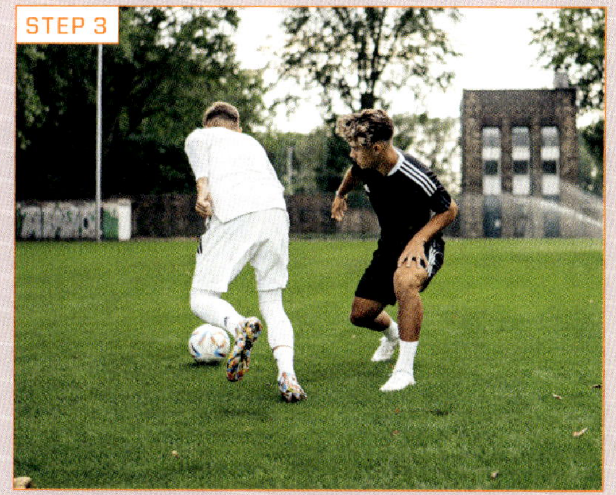

Setz nun die Gegenbewegung an und tausch beide Beine. Während du mit deinem starken Fuß nach vorne gehst, spielst du den Ball mit der Spitze schräg an deinem Gegner vorbei und läufst hinterher.

Zum Video →

EASY

MESSI CUT - TRICK 9

SCHWIERIGKEITSGRAD

★★☆☆☆

BESCHREIBUNG

Dieser Trick ist sehr effektiv und wird unter anderem, egal in welcher Spielsituation, von Starspieler Lionel Messi durchgeführt.

STEP 1

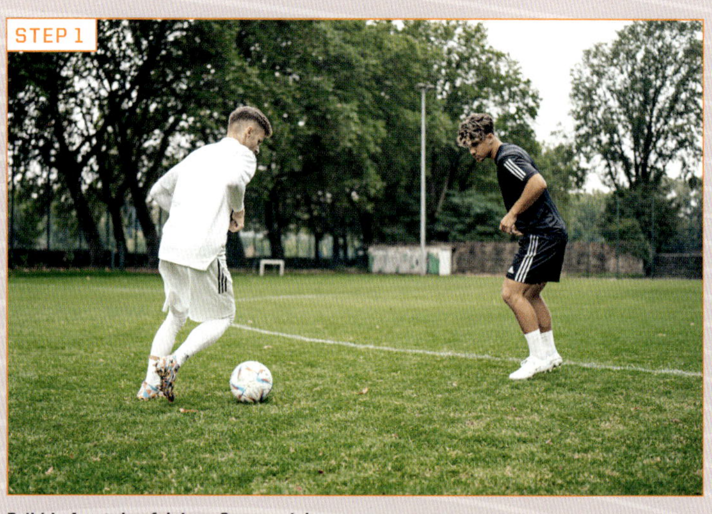

Dribble frontal auf deinen Gegenspieler zu.

STEP 2

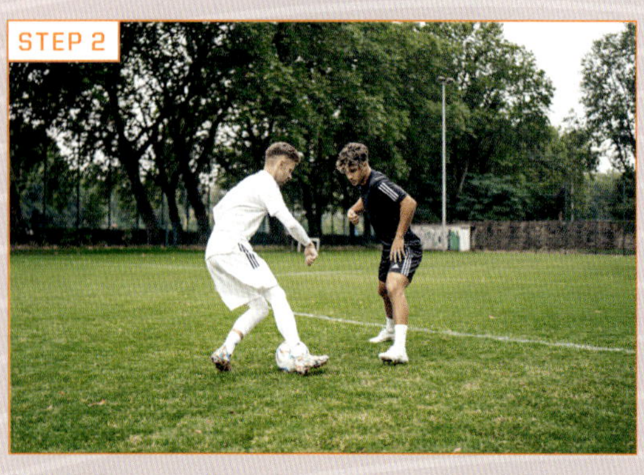

Zieh mit der ersten Körperfinte mit dem rechten Fuß nach innen.

STEP 3

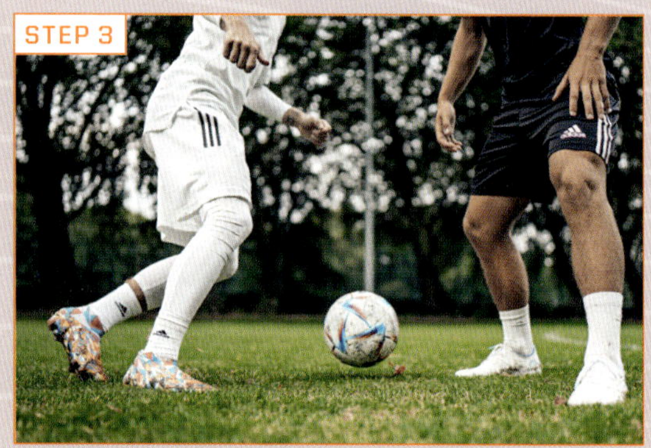

Im nächsten Schritt setzt du den Cut an und spielst den Ball mit dem anderen Fuß in die entgegengesetzte Richtung.

← Zum Video

FAKE TOUCH – TRICK 10

SCHWIERIGKEITSGRAD ★★☆☆☆

BESCHREIBUNG

Einfach. Simpel. Ohne Berührung. Der Fake Touch macht dir das Skillen leicht! Dennoch ist das Timing entscheidend.

STEP 1

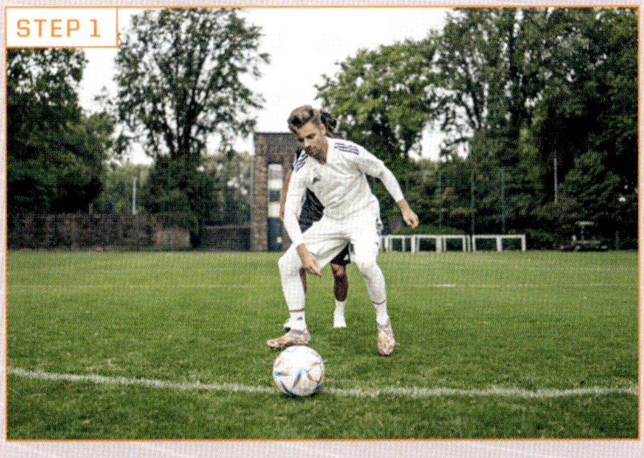

Lauf frontal auf den Ball zu. Achte darauf, dass der Gegner eng an dir dran ist!

STEP 2

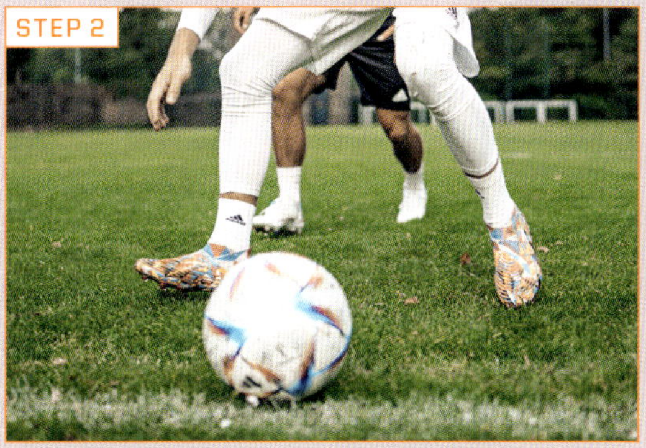

Kurz bevor der Ball bei dir ist, öffnest du beide Beine.

STEP 3

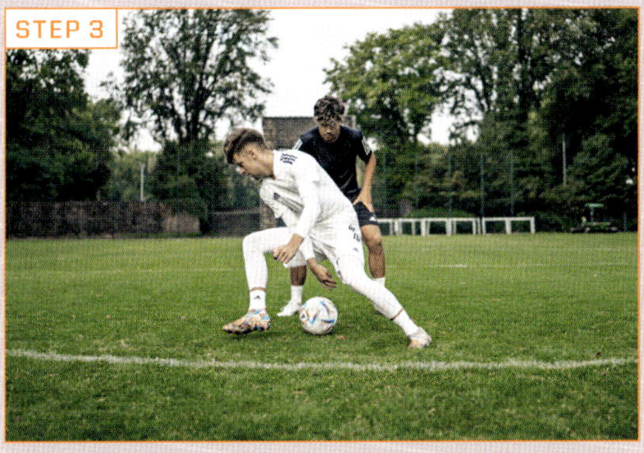

Wisch im nächsten Schritt mit der Hand vor dem Ball, um den Gegner zu verwirren.

STEP 4

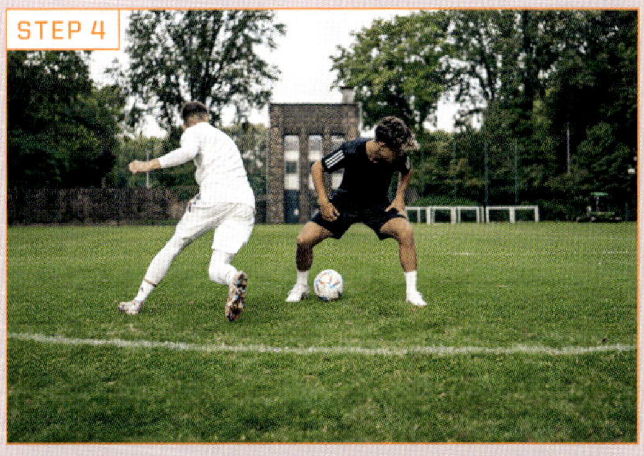

Dreh dich dabei nach links, um den Ball vor dem Gegner zu halten. So läuft der Gegner am Ball vorbei, ohne ihn zu sehen.

Zum Video →

»DIE IDEE IST, DASS DER GEGENSPIELER SCHON MIT DER ANNAHME AUSGESPIELT WIRD.«

TONI KROOS

STECKBRIEF

NAME	Toni Kroos
LAND	Deutschland
GEBURTSTAG	04.01.1990
GRÖSSE	1,83 m
POSITION	Zentrales Mittelfeld
AKTUELLE TEAMS	• Deutsche Fußballnationalmannschaft • Real Madrid
ERFOLGE	• Weltmeister 2014 • Champions-League-Sieger 2013, 2016, 2017, 2018 und 2022 • Klub-Weltmeister 2013, 2014, 2016, 2017 und 2018 • Deutscher Meister 2008, 2013 und 2014 • DFB-Pokal-Sieger 2008, 2013 und 2014 • Spanischer Meister 2017, 2020 und 2022

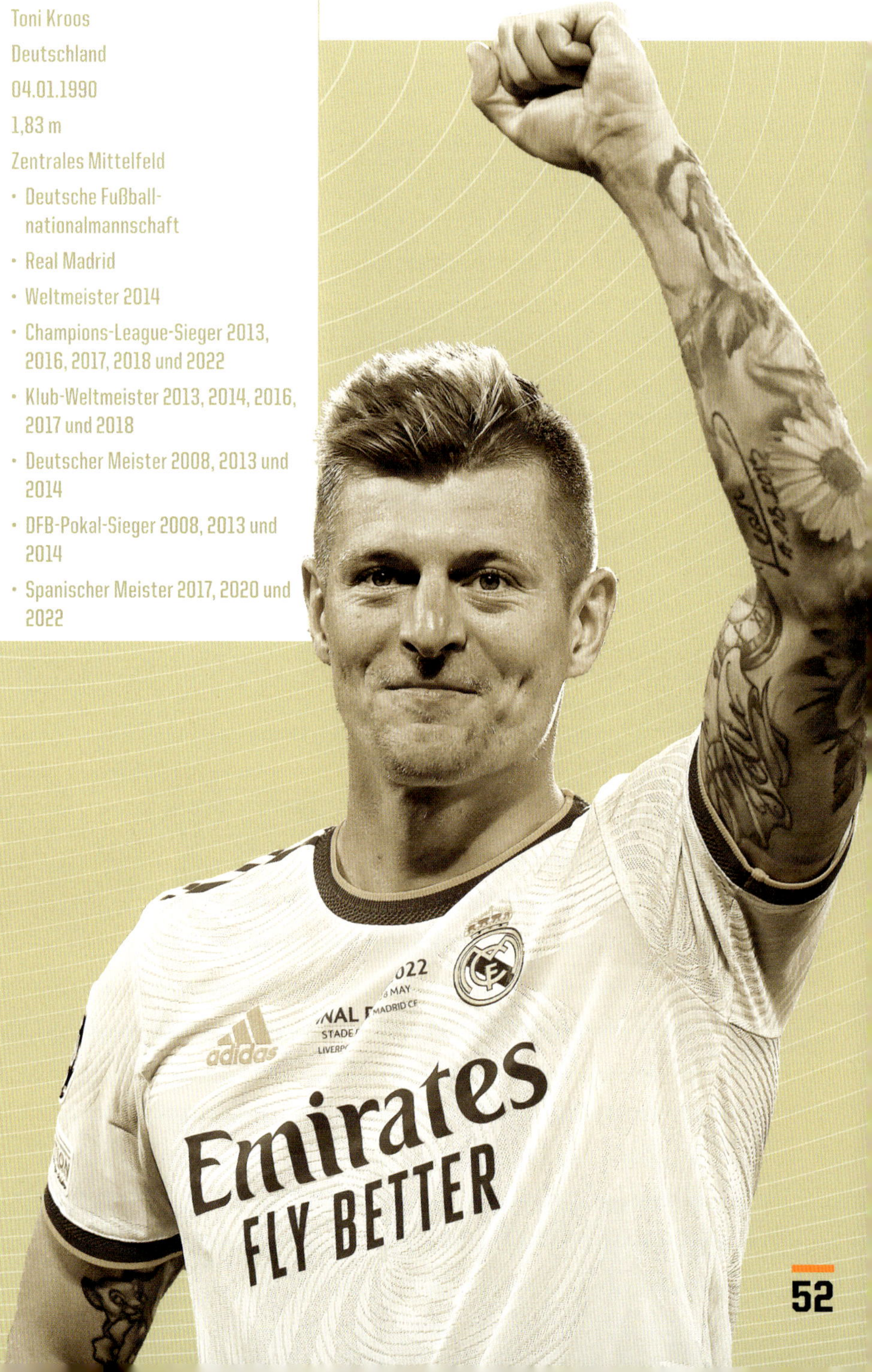

KROOS SHUFFLE

SCHWIERIGKEITSGRAD ★★☆☆☆

BESCHREIBUNG

Der einfache, doch effektive Trick von Toni Kroos hat sich mittlerweile zu seinem Signature-Move etabliert.
Angewendet wird der Trick, um den Gegner direkt mit dem ersten Kontakt auszuspielen.

STEP 1

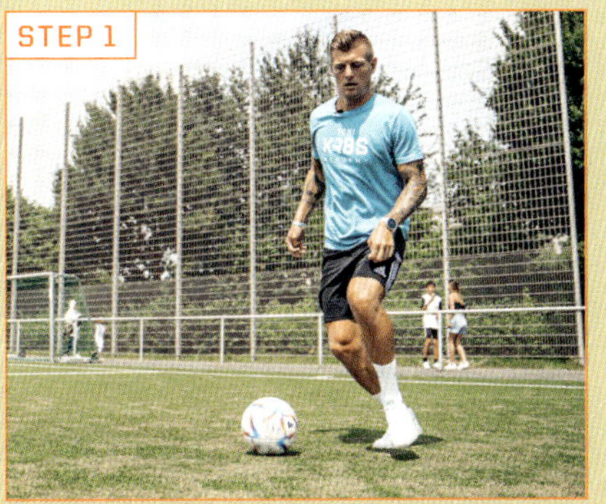

Beobachte deinen Gegner, um den Trick im richtigen Moment auszuführen. Platziere deinen schwachen Fuß in Richtung Ball.

STEP 2

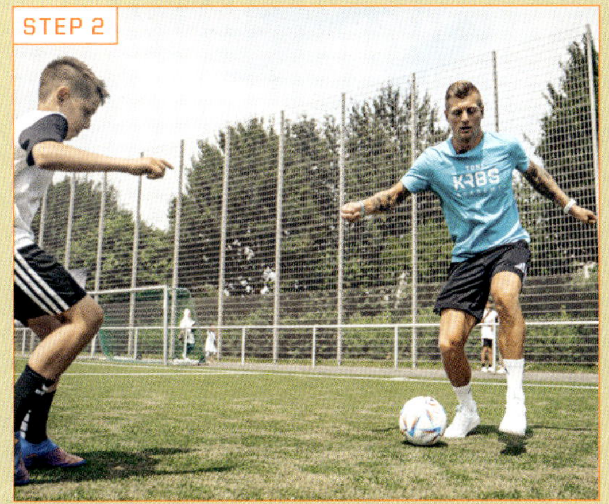

Lass den Ball durchrollen, um den Gegner möglichst lange stehen zu lassen.

STEP 3

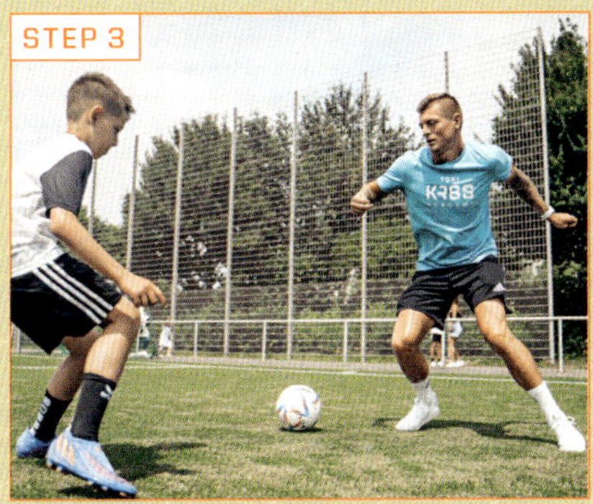

Spiele den Ball in die Richtung, aus der er gekommen ist.

STEP 4

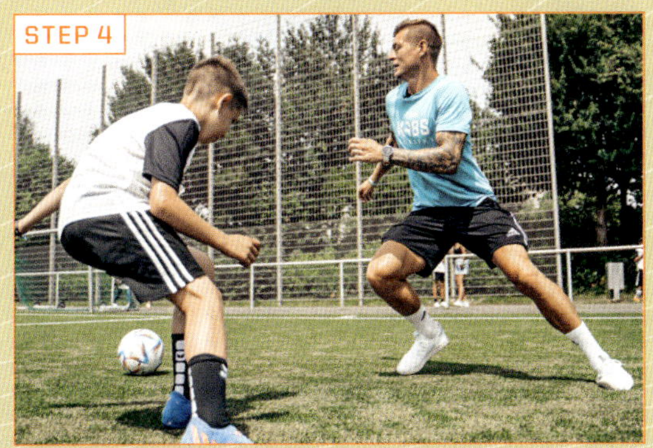

Drücke dich nun mit deinem schwachen Fuß ab, um zum Richtungswechsel anzusetzen.

STEP 5

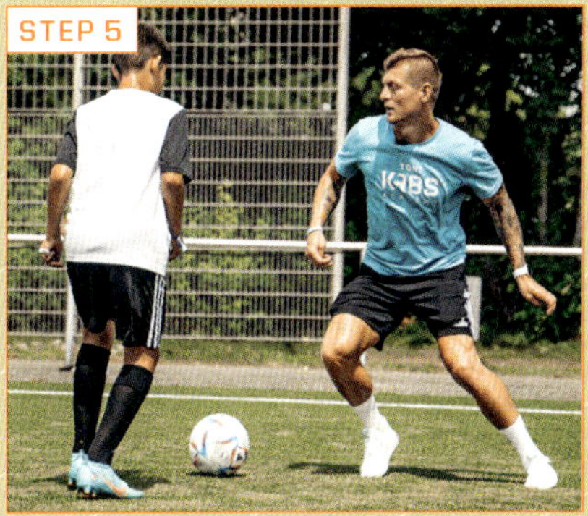

Achte hier auf deinen ersten Kontakt, um den Gegner ins Leere laufen zu lassen.

Zum Video →

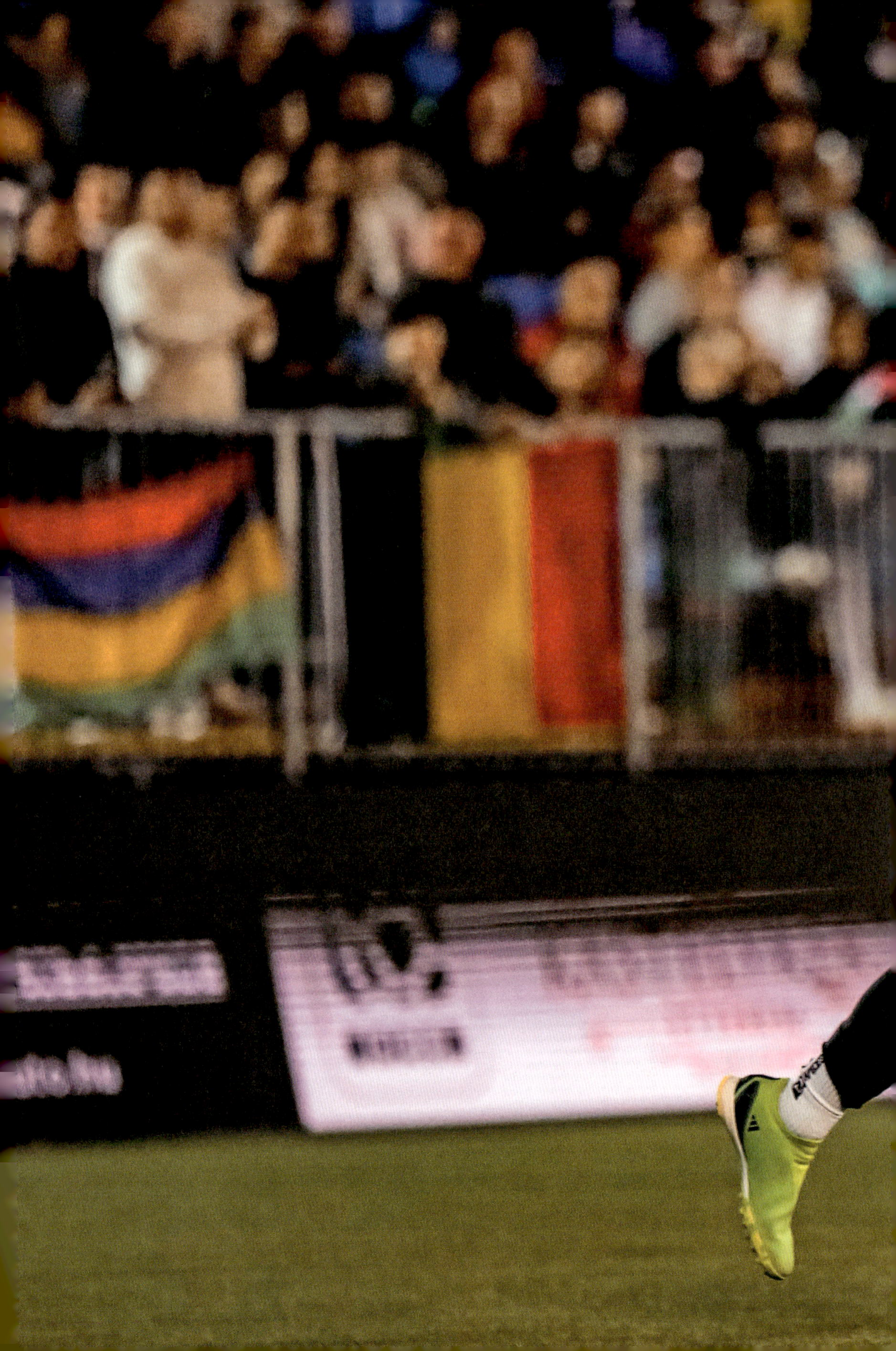

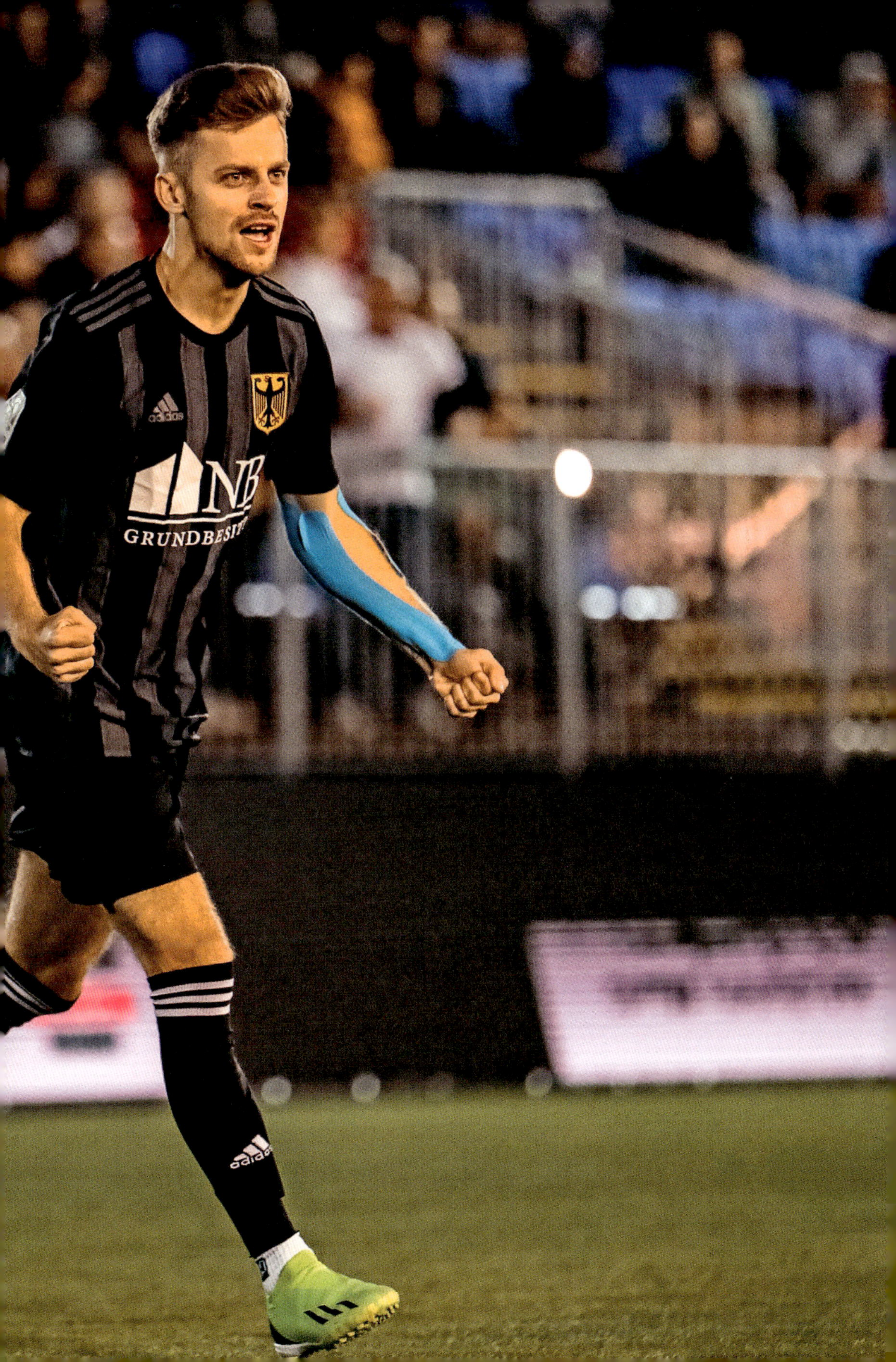

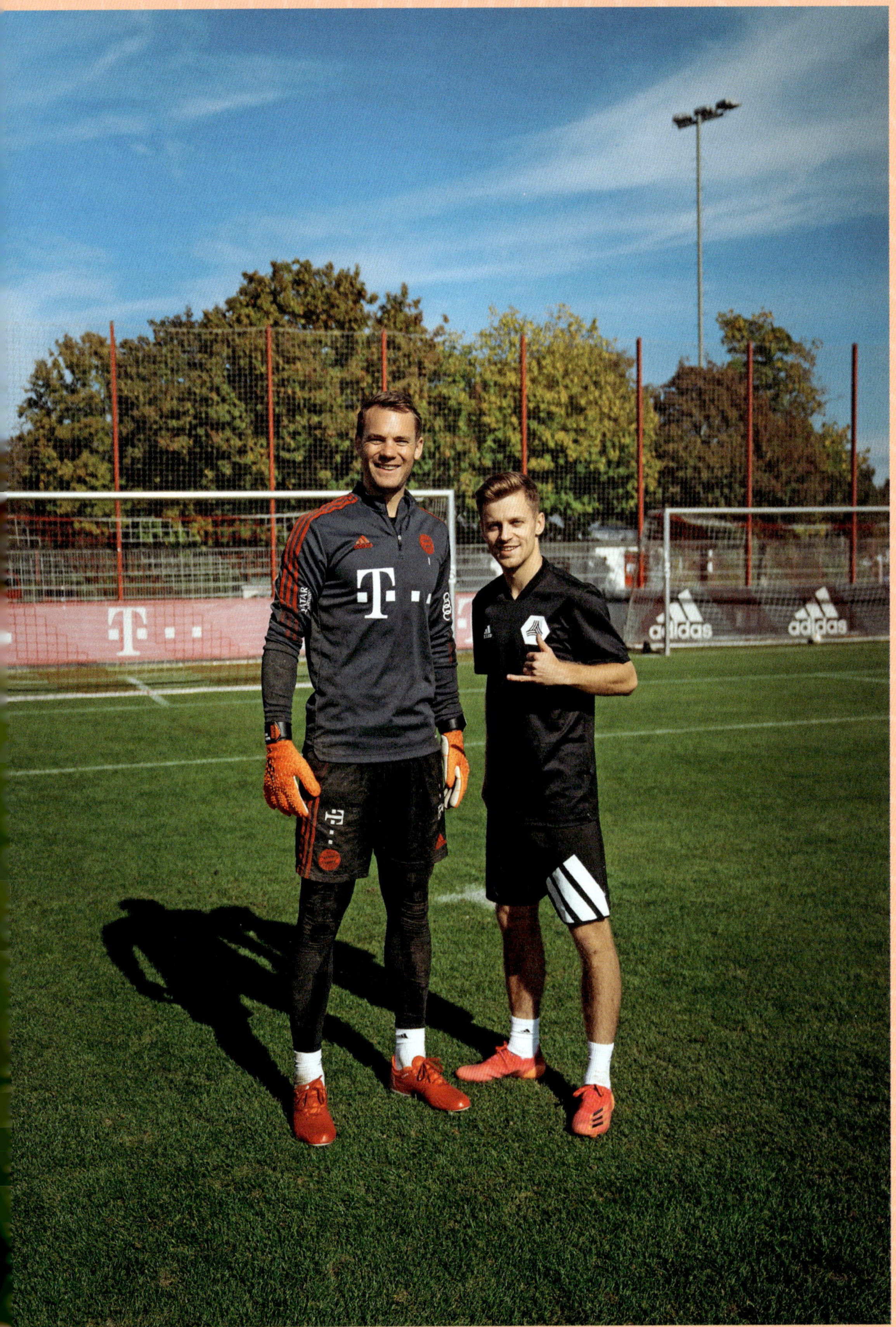
adidas
adidas

ADVANCED

Hier findest du Tricks, die man nur bei technisch versierten Spielern wie Neymar & Co. sieht. Du hast dich schon immer gefragt, wie der »Rainbow« funktioniert? Wie spielt Ronaldinho den Ball per »Rabona« zu seinem Mitspieler? Diese 3-Sterne-Tricks bringen deinen Skill-Level auf die nächste Stufe.

NICHT VERGESSEN Zu jedem Trick gibt es ein Video! Ganz einfach den QR-Code scannen.

RAINBOW | OKOCHA - TRICK 11

SCHWIERIGKEITSGRAD ★★★☆☆

BESCHREIBUNG

Der Name Jay-Jay Okocha ist bei Fußballfans mit einer unbeschreiblichen Technik und Mut verbunden. Okocha war extrem explosiv und hatte eine unglaubliche Technik. Nach ihm ist ein ganz spezieller Trick benannt: der Okocha-Trick. Dabei wird der Ball mit der Hacke vom Boden über den eigenen Kopf und den Gegenspieler gezogen.

STEP 1

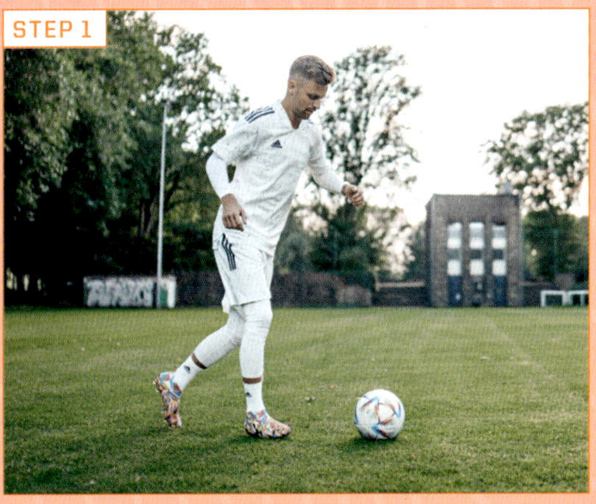

Lauf frontal auf den Ball zu. Platziere deinen linken Fuß zunächst seitlich mit einem Schritt vor dem Ball.

STEP 2

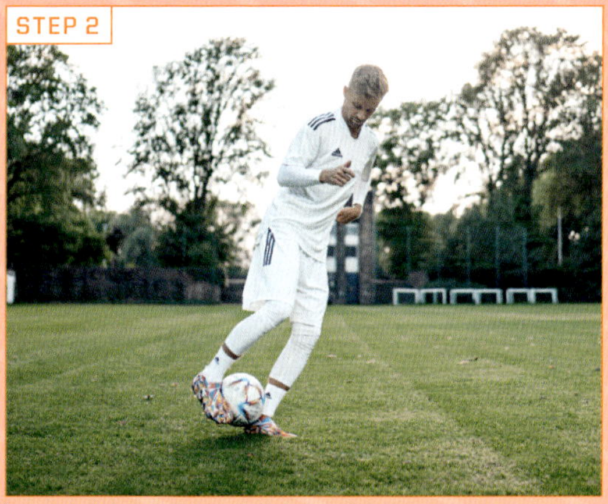

Klemm den Ball nun mit deinem rechten Fuß zwischen deinem rechten Fuß und deinem linken Knöchel ein.

STEP 3

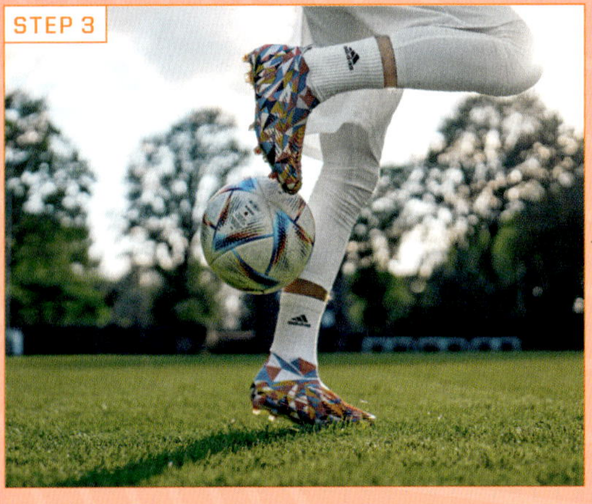

Setz dann zum Sprung an und lass den Ball gleichzeitig mit dem rechten Fuß den Knöchel hinaufrollen.

STEP 4

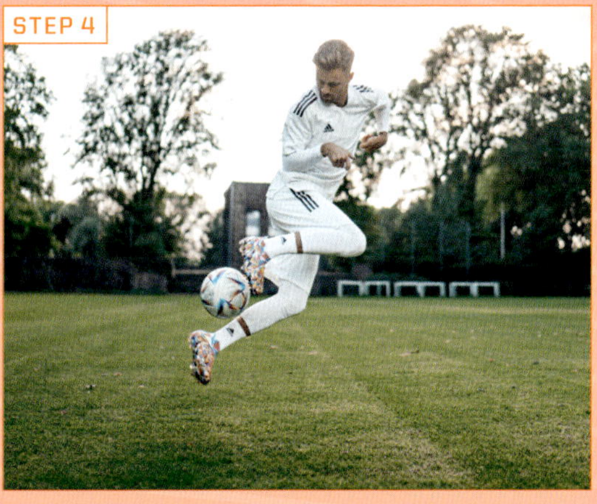

Lös deinen rechten Fuß vom Ball und gib dem Ball mit der linken Ferse einen Impuls nach oben, sodass du ihn über den Gegenspieler spielst.

← Zum Video

HOCUS POCUS – TRICK 12

SCHWIERIGKEITSGRAD ★★★☆☆

STEP 1

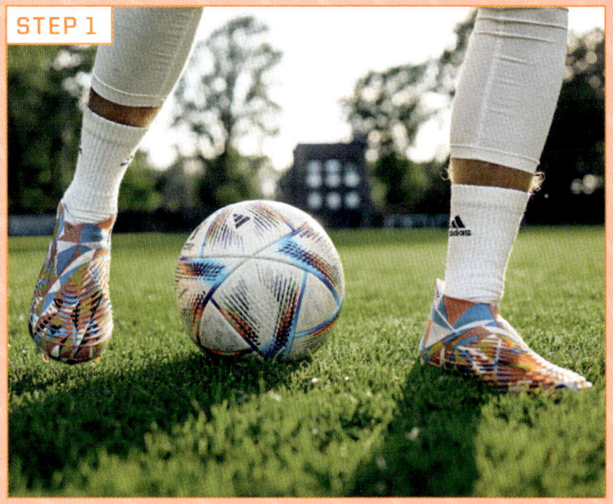

Platziere dein linkes Standbein ca. 10 Zentimeter seitlich vor dem Ball.

STEP 2

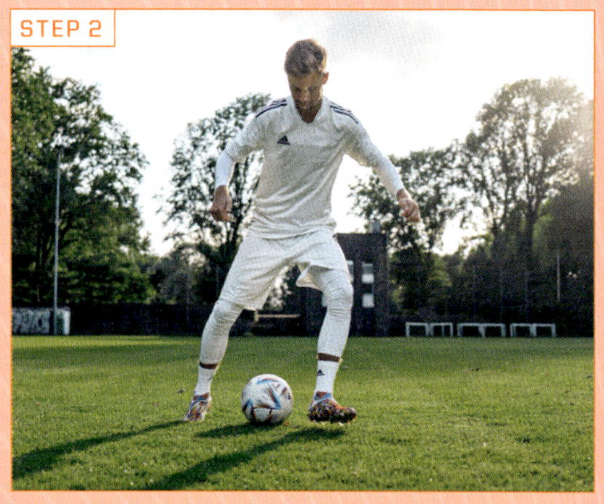

Zieh den Ball mit der Innenseite deines starken Fußes hinter dein Standbein, sodass du genügend Platz hast. **WICHTIG:** Dein Standbein bleibt in derselben Position.

STEP 3

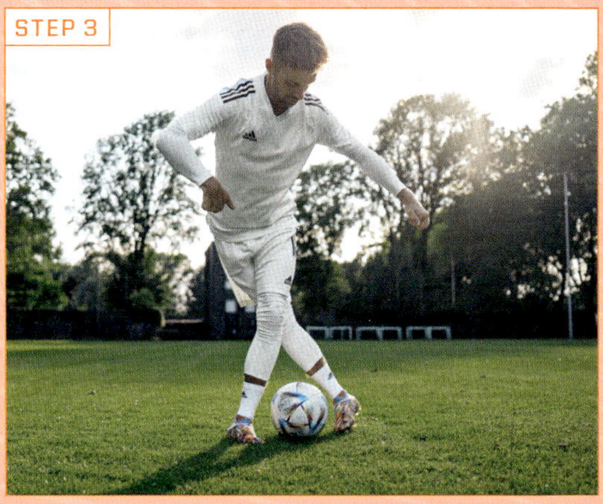

Zieh den Ball hinten an deinem Standbein vorbei, bis dein starker Fuß in die Streckung gelangt.

STEP 4

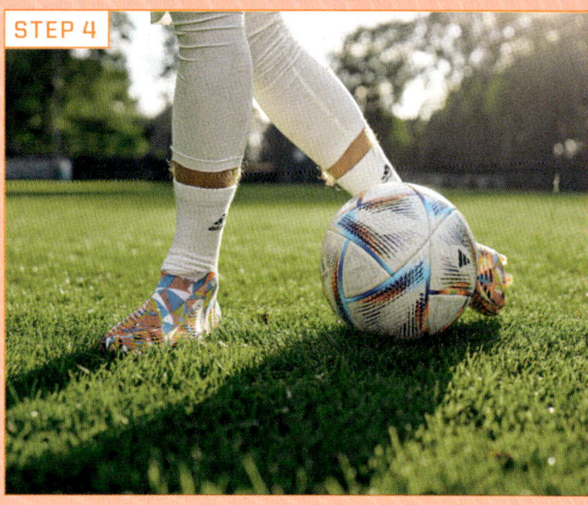

Spiel den Ball nun mit dem Spann diagonal nach vorne und zieh an deinem Gegner vorbei.

Zum Video →

DOUBLE TOUCH CUT - TRICK 13

SCHWIERIGKEITSGRAD ★★★☆☆

STEP 1

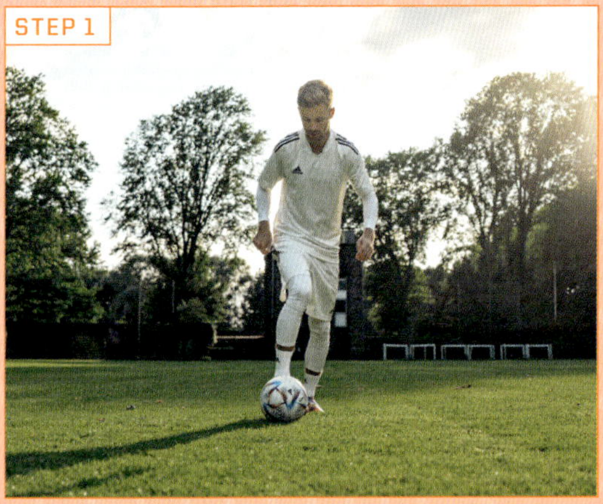

Dribble frontal auf deinen Gegner zu. Achte dabei auf eine enge Ballführung.

STEP 2

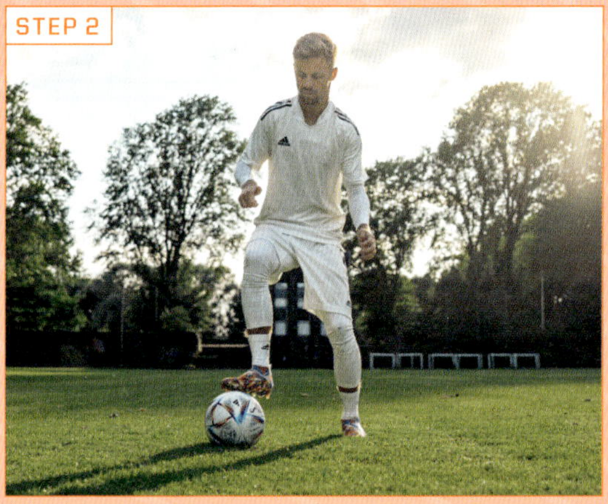

Platziere nun deinen starken Fuß mit der Sohle auf dem vorderen Teil des Balles. Dein Standbein befindet sich leicht schräg hinter dem Ball.

STEP 3

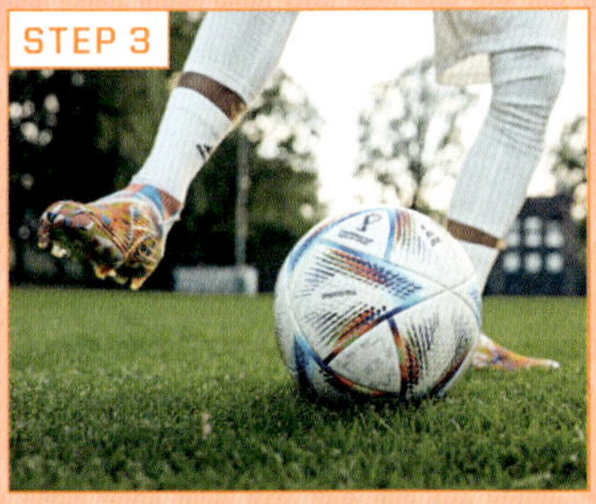

Löse dann die Sohle vom Ball und spring mit deinem Standbein in Richtung Ball. Gib dem Ball dabei mit deinem linken Fuß einen leichten Stoß.

STEP 4

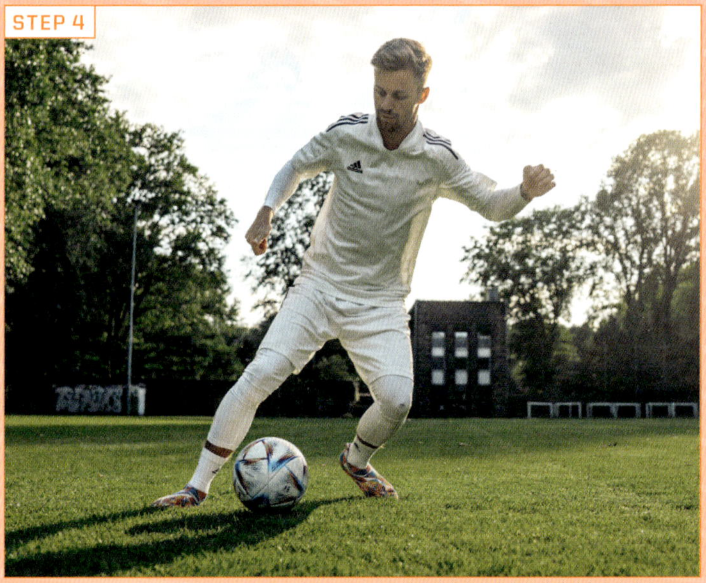

Im letzten Schritt erfolgt der Cut, der explosive Richtungswechsel.

← Zum Video

RABONA - TRICK 14

SCHWIERIGKEITSGRAD ★★★☆☆

BESCHREIBUNG

Beim Rabona-Torschuss schießt du den Ball von hinten am Standbein vorbei, indem du den Ball aus dem Dribbling zunächst schräg nach vorne spielst.

STEP 1

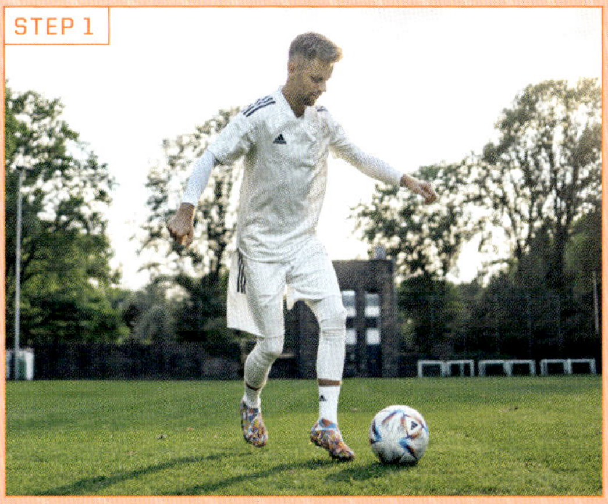

Platziere dein Standbein seitlich hinter dem Ball, sodass sich der Ball schräg vor dir befindet.

STEP 2

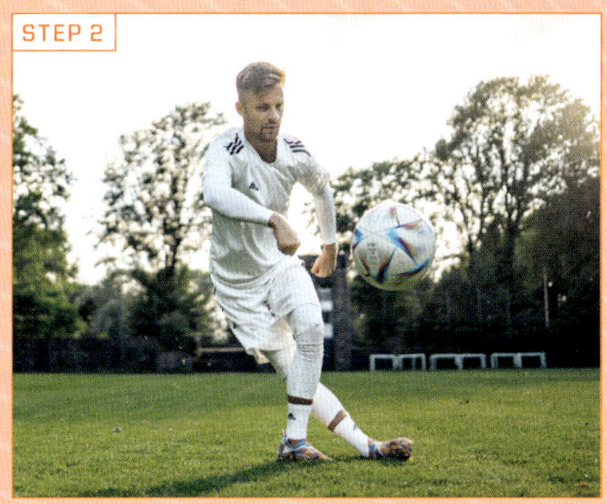

Führ deinen starken Fuß nun von hinten um das Standbein herum und schieß den Ball nach vorne.

STEP 3

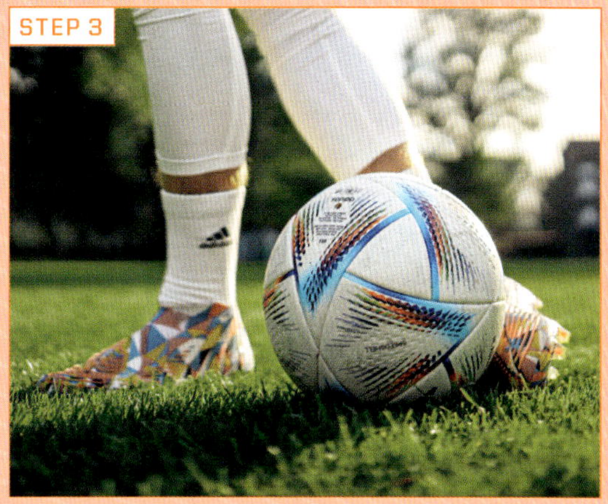

Spiel den Ball mit dem vorderen oder mittleren Teil deines Fußes, je nachdem, ob du eher einen kraftvollen oder angeschnittenen Schuss erzielen willst.

Zum Video →

CR7 ÜBERSTEIGER - TRICK 15

SCHWIERIGKEITSGRAD ★★★☆☆

BESCHREIBUNG

Schnelle Bewegungen an der Außenlinie? Wer kann es wohl sein? Cristiano Ronaldo ist mit seinem CR7-Signature-Übersteiger unaufhaltsam. Lerne von den Besten!

STEP 1

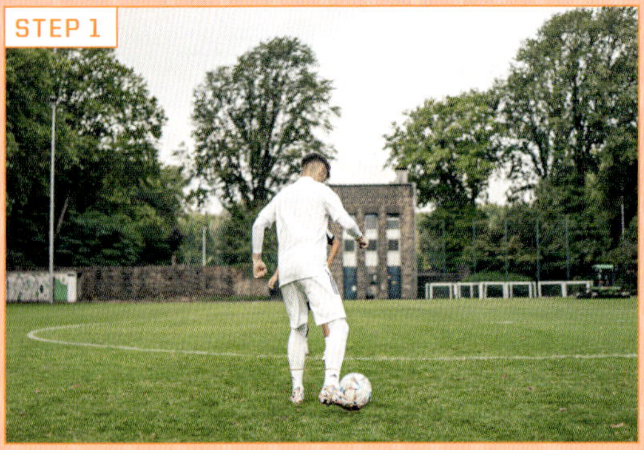

Zieh den Ball mit der Innenseite deines starken Beins vorne.

STEP 2

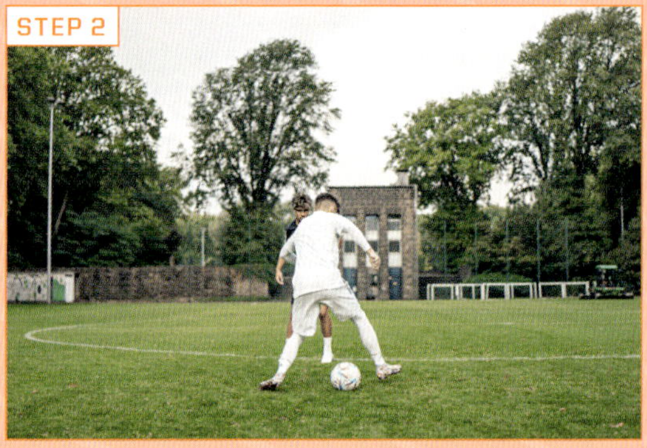

Performe in der gleichen Bewegung einen einfachen Übersteiger - sprich, du umkreist den Ball von innen nach außen. Um den Gegenspieler effektiv zu täuschen, solltest du deinen Oberkörper in die Bewegung einbeziehen.

STEP 3

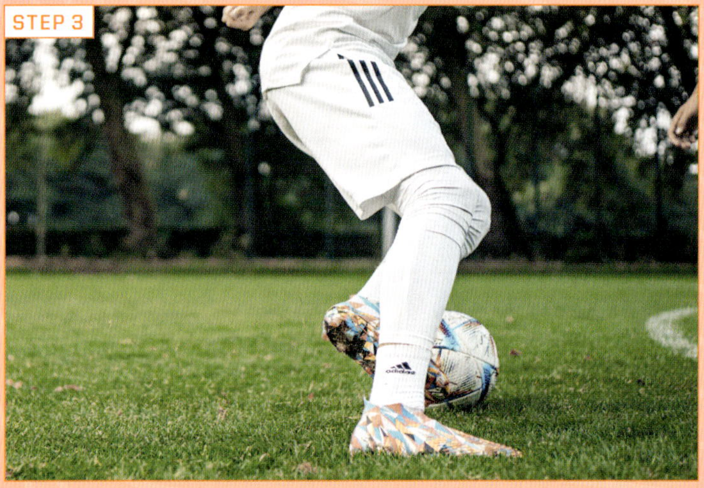

Jetzt musst du den Ball nur noch mit dem Außenrist deines schwächeren Beins am Verteidiger vorbeilegen und Tempo aufnehmen.

← Zum Video

LA CROQUETA - TRICK 16

SCHWIERIGKEITSGRAD ★★★☆☆

BESCHREIBUNG

Du möchtest einen Skill im Tempo einbauen, um deine Geschwindigkeit nicht zu verlieren? Dann bist du mit diesem Move ganz weit vorne! Der kleine Richtungswechsel macht es dem Verteidiger schwieriger, den Ball zu erobern!

STEP 1

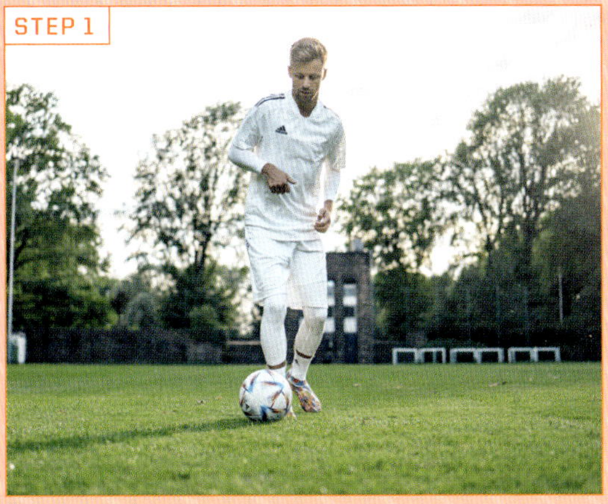

Platziere dein linkes Standbein ca. 10 Zentimeter seitlich vor dem Ball.

STEP 2

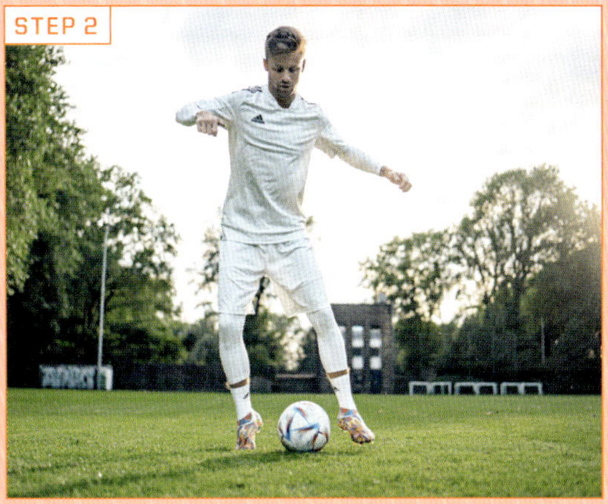

Zieh den Ball mit der Innenseite deines starken Fußes hinter dein Standbein, sodass du genügend Platz hast. **WICHTIG:** Dein Standbein bleibt in derselben Position.

STEP 3

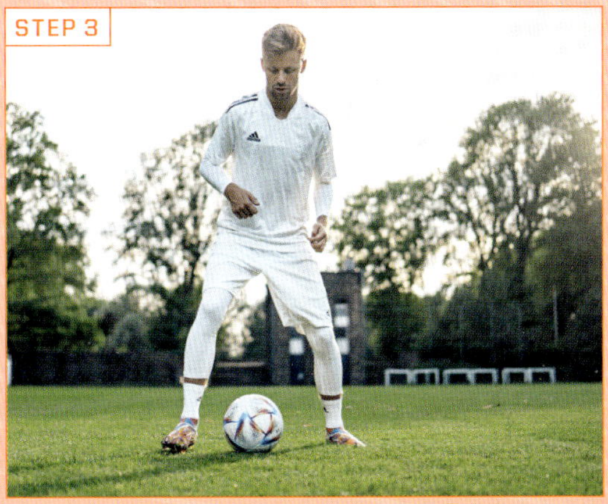

Zieh den Ball hinten an deinem Standbein vorbei, bis dein starker Fuß in die Streckung gelangt.

STEP 4

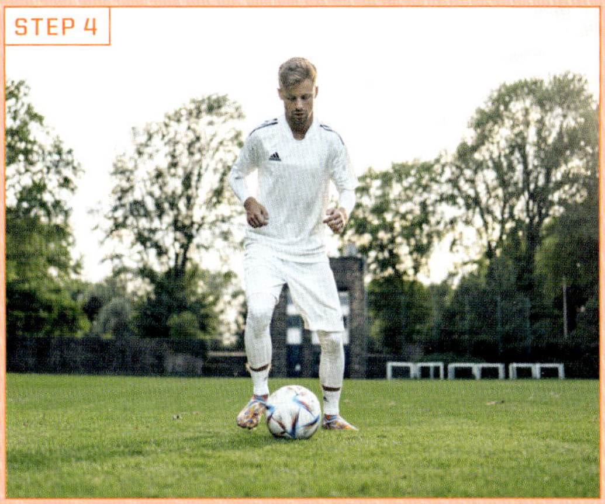

Spiel den Ball nun mit dem Spann diagonal nach vorne und zieh an deinem Gegner vorbei.

Zum Video →

V DRAG - TRICK 17

SCHWIERIGKEITSGRAD ★★★☆☆

BESCHREIBUNG

Eine ganz einfache Spielverlagerung einleiten, ohne dass der Gegner den Ball erobern kann? Kein Problem! Bei diesem Trick stellst du deinen Körper zwischen den Gegenspieler und den Ball. No chance!

STEP 1

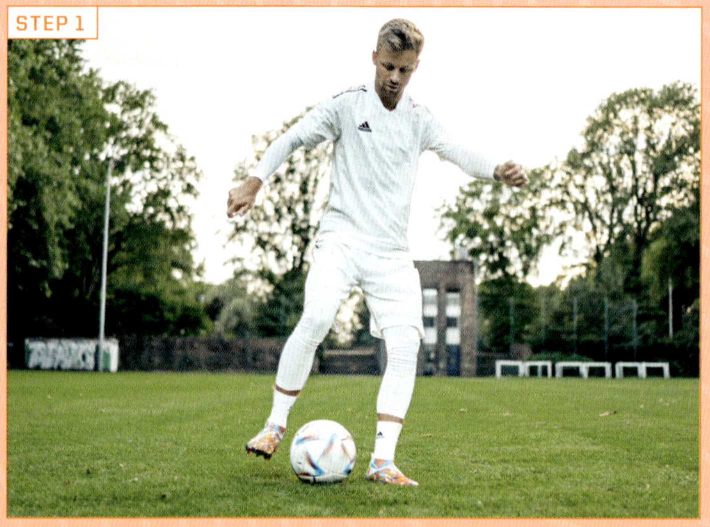

Stell dich vor deinen Gegner. Zieh den Ball nun mit der Innenseite diagonal in die Richtung, in die du am Ende nicht spielen möchtest. Möchtest du also am Ende nach rechts spielen, ziehst du den Ball im ersten Schritt mit der Innenseite deines rechten Fußes nach links vorne.

STEP 2

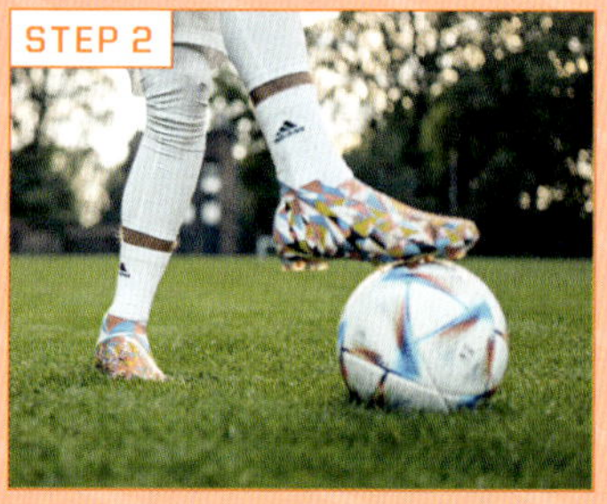

Stopp den Ball nun mit der Sohle und beobachte das Verhalten deines Gegenspielers.

STEP 3

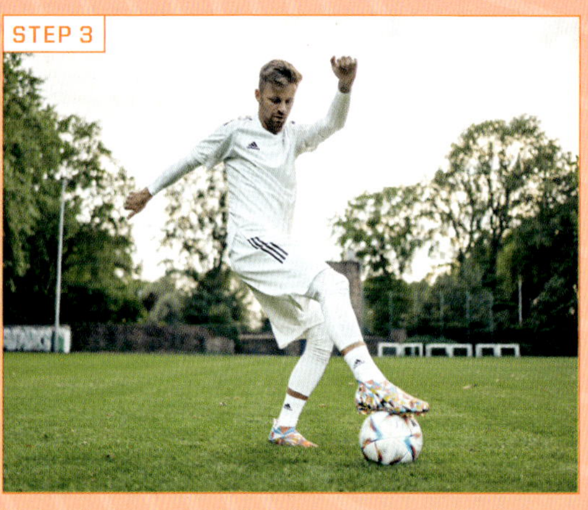

Möchte der Gegner den Ball erobern, so ziehst du den Ball mit der Sohle wieder zurück zur Ausgangsposition.

STEP 4

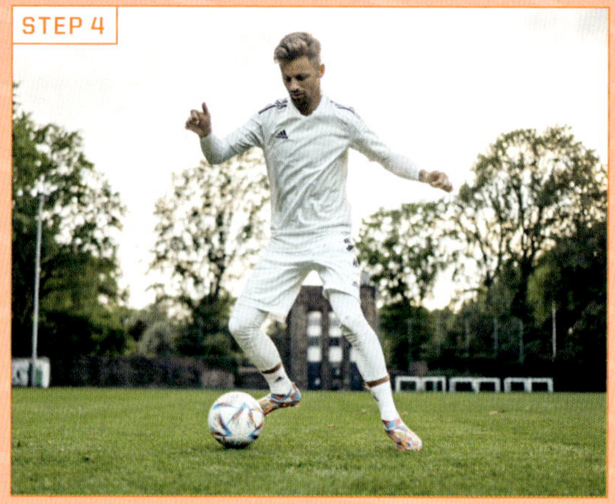

Öffne dich nun so, dass du den Ball mit der Innenseite in die andere Richtung mitnehmen kannst.

← Zum Video

HEEL TO HEEL - TRICK 18

SCHWIERIGKEITSGRAD ★★★☆☆

STEP 1

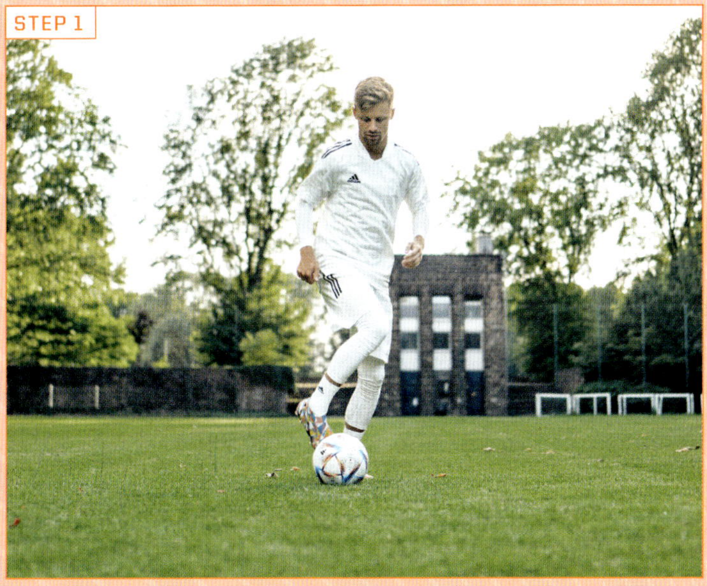

Platziere dein linkes Standbein ca. 10 Zentimeter seitlich vor dem Ball.

STEP 2

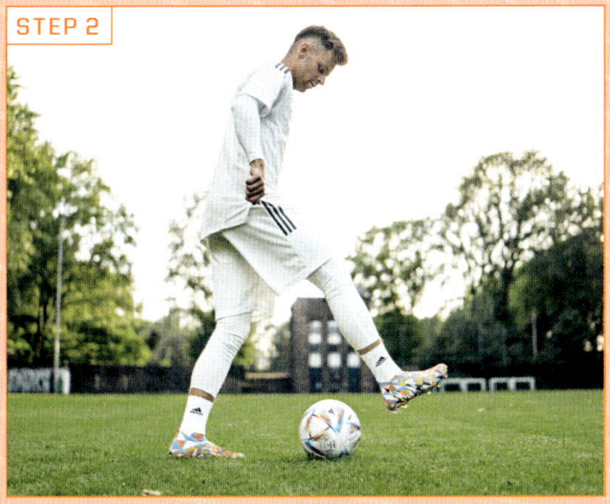

Zieh den Ball mit der Innenseite deines starken Fußes hinter dein Standbein, sodass du genügend Platz hast. **WICHTIG:** Dein Standbein bleibt in derselben Position.

STEP 3

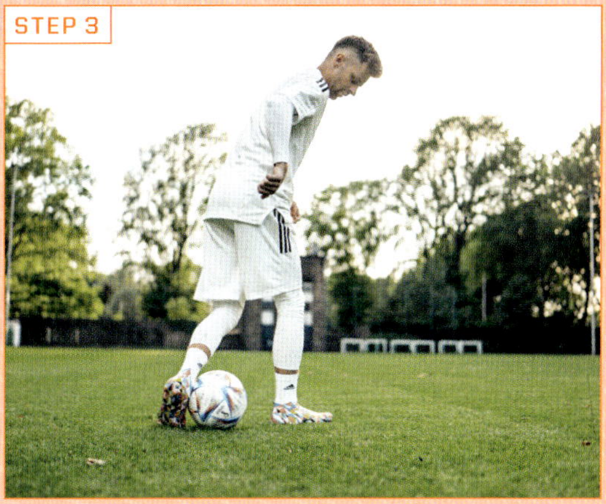

Zieh den Ball hinten an deinem Standbein vorbei, bis dein starker Fuß in die Streckung gelangt.

Zum Video →

ADVANCED

SIDE CUT - TRICK 19

SCHWIERIGKEITSGRAD ★★★☆☆

STEP 1

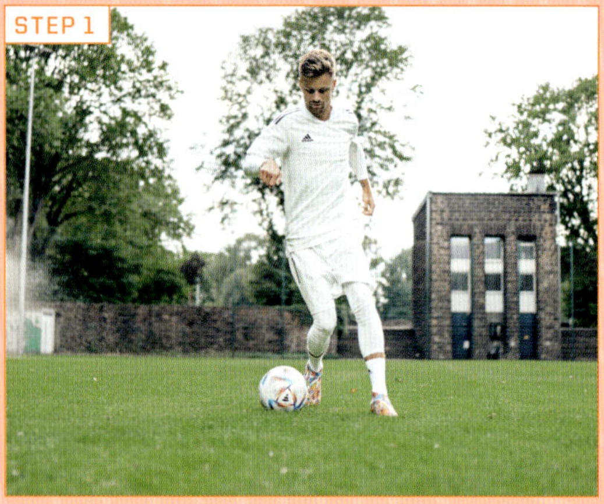

Dribble auf deinen Gegner zu. Setz deine erste Bewegung an wie bei einem »Übersteiger« (Seite 16).

STEP 2

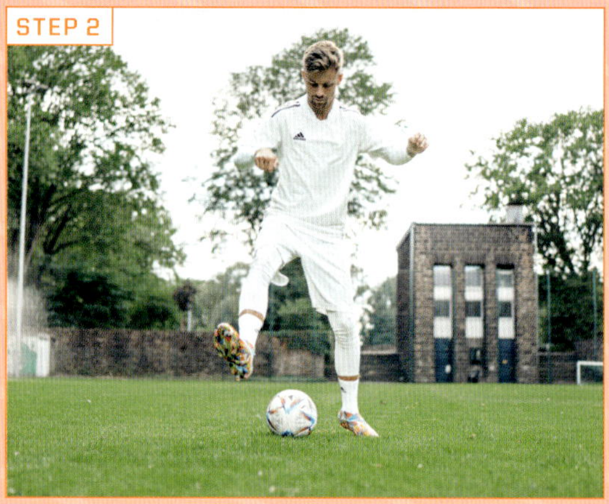

Spring dabei mit deinem Standbein und spiel den Ball leicht an.

STEP 3

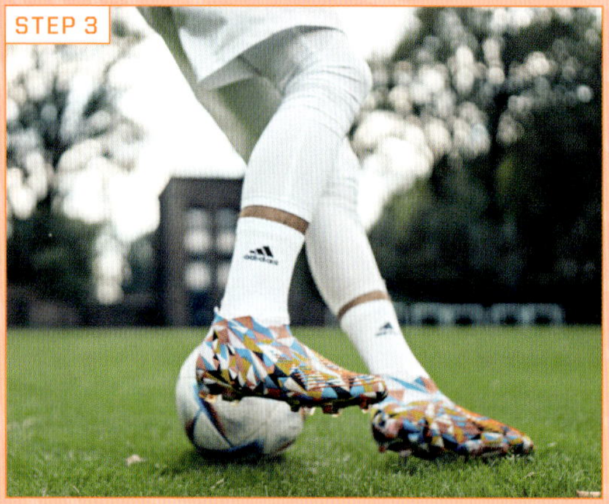

Spiel dann den Ball mit der rechten Innenseite hinter deinem Standbein und zieh so an deinem Gegner vorbei.

← Zum Video

OUTSIDE CUT - TRICK 20

SCHWIERIGKEITSGRAD ★★★☆☆

STEP 1

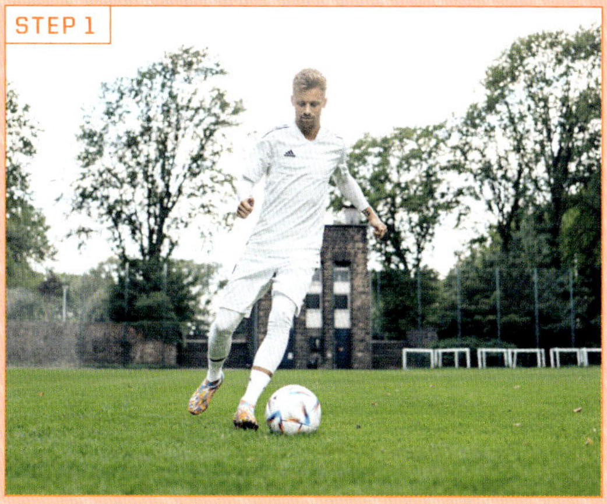

Setz deinen linken Fuß rechts vom Ball auf.

STEP 2

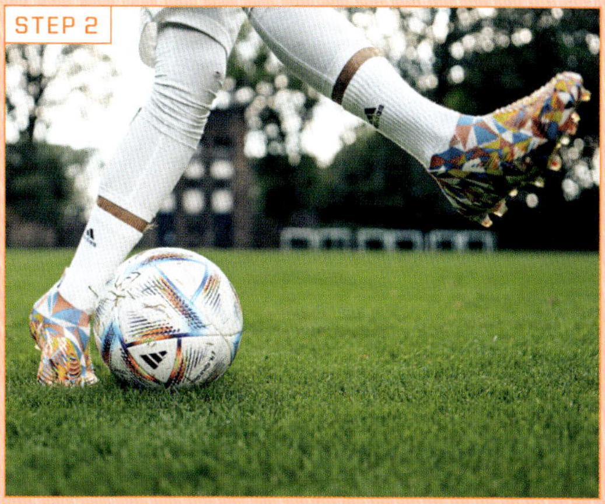

Setz dann die Gegenbewegung an und zieh den Ball mit der Außenseite in die andere Richtung. Spring dabei mit deinem anderen Fuß diagonal ab.

STEP 3

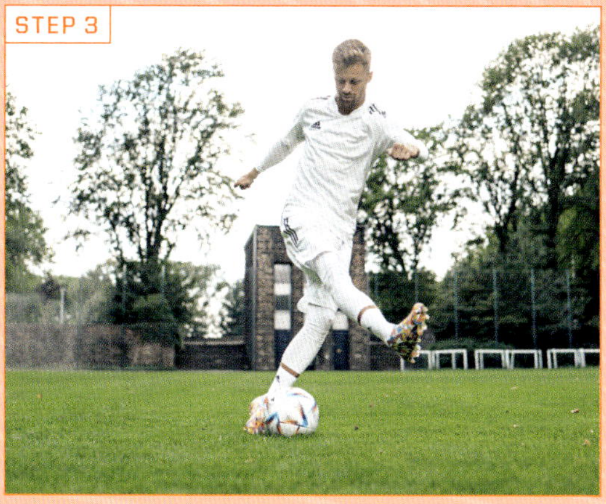

Streck dabei dein Bein und spiel dann den Ball leicht zur anderen Seite. In diesem Moment kommt es zum Richtungswechsel.

STEP 4

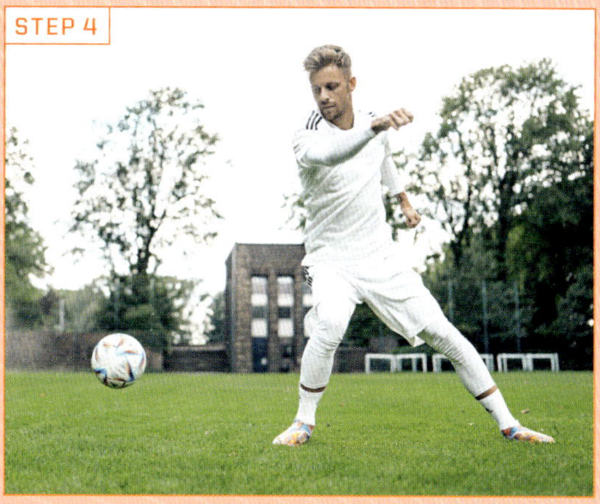

Drück dich dynamisch ab und setz zum Richtungswechsel an.

Zum Video →

SOLE TURN - TRICK 21

SCHWIERIGKEITSGRAD ★★★☆☆

STEP 1

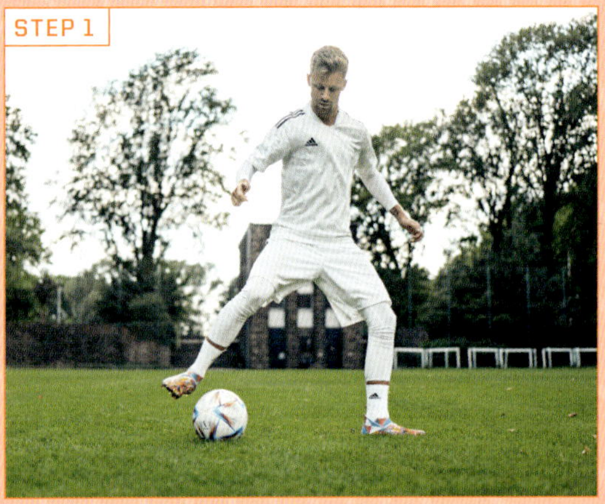

Zieh den Ball mit der Sohle des starken Fußes zu deinem Standbein.

STEP 2

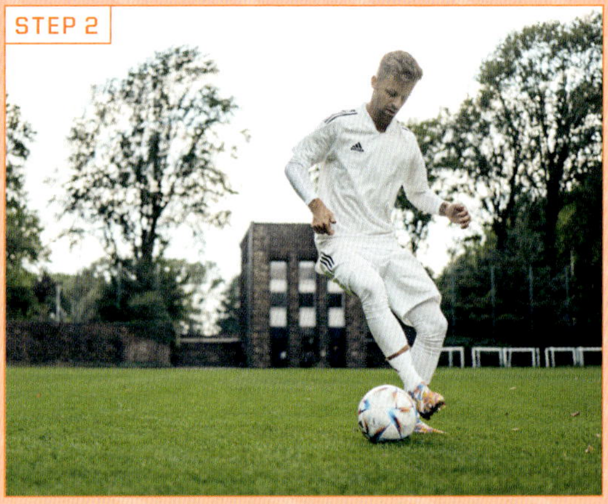

Stopp den Ball mit der Außenseite deines starken Fußes und spiel ihn leicht in die Richtung, aus der der Ball kam.

STEP 3

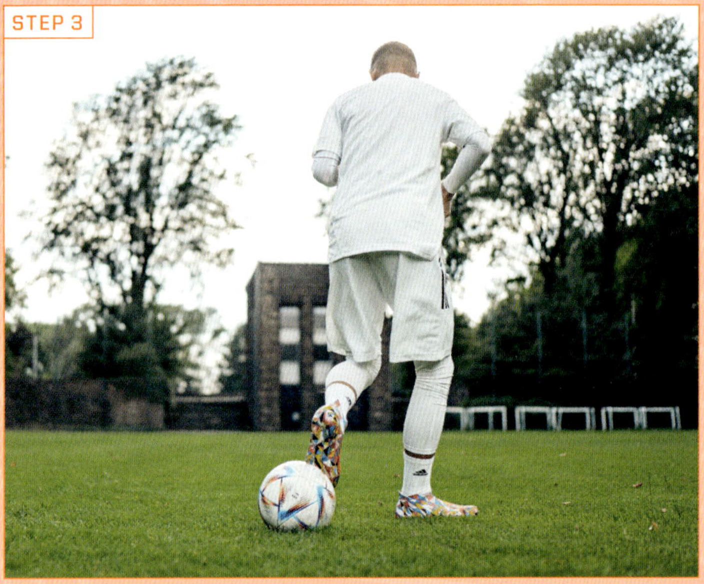

Dreh dich in dem Moment ein und zieh den Ball mit der Sohle von deinem linken Fuß weg. Dreh dich so von deinem Gegenspieler weg.

← Zum Video

ADVANCED

SNAKE – TRICK 22

SCHWIERIGKEITSGRAD ★★★☆☆

STEP 1

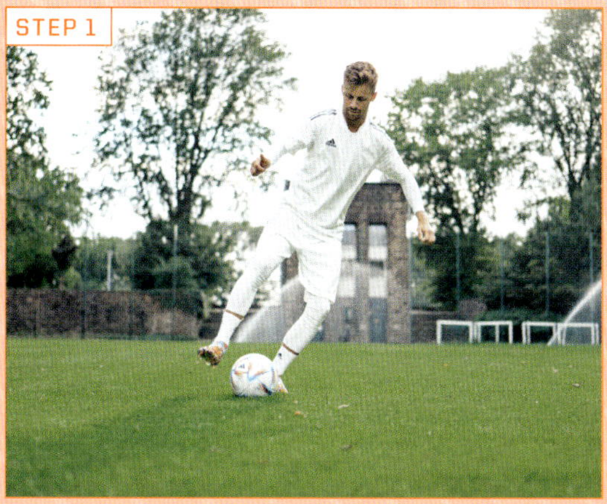

Zieh den Ball mit deiner rechten Sohle nach links in Richtung Standbein.

STEP 2

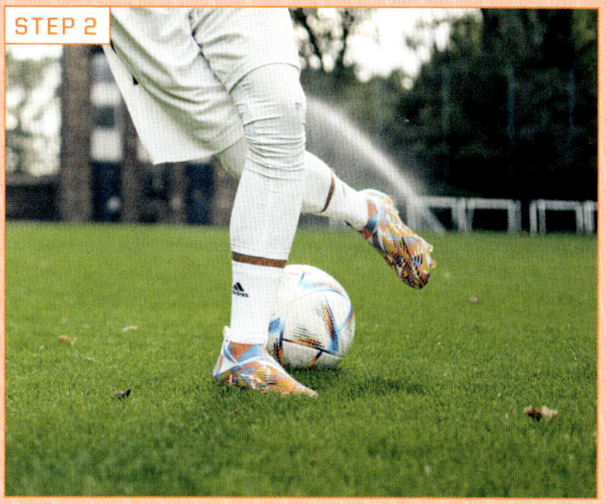

Platziere dein Standbein vor dem Ball und zieh deinen anderen Fuß diagonal hinter dein Standbein. Bring den Ball mit der Außenseite zurück nach innen.

STEP 3

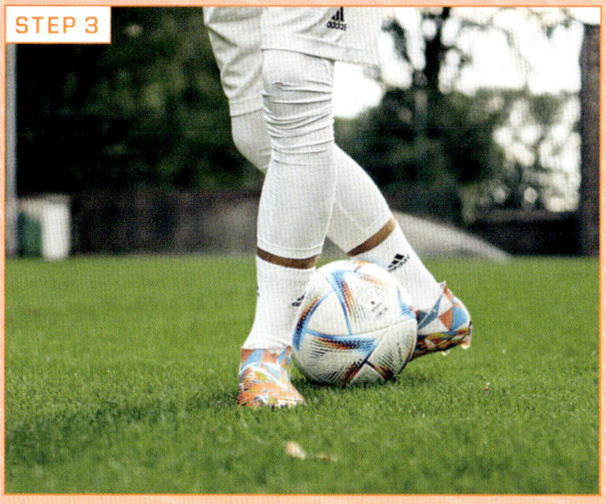

Wechsle nun in der Bewegung zur Innenseite.

STEP 4

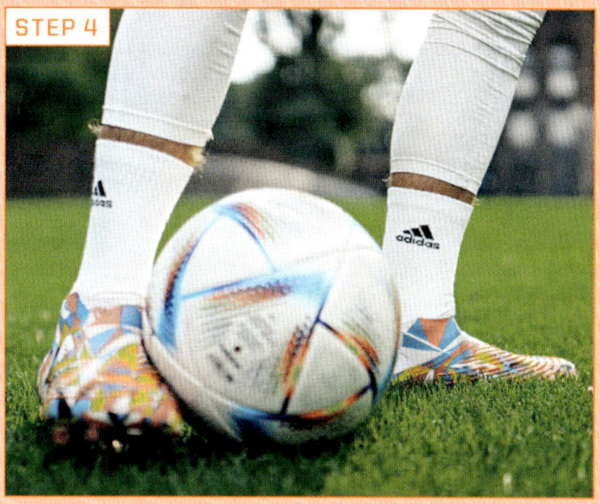

Zieh den Ball mit der Innenseite am Gegner vorbei.

Zum Video →

ADVANCED

CR7 FAKE STEP - TRICK 23

SCHWIERIGKEITSGRAD ★★★☆☆

STEP 1

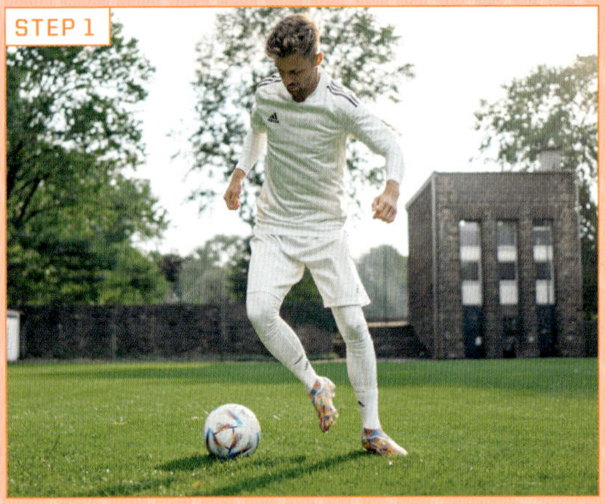

Spiel den Ball leicht diagonal an und setze zum Übersteiger an.

STEP 2

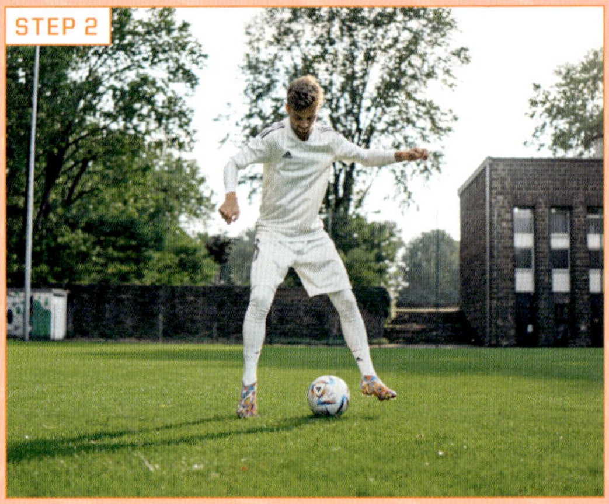

Während du deinen Fuß absetzt, spielst du den Ball mit der Innenseite deines Standbeins nach links.

STEP 3

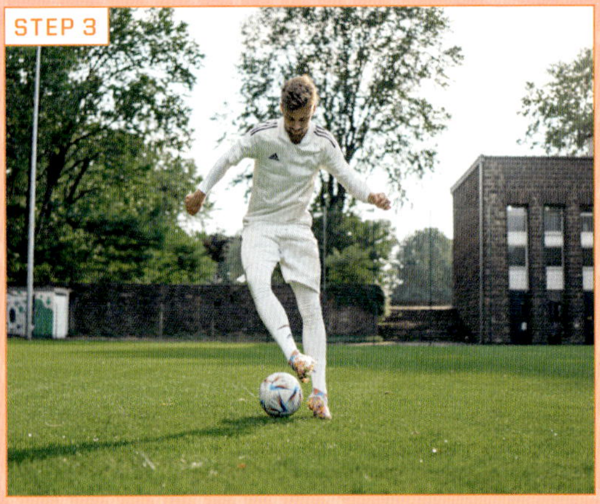

Geh dabei erneut mit deinem starken Fuß von außen nach innen um den Ball herum.

STEP 4

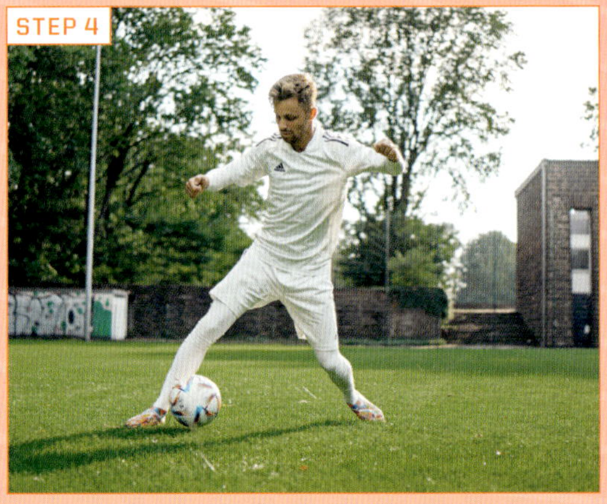

Spiel den Ball mit der Innenseite des starken Fußes an deinem Gegner vorbei.

← Zum Video

ADVANCED

SOLE CHANGE – TRICK 24

SCHWIERIGKEITSGRAD ★★★☆☆

STEP 1

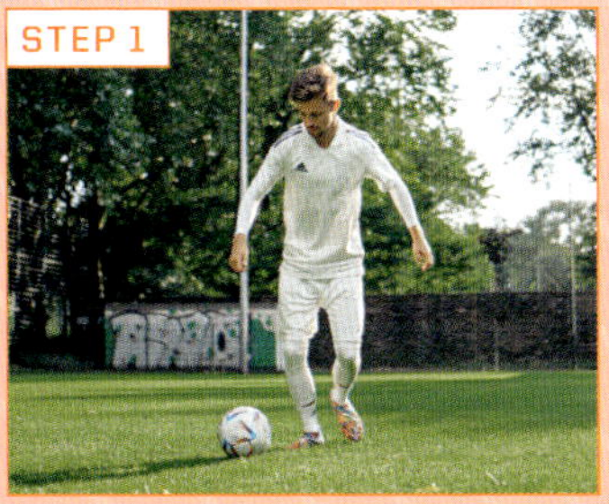

Zieh den Ball mit der Sohle von außen nach innen.

STEP 2

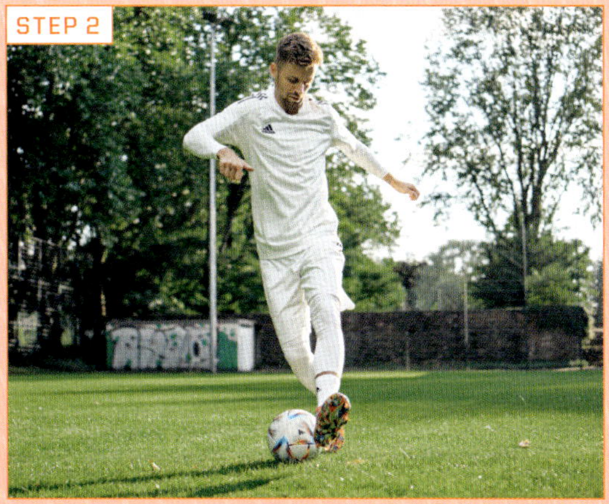

Geh im nächsten Schritt mit deinem Standbein über den Ball.

STEP 3

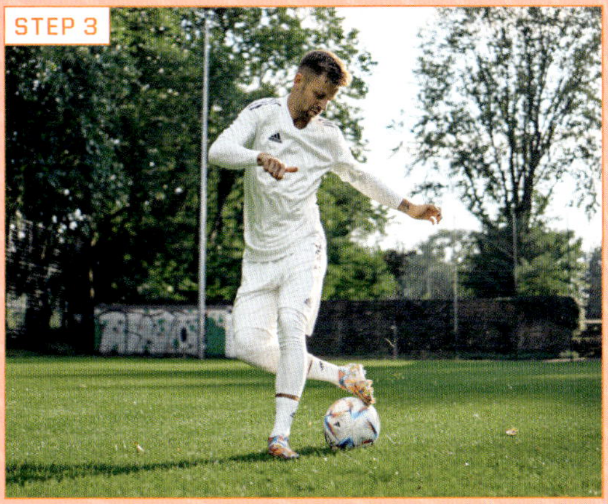

Stopp den Ball mit der Außenseite hinter deinem Standbein.

STEP 4

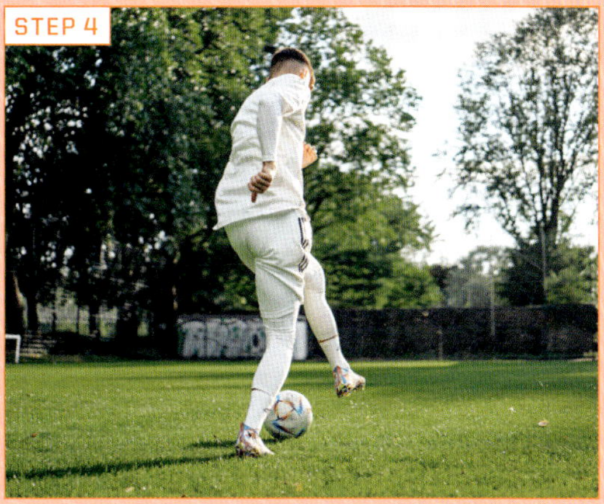

Dreh dich gleichzeitig nach links von deinem Gegner weg.

STEP 5

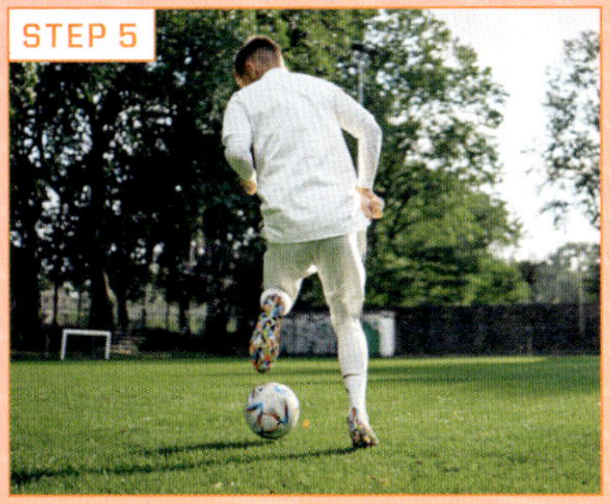

Wechsle in dem Moment das Standbein und zieh während der Drehung den Ball mit der Sohle in die andere Spielrichtung.

Zum Video →

ADVANCED

FAKE STEP TURN - TRICK 25

SCHWIERIGKEITSGRAD ★★★☆☆

STEP 1

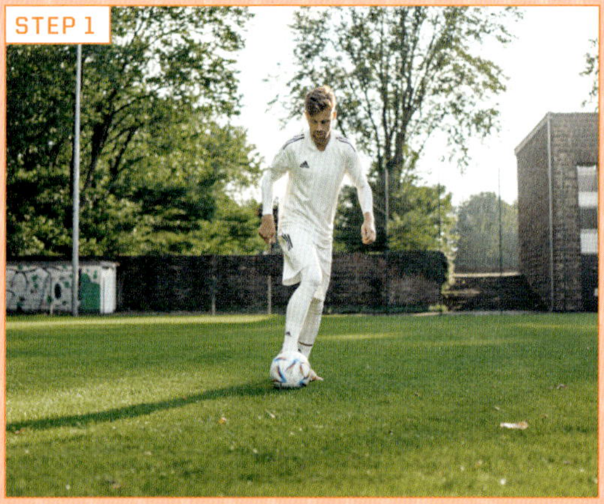

Geh im nächsten Schritt mit deinem Standbein über den Ball.

STEP 2

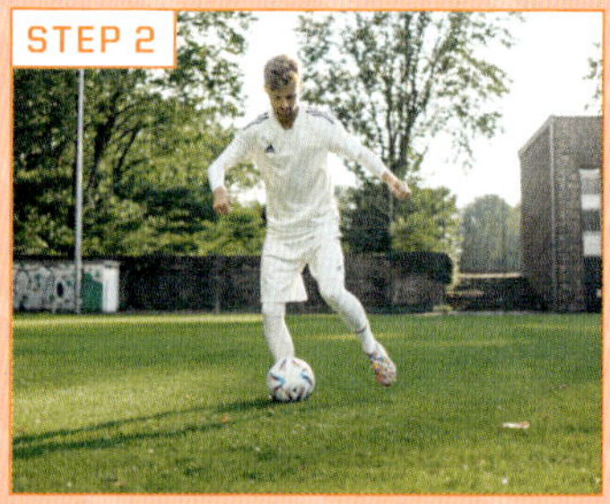

Setz deinen Fuß hinter dem Ball auf und platziere dein Standbein einen Schritt nach vorne.

STEP 3

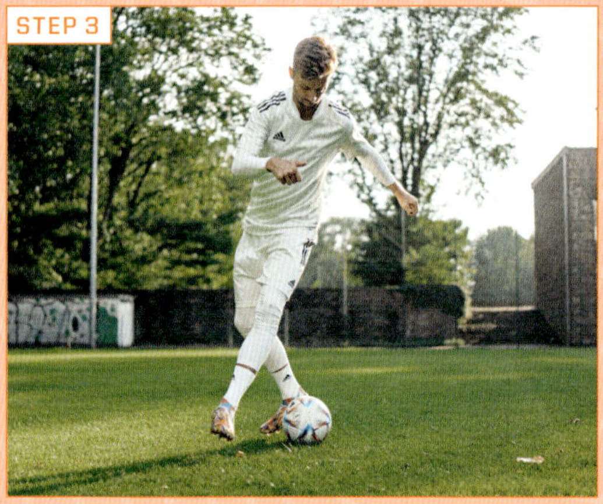

Während eines kleinen Sprungs spielst du den Ball mit der Innenseite nach vorne.

STEP 4

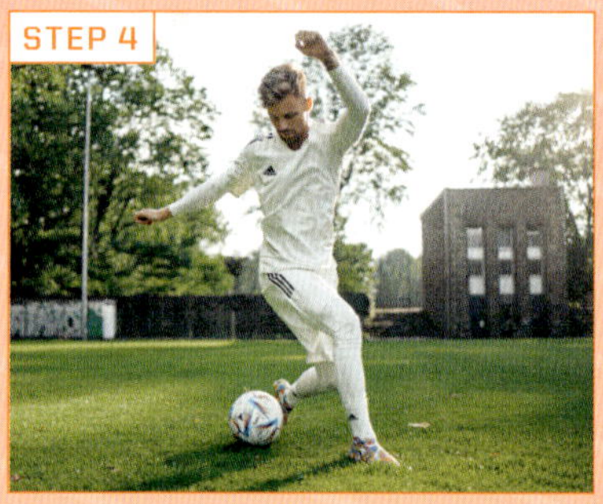

Setz deinen starken Fuß vor den Ball und täusch einen Richtungswechsel vor.

STEP 5

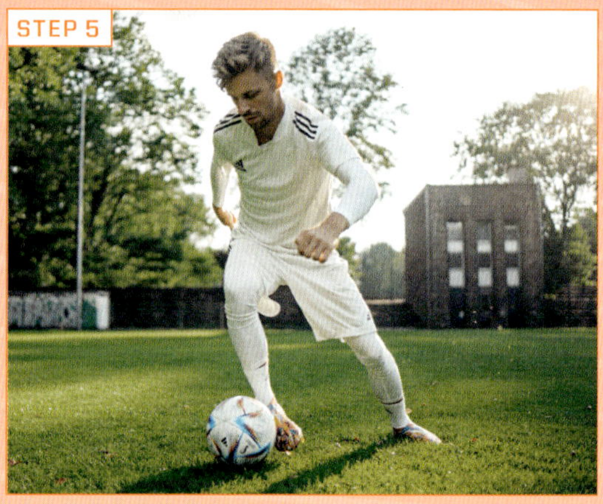

Setz deinen Fuß stattdessen auf und dribble in die andere Richtung.

← Zum Video

DOUBLE TAP MOVE - TRICK 26

SCHWIERIGKEITSGRAD ★★★☆☆

STEP 1

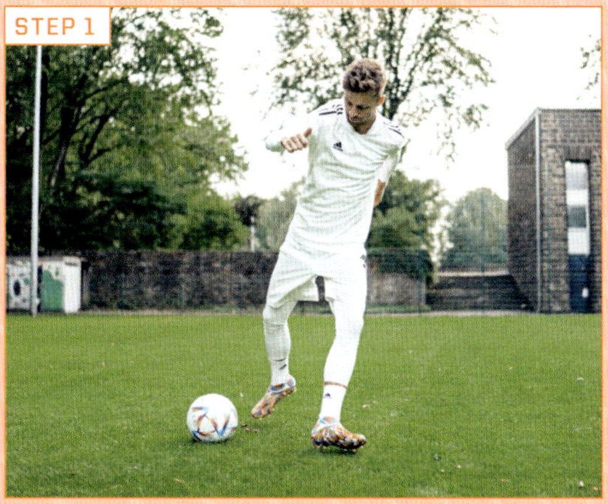

Zieh den Ball diagonal nach vorne.

STEP 2

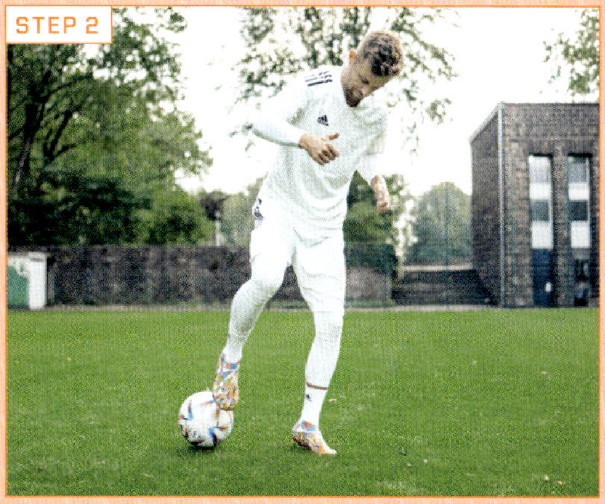

Stell deinen starken Fuß auf den Ball und dreh deinen Oberkörper ein.

STEP 3

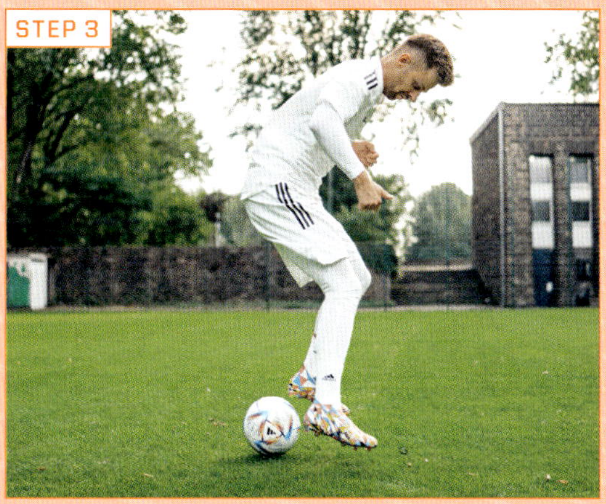

Setz zum Wechsel an und spring mit beiden Beinen ab.

STEP 4

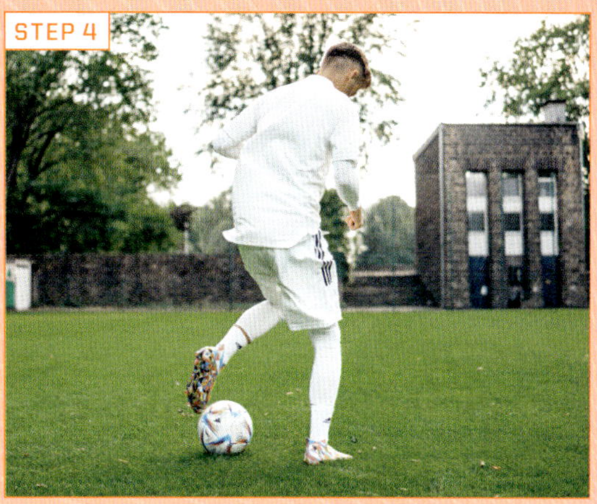

Gleichzeitig drehst du dich nach links ein und ziehst den Ball mit deiner linken Sohle weg.

Zum Video →

RONALDO CUT - TRICK 27

SCHWIERIGKEITSGRAD ★★★☆☆

STEP 1

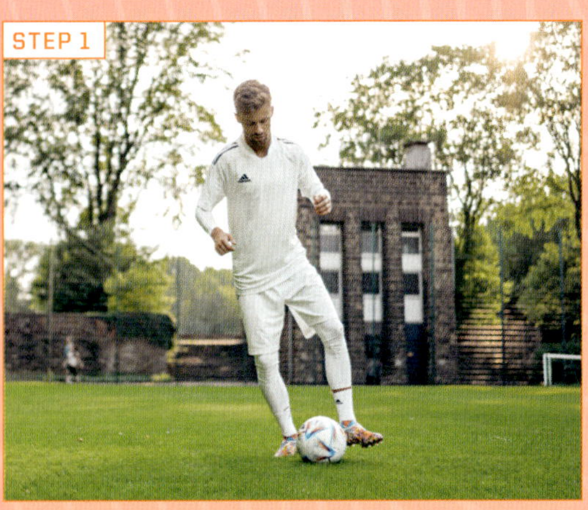

Ausgangssituation: Du stehst frontal vor deinem Gegenspieler. Bereite den Skill vor, indem du den Ball im ersten Schritt mit der Innenseite zu deinem starken Fuß spielst.

STEP 2

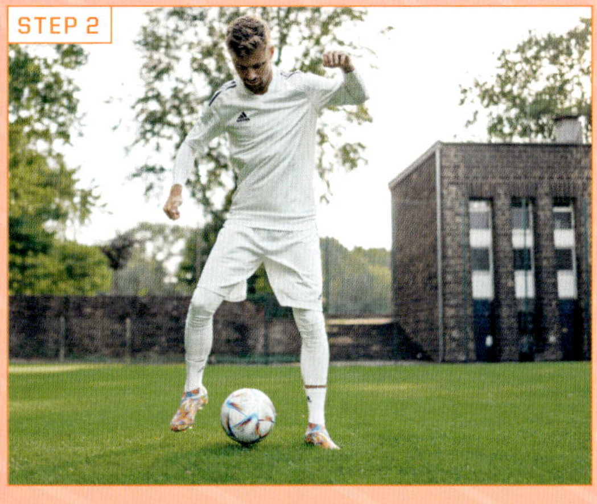

Setz mit deinem starken Fuß an und bereite den nächsten Schritt vor.

STEP 3

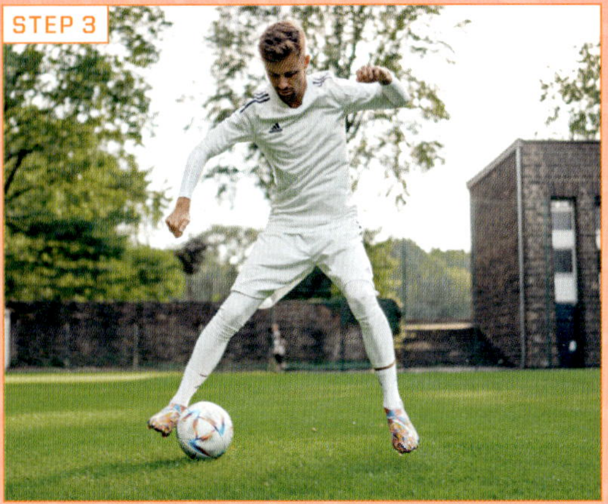

Zieh den Ball wie im »Ronaldo Chop« (Seite 20) in die entgegengesetzte Richtung.

STEP 4

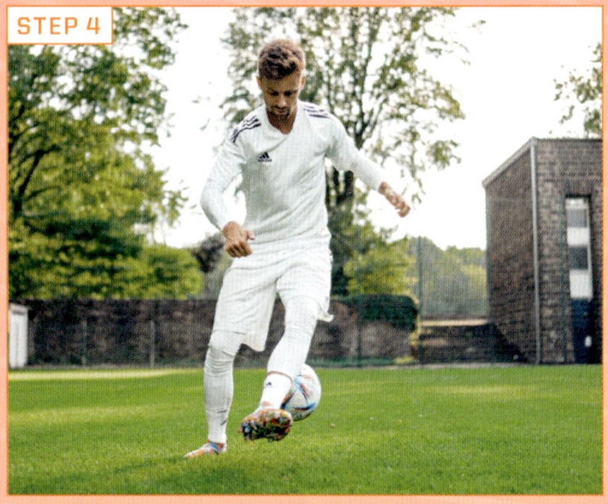

Verschaff dir dabei genug Platz und zieh dein Standbein nach vorn.

← Zum Video

IN & OUT PANNA - TRICK 28

SCHWIERIGKEITSGRAD ★★★☆☆

STEP 1

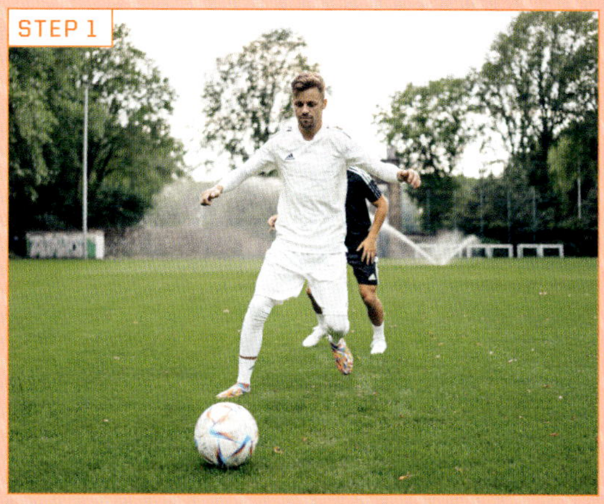

Der Ball kommt frontal auf dich zu. Dein Gegner steht hinter dir.

STEP 2

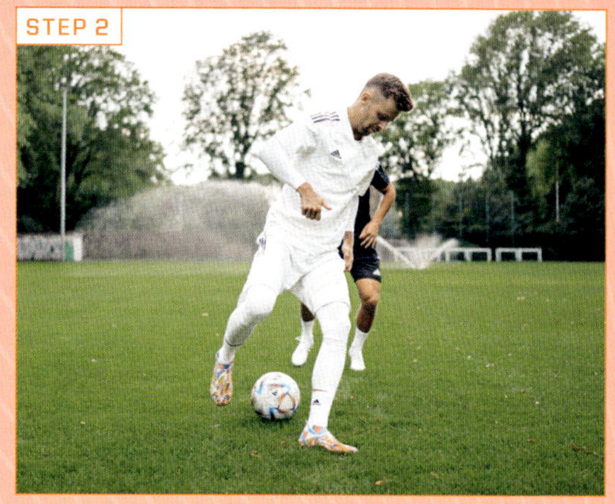

Lauf auf den Ball zu und spiel ihn mit der Innenseite eines Fußes in die entgegengesetzte Richtung.

STEP 3

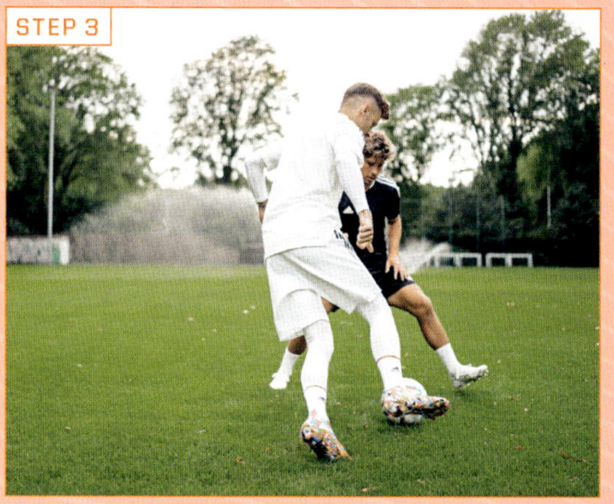

Dreh dich in der Bewegung zu deinem Gegner um, sodass ihr frontal einander zugewandt seid. Nimm den Ball mit demselben Fuß an, der ihn zuvor gespielt hat.

STEP 4

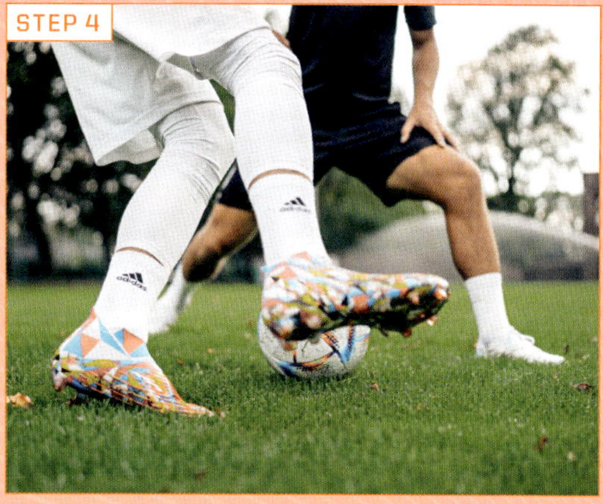

Spiel den Ball mit der Innenseite deines Fußes durch die Beine deines Gegners.

Zum Video →

GREALISH SHOT FAKE - TRICK 29

SCHWIERIGKEITSGRAD ★★★☆☆

BESCHREIBUNG

Mit diesem Trick bist du jeder Offensivaktion gut gewachsen. Stars wie unter anderem Jack Grealish haben diesen Trick als Signature Move eingeführt.

STEP 1

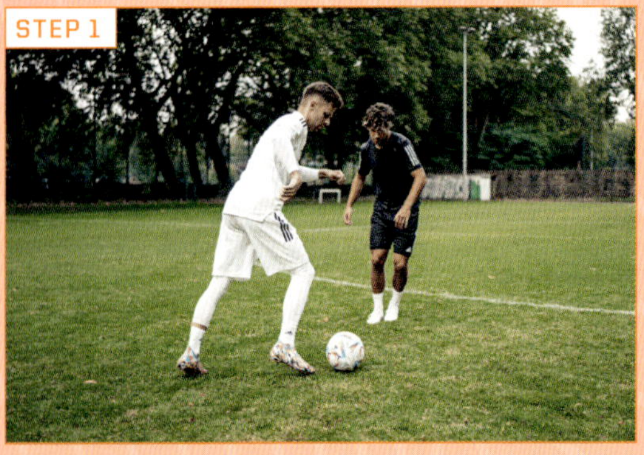

Dribble mit sehr vielen engen Ballkontakten auf deinen Gegner zu. Mach die erste Bewegung nach rechts mit dem Außenrist.

STEP 2

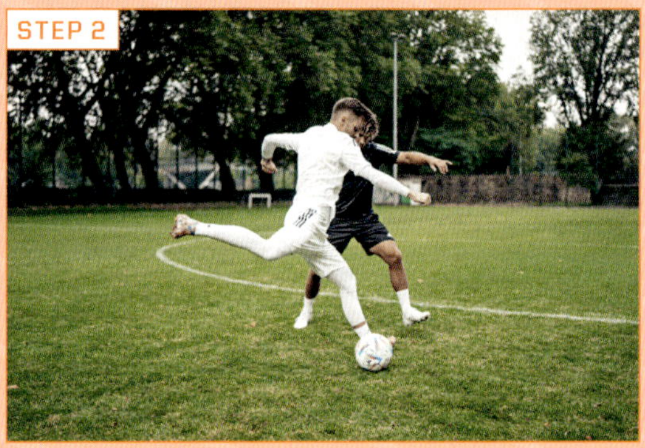

Täusche nun einen Schuss an, um den Verteidiger zu locken.

STEP 3

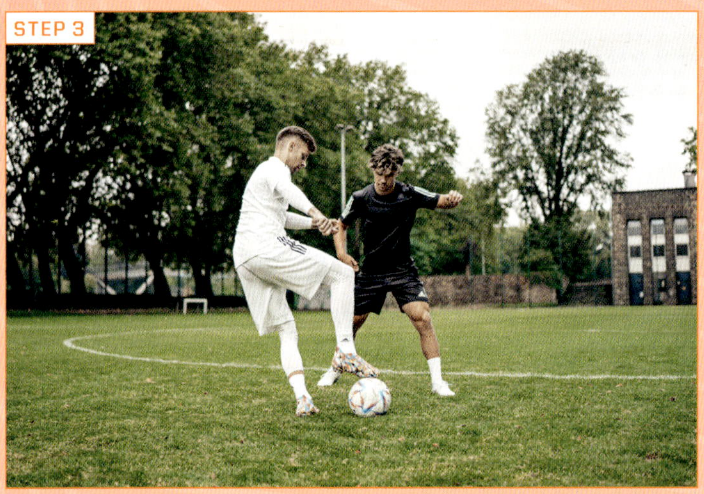

Zieh den Ball mit demselben Fuß zurück in Richtung Standbein.

← Zum Video

DOUBLE TURN - TRICK 30

SCHWIERIGKEITSGRAD ★★★☆☆

STEP 1

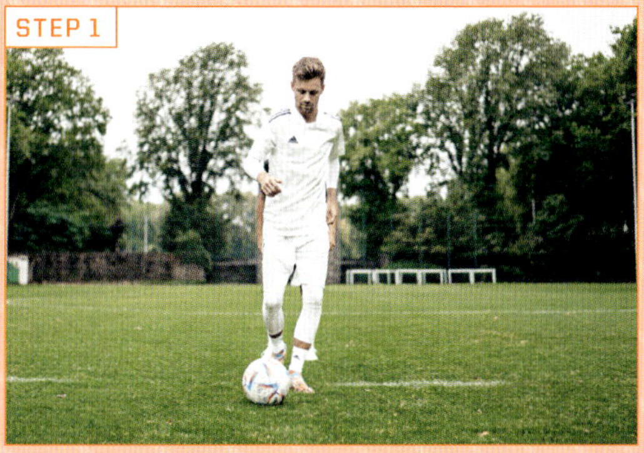

Dein Gegner befindet sich hinter dir. Laufe frontal auf den Ball zu und bereite dich für den nächsten Schritt vor.

STEP 2

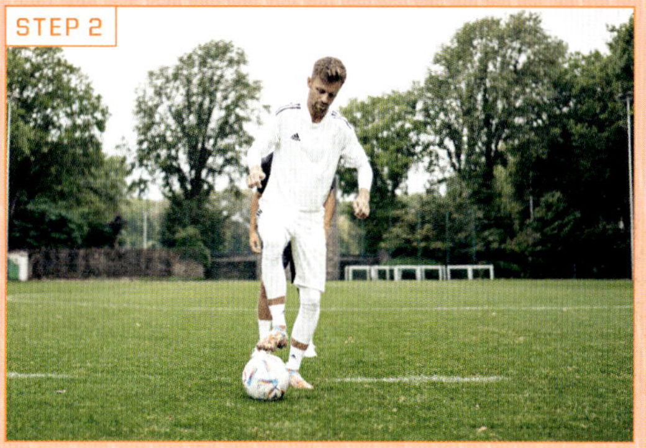

Platziere deinen starken Fuß mit der Sohle auf dem Ball.

STEP 3

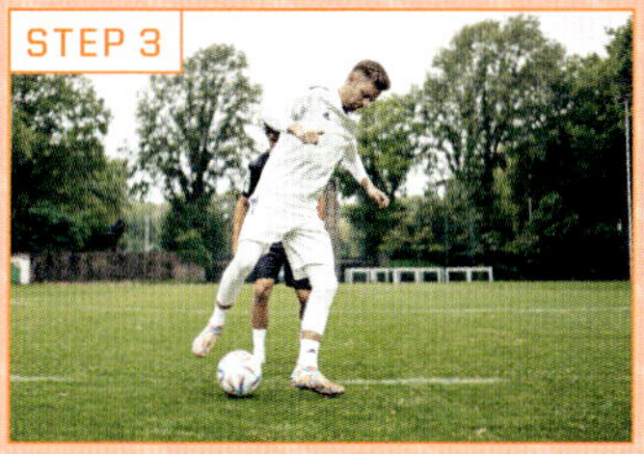

Ziehe den Ball im nächsten Schritt nach hinten.

STEP 4

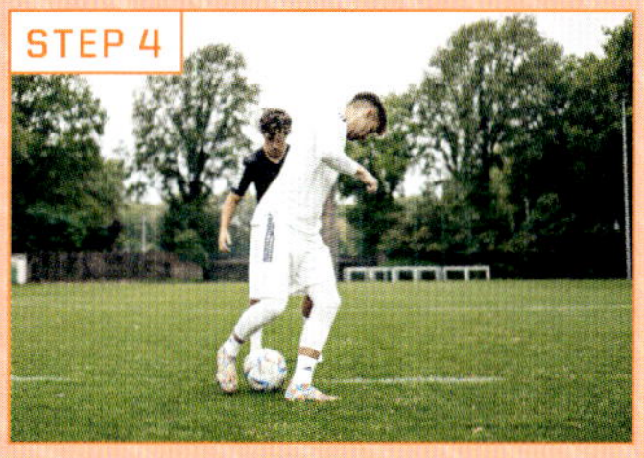

Spiele den Ball mit der Innenseite in Richtung Standbein. Drehe dabei deinen Oberkörper sowie dein Standbein nach links.

STEP 5

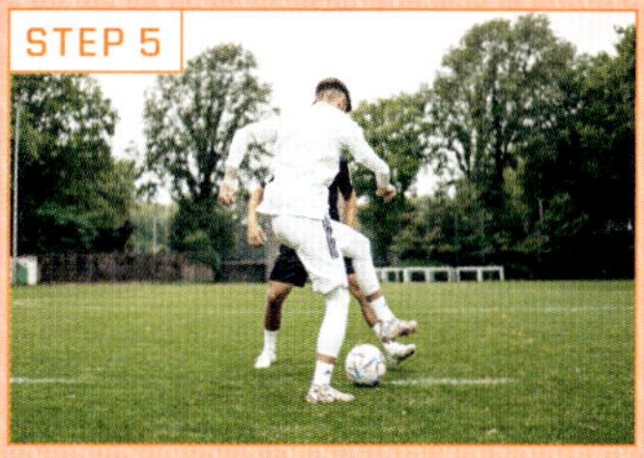

Tausche im entscheidenden Moment dein Standbein, um den Gegner ins Leere laufen zu lassen. Ziehe den Ball nun mit deinem schwachen Fuß mit der Sohle zurück.

STEP 6

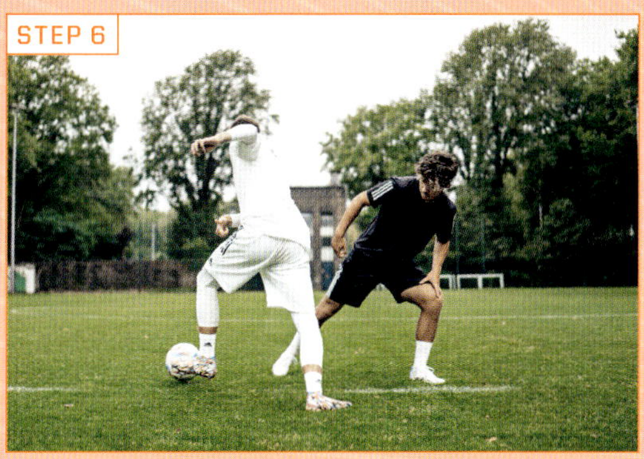

Ziehe so an deinem Gegenspieler vorbei.

Zum Video →

STEP SIDE PANNA - TRICK 31

SCHWIERIGKEITSGRAD ★★★☆☆

STEP 1

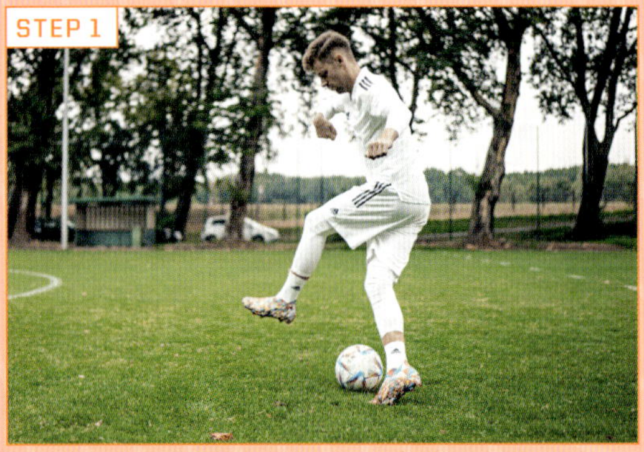

Der Ball liegt vor dir. Ziehe deinen schwachen Fuß diagonal über den Ball. Behalte dabei deinen Blick auf dem Ball.

STEP 2

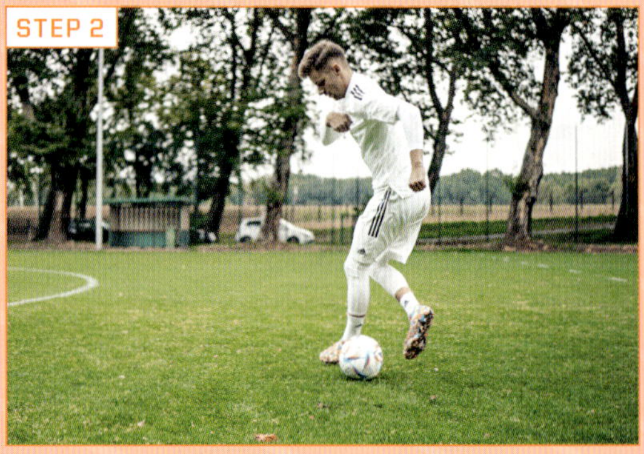

Platziere deinen schwachen Fuß anschließend hinter dem Ball. Setze nun deinen starken Fuß in Bewegung und bring ihn vor dein Standbein.

STEP 3

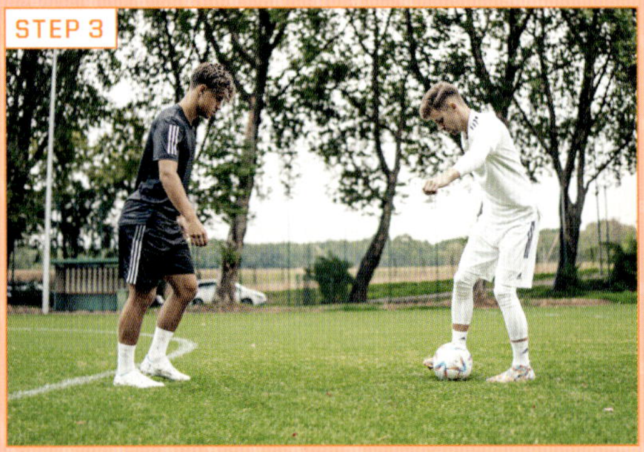

Spiele den Ball seitlich mit der Innenseite von deinem Gegenspieler weg.

STEP 4

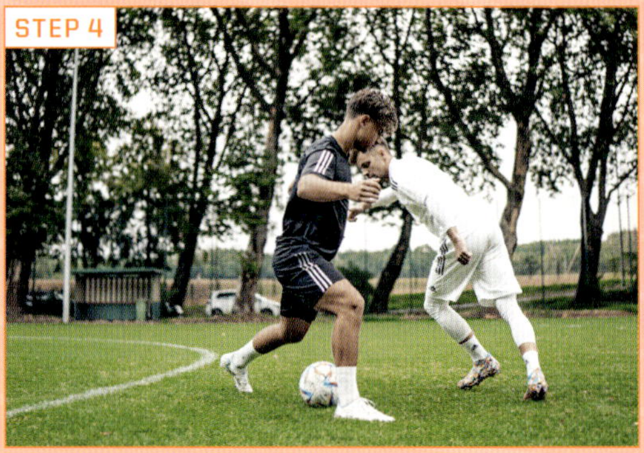

So kommst du mit einem Panna an deinem Gegenspieler vorbei.

← Zum Video

THIAGO TOUCH - TRICK 32

SCHWIERIGKEITSGRAD ★★★☆☆

BESCHREIBUNG

Aktive Richtungswechsel? Dir hängt der Gegner im Nacken? Mit diesem Trick löst du dich von jedem Gegner.

STEP 1

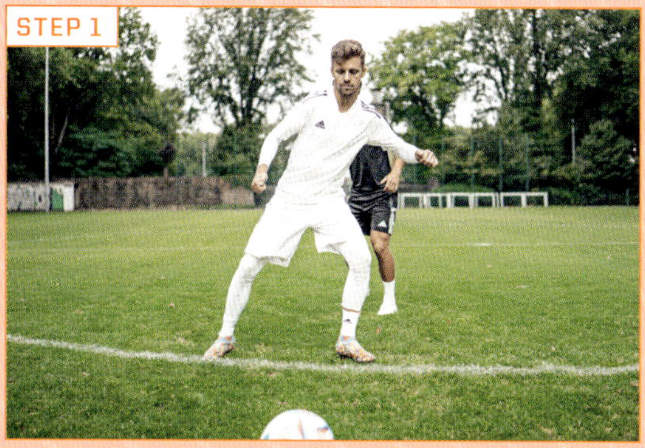

Dein Gegner befindet sich hinter dir. Der Ball kommt frontal auf dich zu. Die erste Bewegung setzt du an, wenn der Ball ca. 2 Meter vor dir ist.

STEP 2

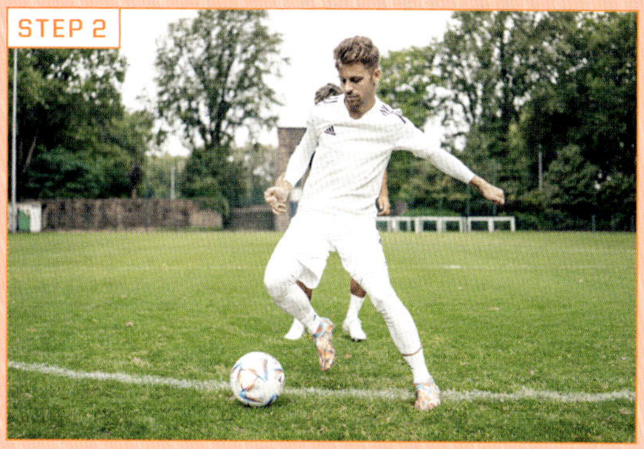

Zieh dein rechtes Bein nach links und geh dabei in die Streckung. Kurz bevor der Ball an deinem Fuß ankommt, setzt du deinen starken Fuß nach innen.

STEP 3

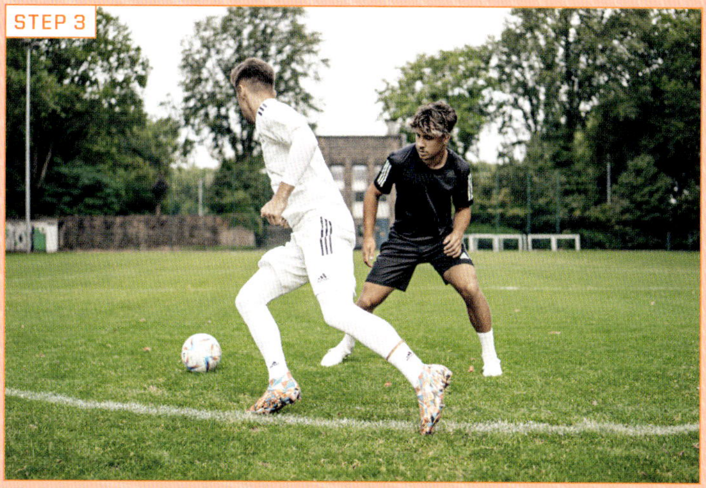

Im letzten Schritt ziehst du den Ball rechts vom Gegner weg.

Zum Video →

ADVANCED

HOOK W STEP OVER - TRICK 33

SCHWIERIGKEITSGRAD ★★★☆☆

BESCHREIBUNG

Skillen wie Neymar? Kein Problem! Dieser Trick ist für jeden Offensivspieler geeignet. Im letzten Drittel oder an der Eckfahne - dieser Skill geht immer!

STEP 1

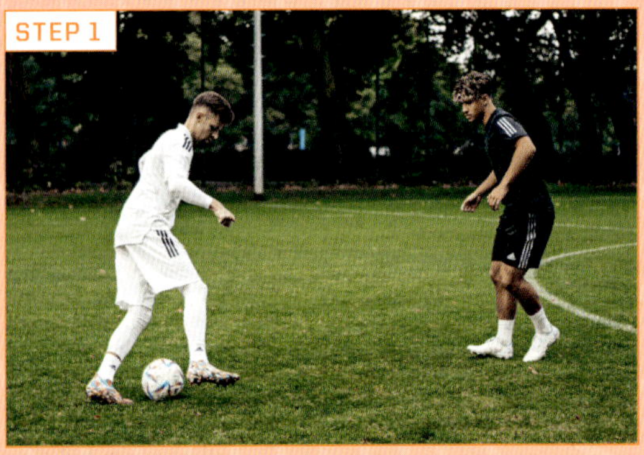

Platziere den Ball vor deinem linken Fuß und steig mit deinem rechten Fuß über den Ball.

STEP 2

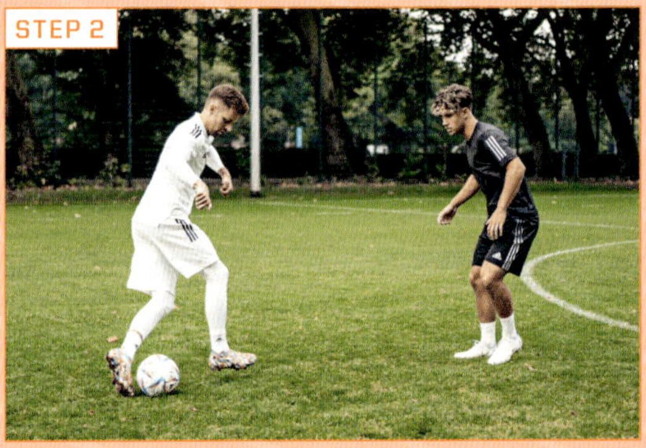

Gleichzeitig ziehst du mit dem Spann den Ball diagonal in Richtung Standbein.

STEP 3

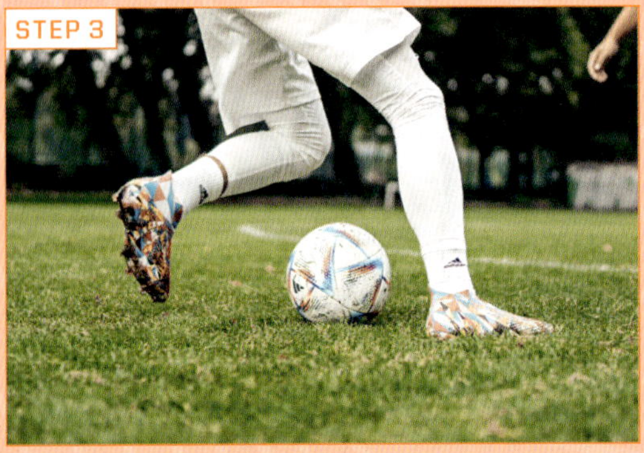

Setz deinen rechten Fuß kurz ab und verschaff dir Platz für die Täuschung.

STEP 4

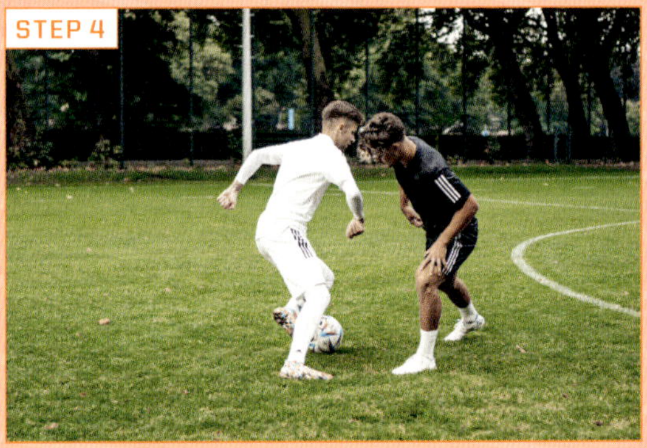

Im nächsten Schritt setzt du den Übersteiger an und ziehst den Ball links am Gegner vorbei.

← Zum Video

BACK NEYMAR CHOP - TRICK 34

SCHWIERIGKEITSGRAD ★★★☆☆

BESCHREIBUNG

Neymar hat es vorgemacht, jetzt bist du an der Reihe. Werde der nächste Neymar auf dem Platz!

STEP 1

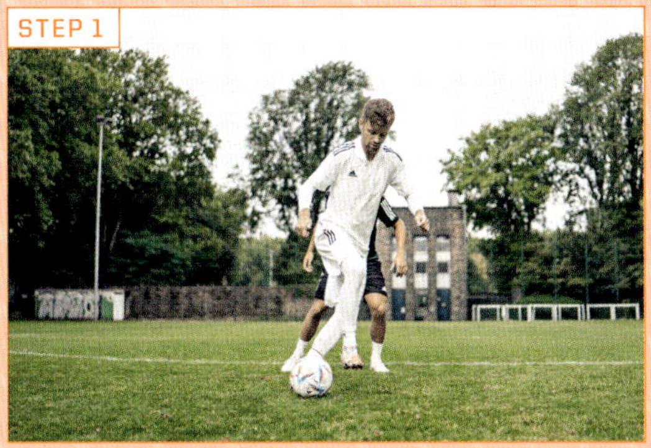

Du stehst mit dem Rücken vor deinem Gegenspieler. Der Ball sollte am besten ruhen.

STEP 2

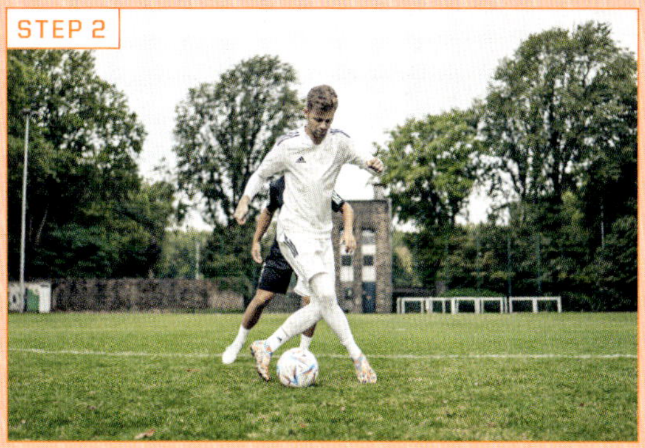

Zieh den Ball mit der Außenseite deines rechten Fußes leicht zur Seite.

STEP 3

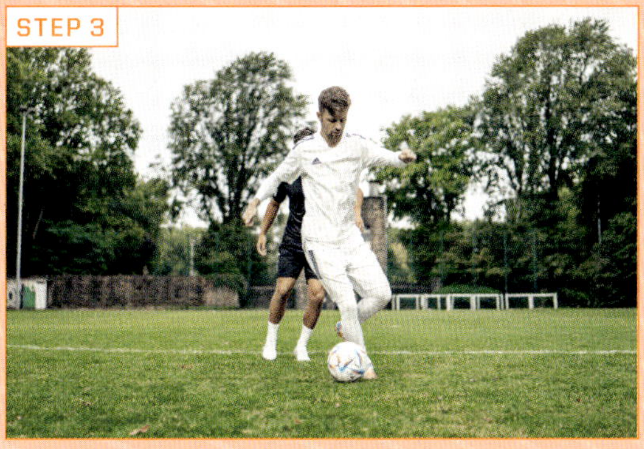

Jetzt stehst du leicht seitlich von deinem Gegenspieler. So verhinderst du den direkten Zugriff.

STEP 4

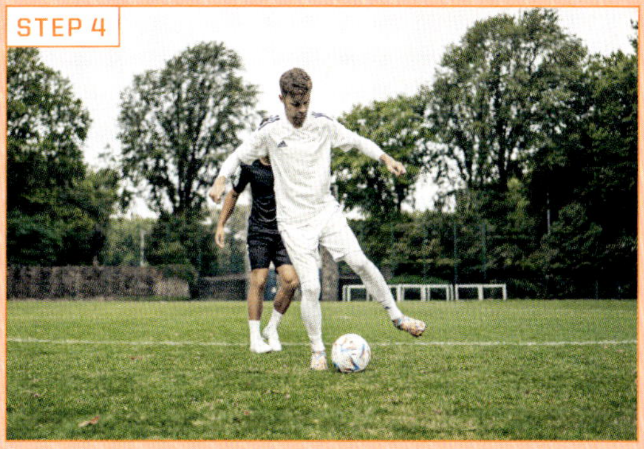

Zieh nun den Ball mit deiner Sohle nach links, um den Verteidiger zu locken.

STEP 5

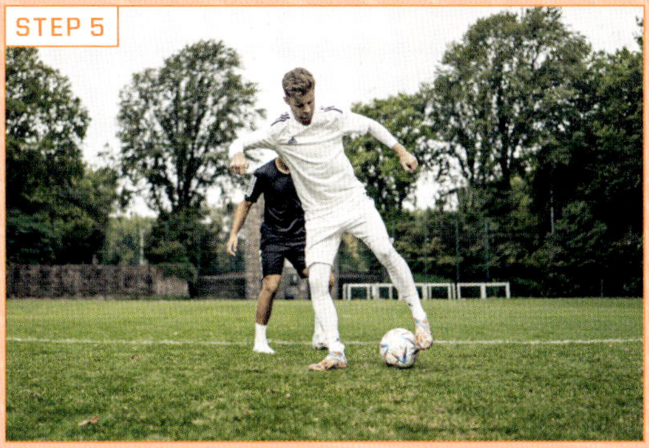

Im letzten Moment ziehst du den Ball mit der Innenseite deines linken Fußes durch die Beine des Verteidigers.

Zum Video →

ADVANCED

BALL ROLL FLICK - TRICK 35

SCHWIERIGKEITSGRAD ★★★☆☆

BESCHREIBUNG

Den Gegner mit drei Kontakten ausspielen? Das kann nur der Ball Roll Flick. Zeig deinem Gegner im Training, wie einfach und effektiv du ihn ausspielen kannst!

STEP 1

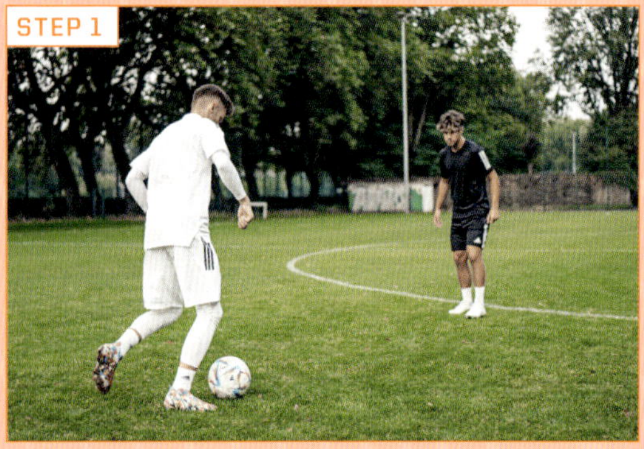

Zieh den Ball mit der Sohle diagonal rüber nach rechts.

STEP 2

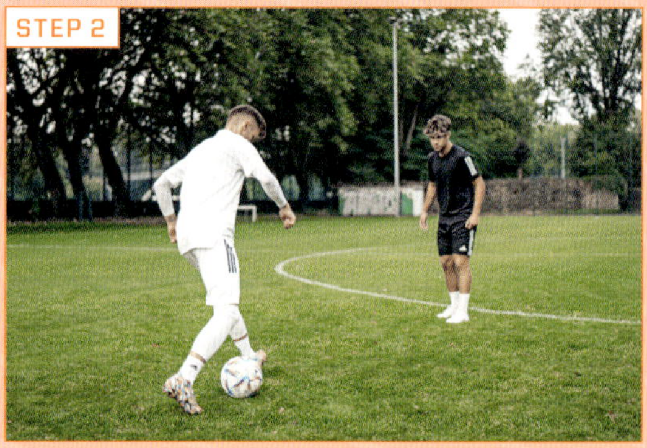

Steig mit deinem linken Fuß über den Ball.

STEP 3

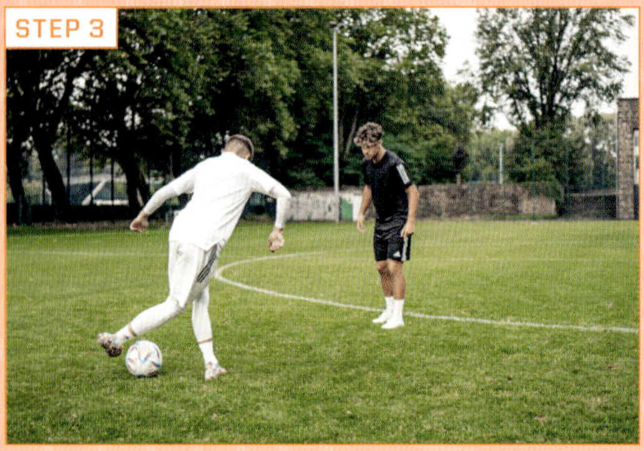

Spiel mit deinem linken Vorderfuß, der sich hinter deinem Standbein befindet, schräg rüber.

STEP 4

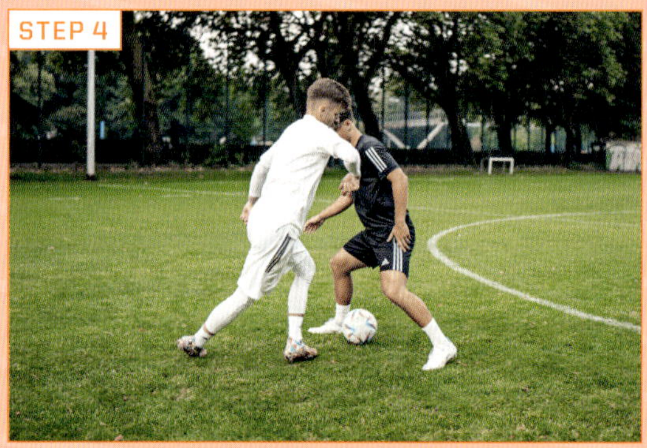

Zieh das Bein explosiv nach vorne und spiel dem Gegner durch die Beine.

← Zum Video

ADVANCED

McGEADY TURN - TRICK 36

SCHWIERIGKEITSGRAD

★★★☆☆

BESCHREIBUNG

Den McGeady Spin kennt wohl jeder, ob auf der Konsole bei Fifa oder direkt von dem irischen Spieler Aiden McGeady. Diese Abfolge erweitert den Trick und bringt dich auf ein neues Skill-Level.

STEP 1

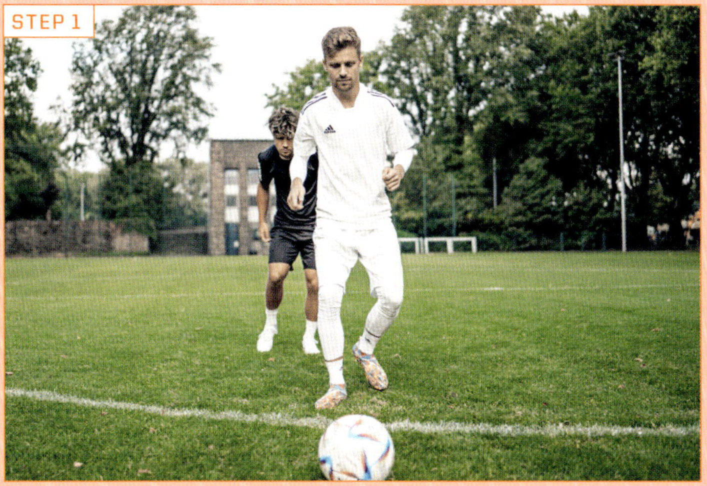

Der Gegner steht hinter dir. Positioniere dich zentral zum Ball.

STEP 2

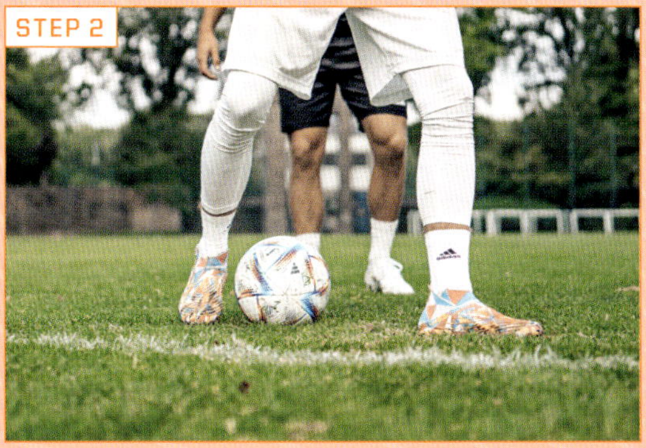

Spiel den Ball mit der Innenseite hinter deinem Standbein entlang.

STEP 3

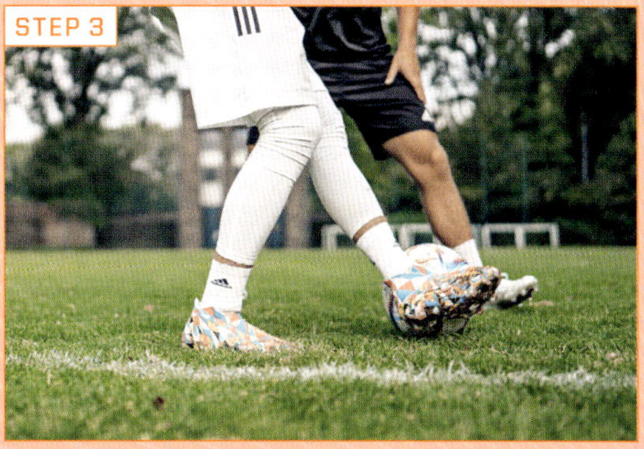

Dreh dich dabei nach links und spiel den Ball mit der Außenseite durch die Beine deines Gegners.

Zum Video →

STECKBRIEF

NAME	Manuel Neuer
LAND	Deutschland
GEBURTSTAG	27.03.1986
GRÖSSE	1,93 m
POSITION	Torwart
AKTUELLE TEAMS	• Deutsche Fußballnationalmannschaft • FC Bayern München
ERFOLGE	• Weltmeister 2014 • U-21-Europameister 2009 • Champions-League-Sieger 2013 und 2020 • Klub-Weltmeister 2013 und 2020 • Deutscher Meister 2013, 2014, 2015, 2016, 2017, 2018, 2019, 2020, 2021 und 2022 • DFB-Pokal-Sieger 2011, 2013, 2014, 2016, 2019 und 2020

STEP 1

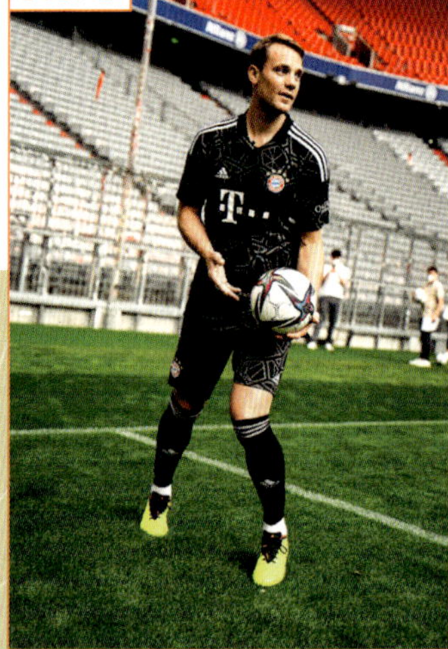

Gehe in deine Ausgangsposition: Als Rechtsfuß hast du den Ball zu Beginn in deiner linken Hand. Deinen schwachen Fuß platzierst du vor deinem starken Fuß.

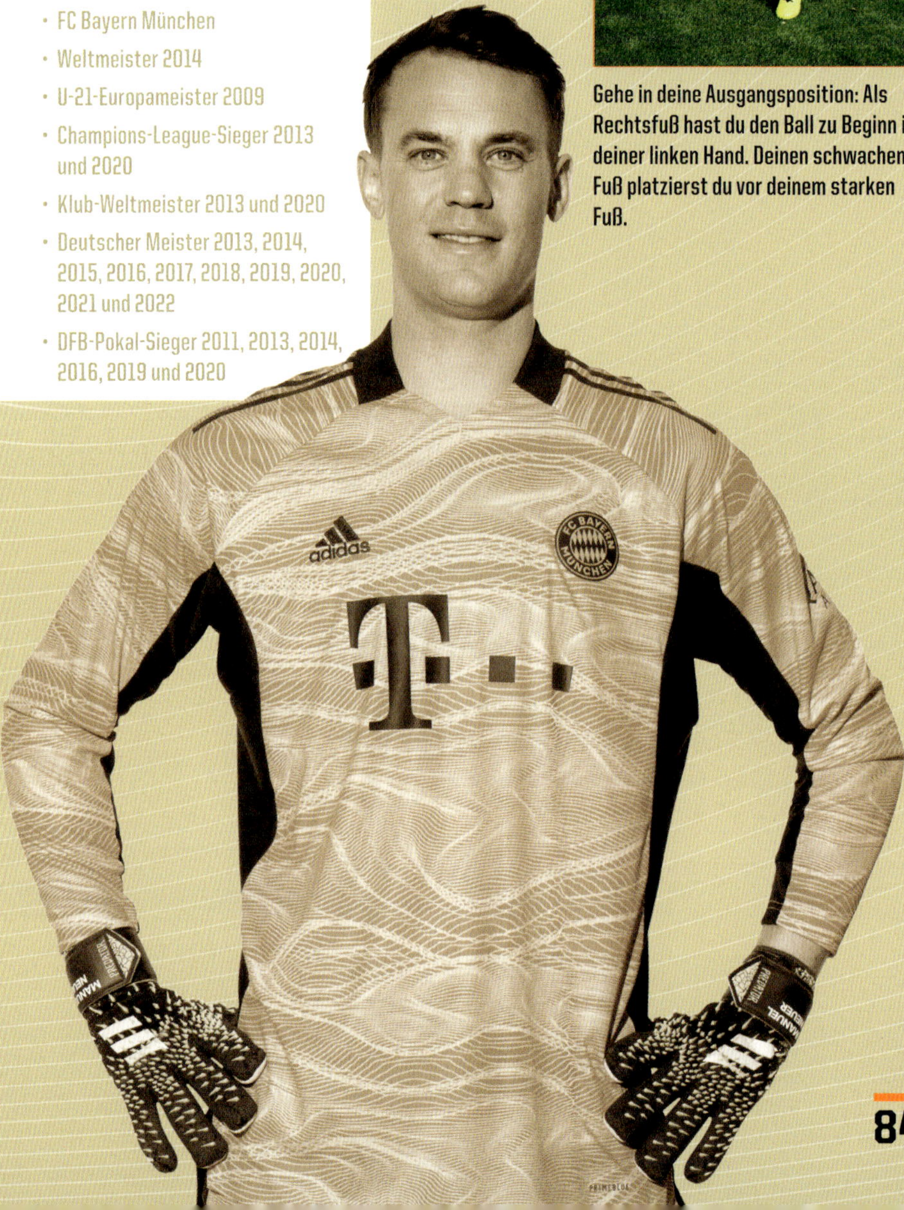

MANUEL NEUER

SCHWIERIGKEITSGRAD ★★★☆☆

BESCHREIBUNG

Du bist Torwart und wolltest schon immer wissen, wie der Welttorhüter MANUEL NEUER gegen die Stars wie Neymar, Messi, Ronaldo & Co. seine Abschläge absolviert? Jetzt ist es so weit!

STEP 2

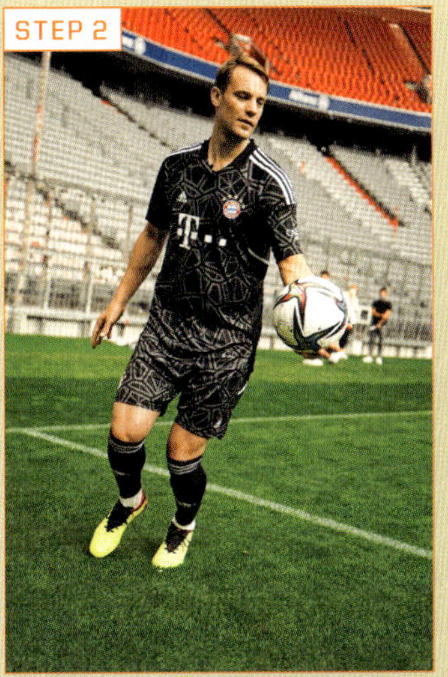

Strecke nun deinen Arm mit dem Ball und bringe deinen starken Fuß nach vorne. Gehe dabei auf die Zehenspitzen, um die Körperspannung zu erhalten.

STEP 3

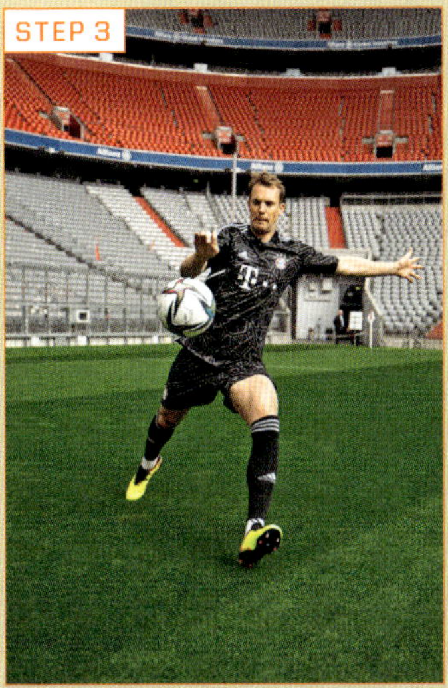

Lasse den Ball fallen und bringe dabei dein Standbein mit einem kleinen Schritt nach vorne, um genügend Platz für den Aufschwung deines starken Fußes zu haben.

STEP 4

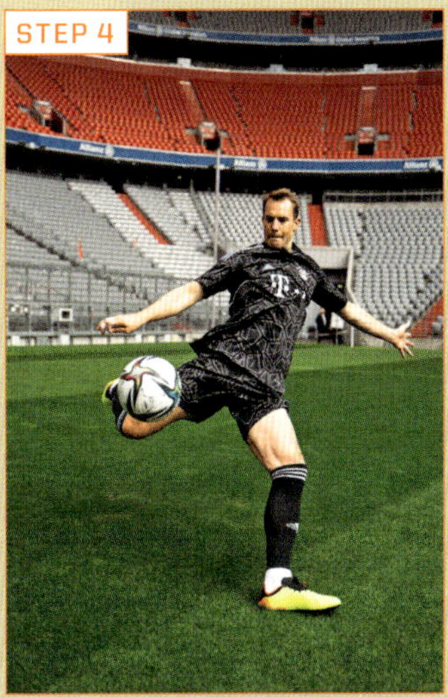

Platziere dein schwaches Bein wieder auf dem Boden. Winkle deinen starken Fuß im 90-Grad-Winkel an. Achte dabei darauf, die Spannung in deinem Oberkörper zu halten und den Ball nicht aus dem Blick zu verlieren.

STEP 5

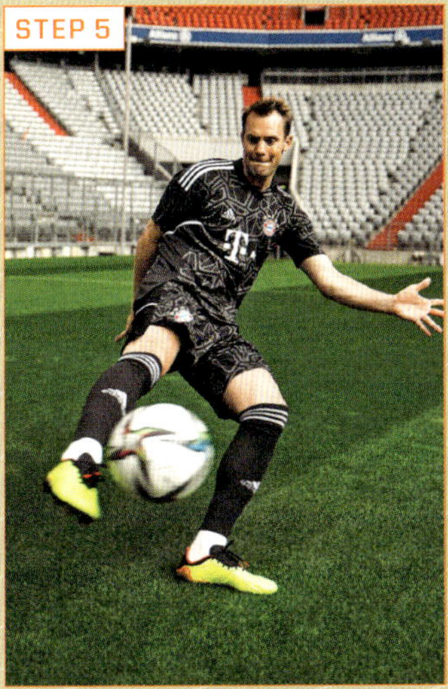

Beim Abschlag ist es wichtig, das Bein gestreckt zu lassen. Behalte dabei weiterhin die Spannung in deinem Körper und den Ball im Blick!

STEP 6

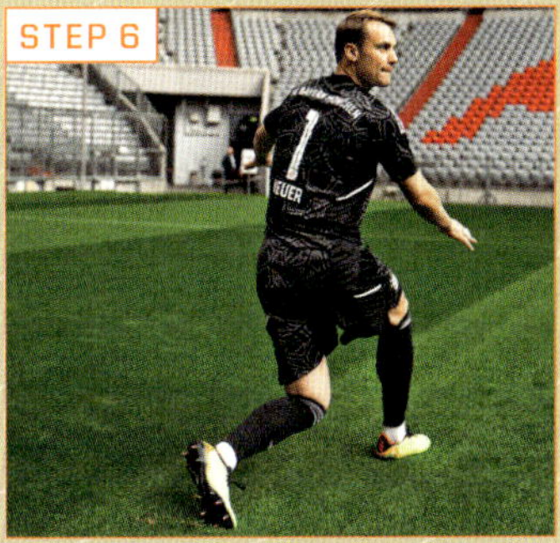

Nachdem du den Ball getroffen hast, ist die Abfolge entscheidend: Schwinge dein Bein durch und platziere den Fuß seitlich neben dem Körper. Dein Standbein öffnet sich ebenfalls in die gleiche Richtung. Verfolge weiterhin den Ball mit deinem Blick!

Zum Video →

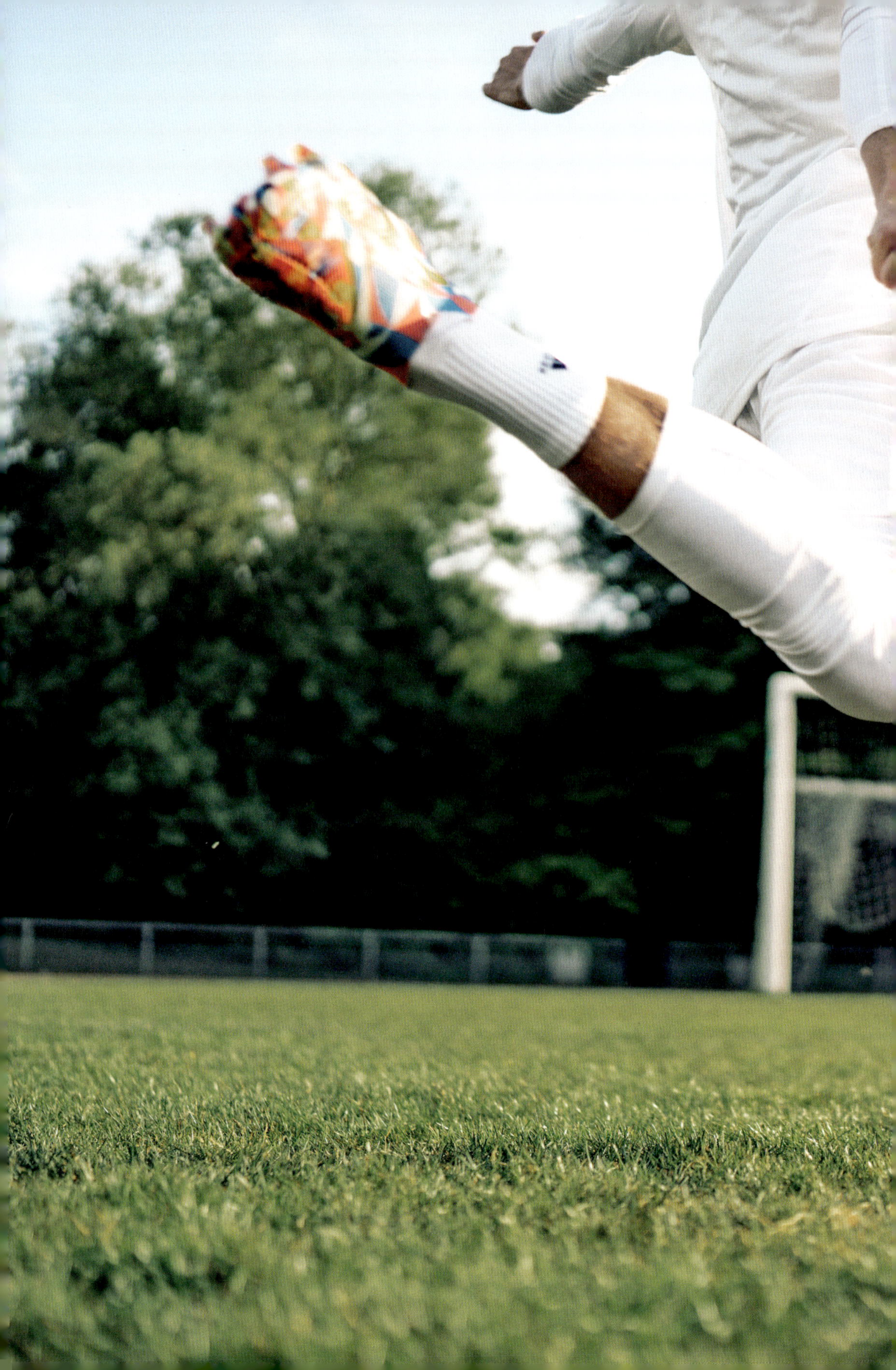

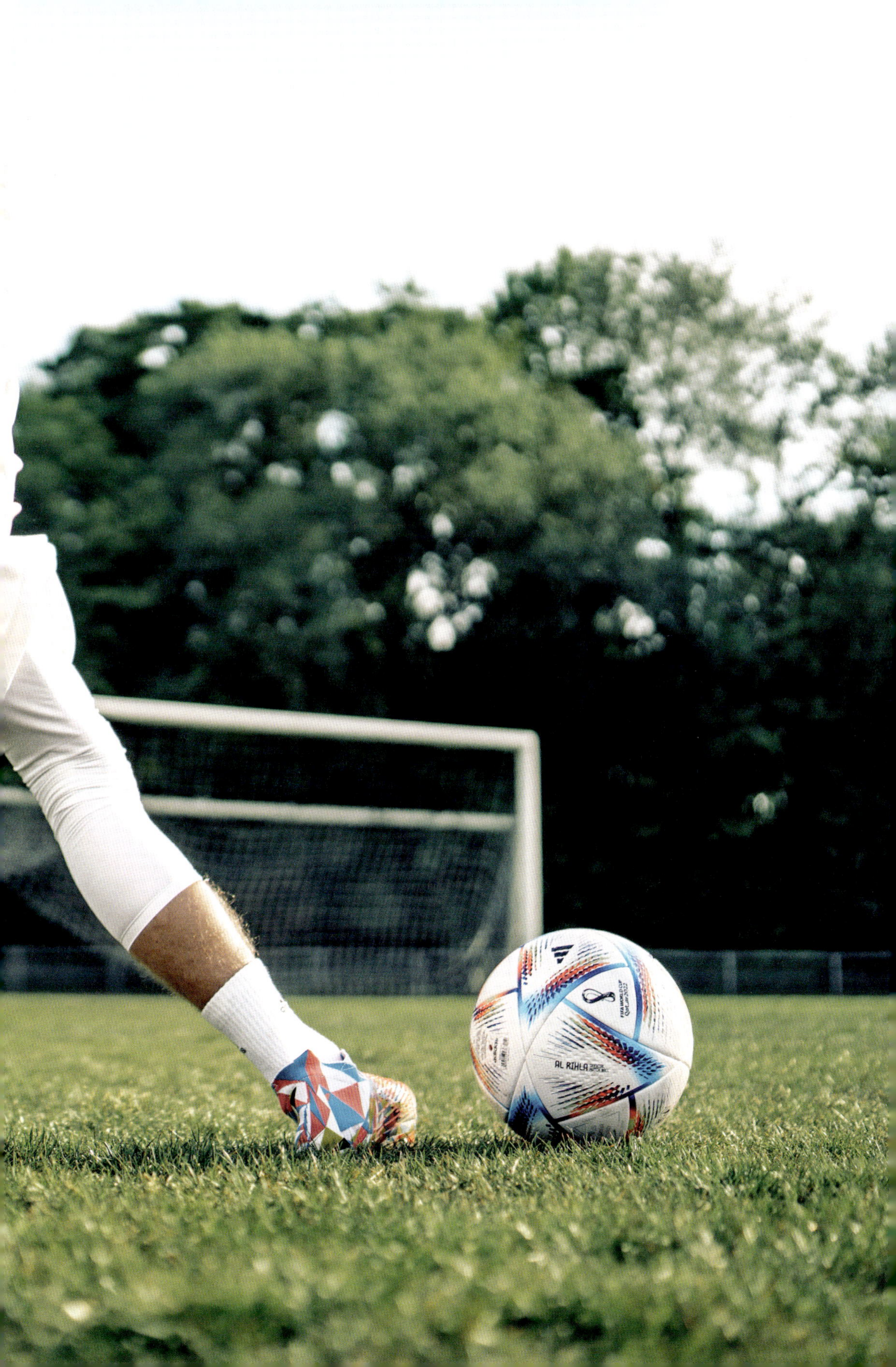
AL RIHLA

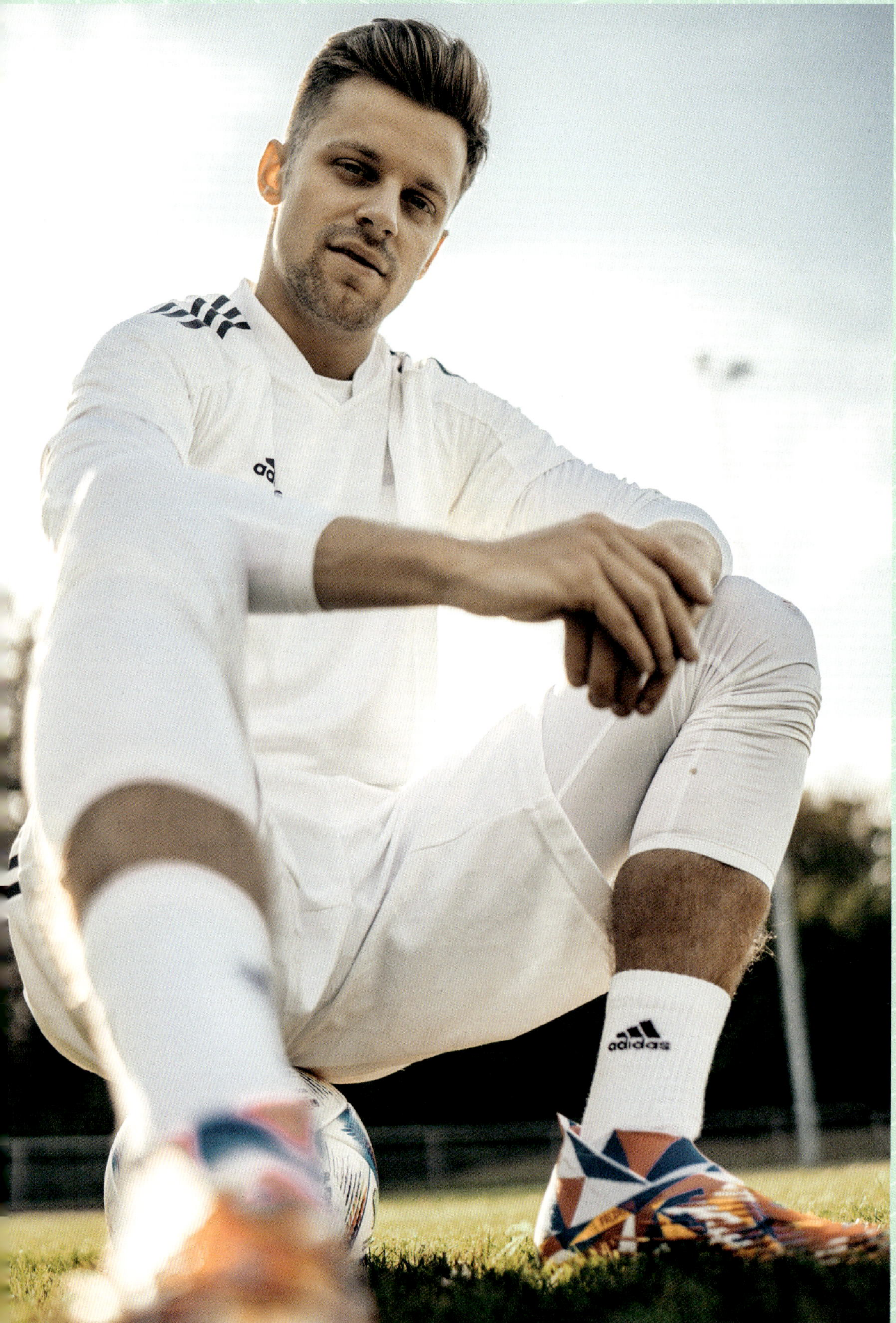
adidas

HARD

Bis hierhin hast du es geschafft! Jetzt kannst du dich offiziell Skiller nennen! Doch das war noch nicht alles! Jetzt wird es noch schneller, technischer und schwieriger! Unter anderem mit Tricks der Weltspieler wie Ronaldo, Messi & Co.! Falls du an dem ein oder anderen Trick scheitern solltest, don't forget: Übung macht den Meister 😉

NICHT VERGESSEN Zu jedem Trick gibt es ein Video! Ganz einfach den QR-Code scannen.

FAKE RABONA - TRICK 37

SCHWIERIGKEITSGRAD ★★★★☆

BESCHREIBUNG

Dieser Trick baut auf dem »Rabona« (Seite 61) auf. Dieser wird jedoch nur angetäuscht, und stattdessen spielst du den Ball in die entgegengesetzte Richtung.

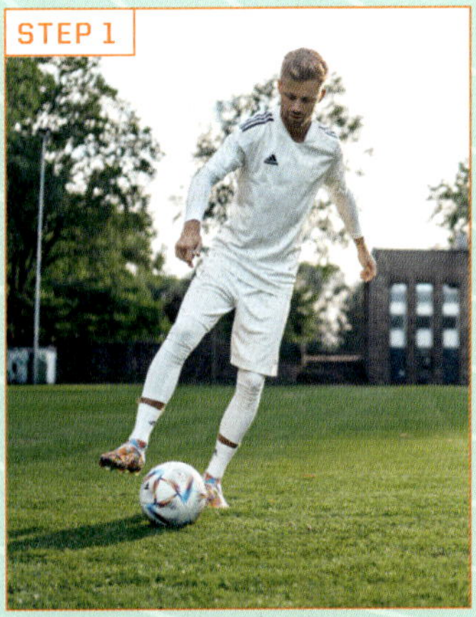

Dribble am Flügel und täusche einen Schuss von hinten am linken Standbein vorbei an (»Rabona«). Statt den Schuss auszuführen, führst du deinen Fuß jedoch eng am Ball entlang und ziehst den Ball mit der Sohle an deinem Standbein vorbei zurück.

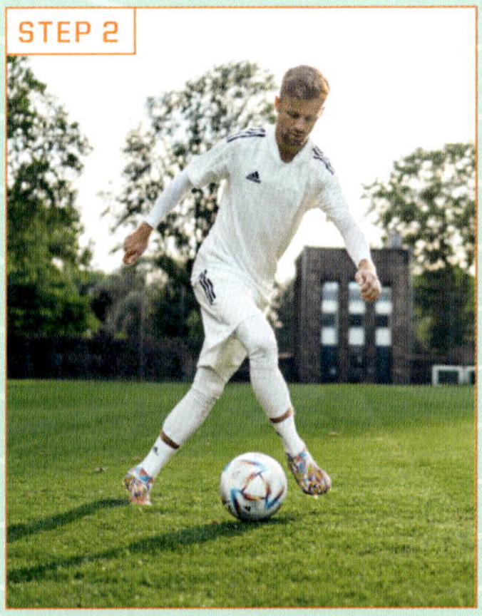

Setz dann deinen rechten Fuß als Standbein rechts vom Ball ab, um den nächsten Schritt vorzubereiten.

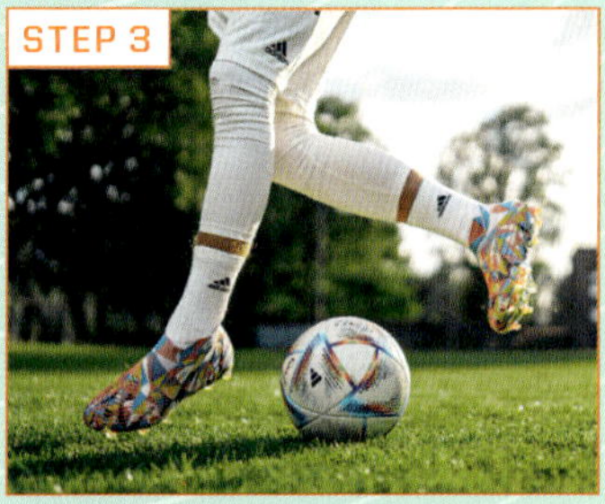

Der Ball rollt währenddessen weiter nach hinten, sodass er sich hinter dem rechten Fuß befindet.

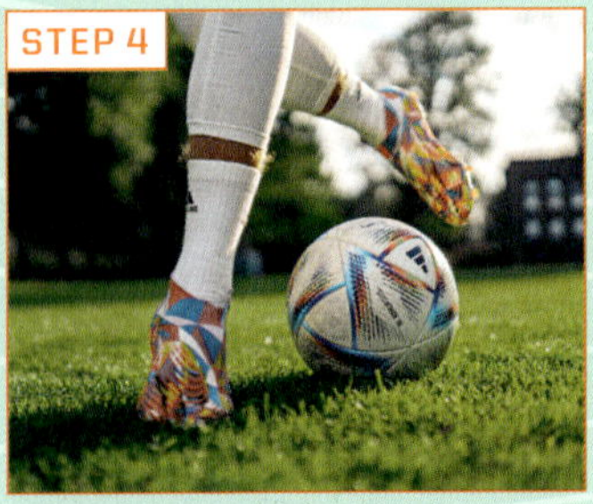

Zieh nun deinen linken Fuß hinter dem rechten Standbein zum Ball. Hierbei ist es ganz wichtig, den Ball mit der Außenseite zu stoppen, um hinter den Ball zu kommen.

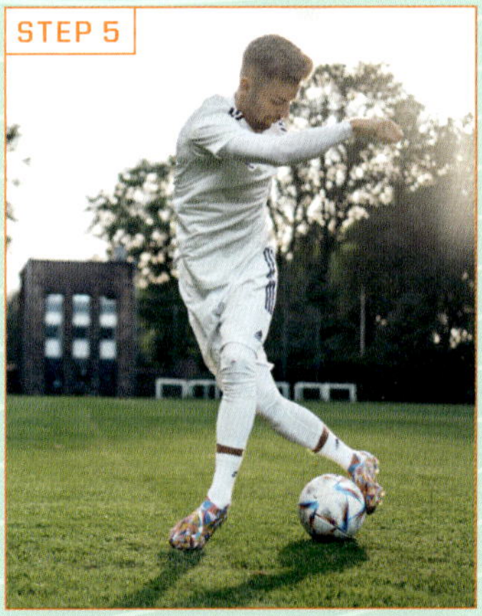

Setz im letzten Schritt einen Richtungswechsel an und zieh rechts an deinem Gegenspieler vorbei.

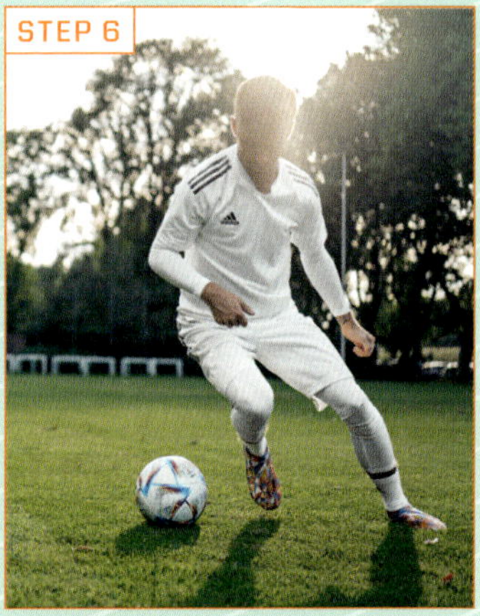

Dribble nun in die Richtung, aus der du gekommen bist, um den Gegner stehen zu lassen.

← Zum Video

SIDE TO SIDE JUMP – TRICK 38

SCHWIERIGKEITSGRAD ★★★★☆

STEP 1

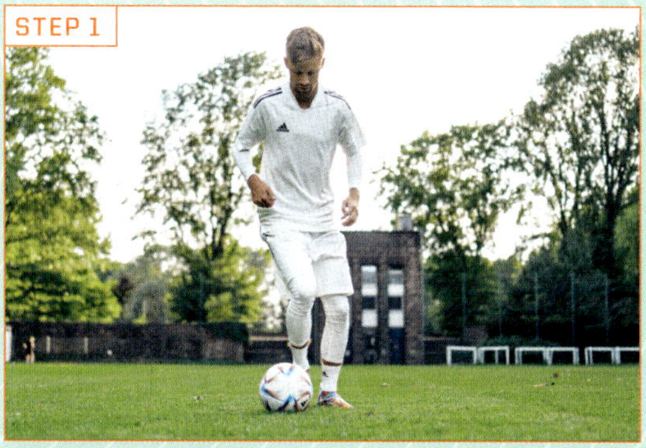

Dribble auf deinen Gegenspieler zu.

STEP 2

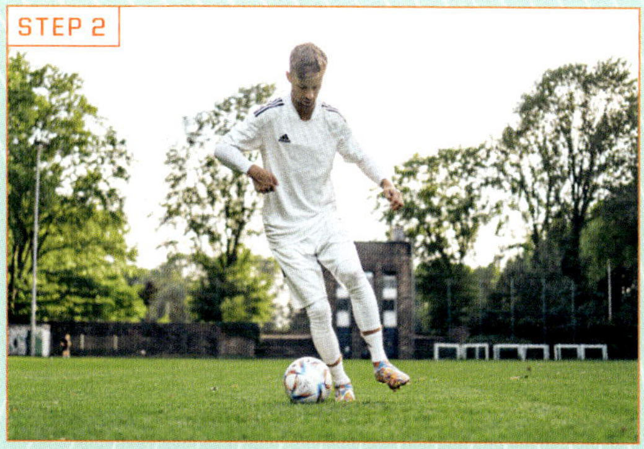

Platziere deinen schwachen Fuß links vom Ball. Steig dabei mit deinem anderen Fuß diagonal über den Ball.

STEP 3

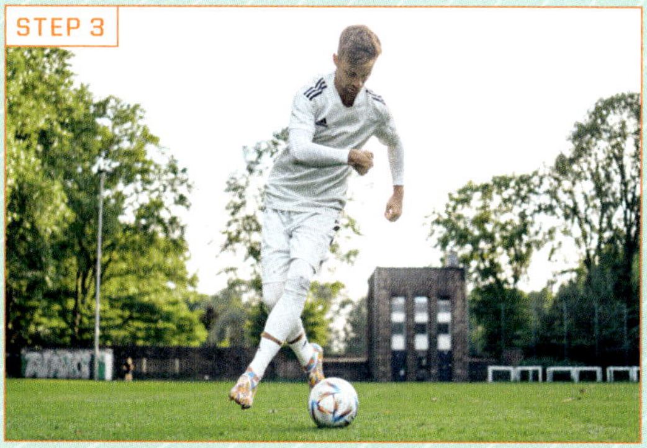

Spring in dem Moment ab und spiel den Ball mit dem Vorderfuß zentral nach vorne.

STEP 4

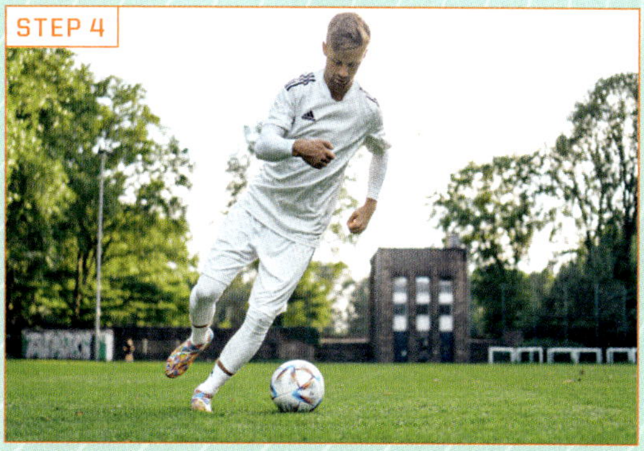

Platziere im nächsten Schritt deinen schwachen Fuß rechts vom Ball.

STEP 5

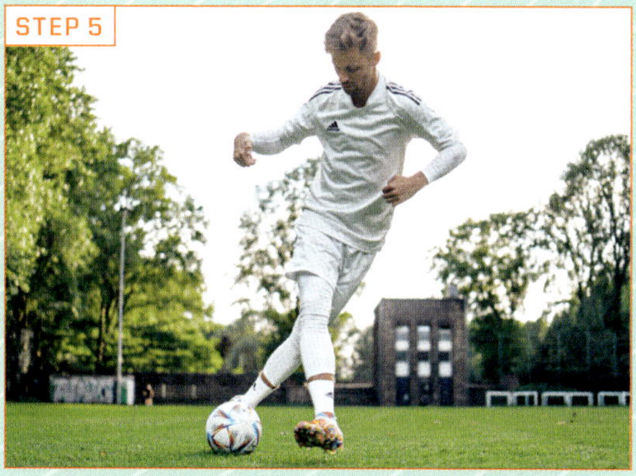

Setz nun den gleichen Bewegungsablauf an wie in Schritt 3.

Zum Video →

JUMP KICK - TRICK 39

SCHWIERIGKEITSGRAD ★★★★☆

STEP 1

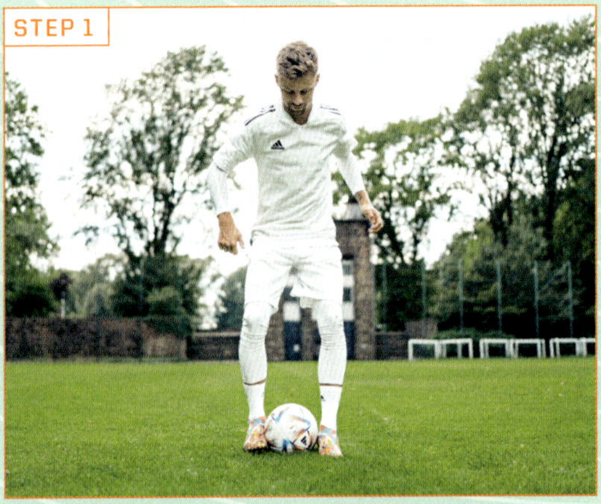

Klemm den Ball zwischen deine Füße. Der Ball sollte sich minimal hinter deiner Fußmitte befinden.

STEP 2

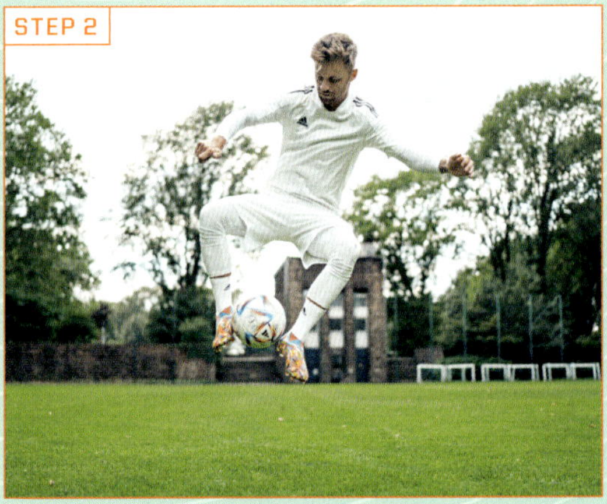

Geh in die Knie und spring ab.

STEP 3

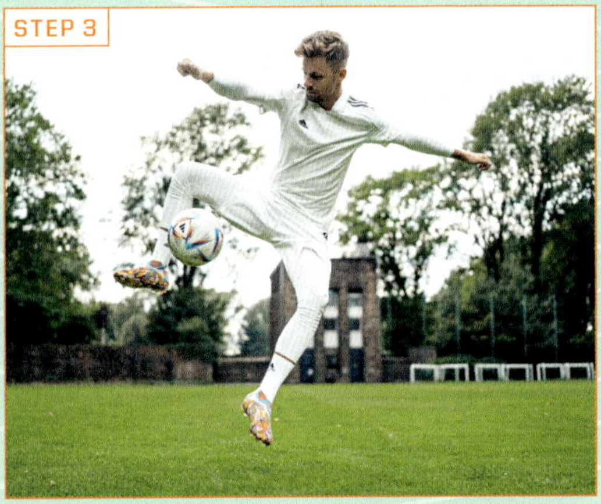

Lös deinen rechten Fuß in der Luft vom Ball, sodass der Ball durch den Impuls des linken Fußes weiter an Höhe gewinnt.

STEP 4

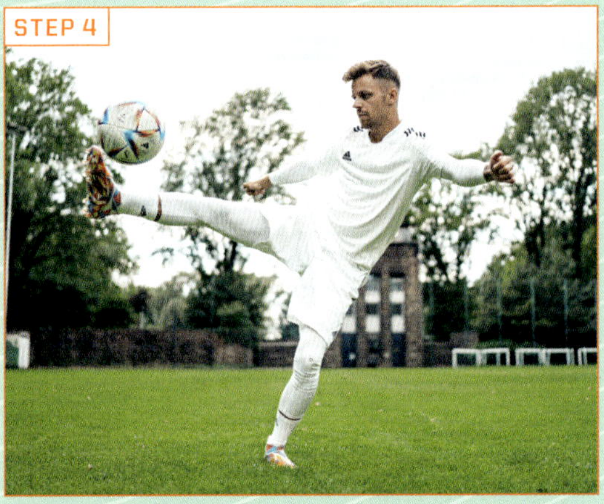

Spiel den Ball mit dem rechten Fuß an deinem Gegner vorbei.

← Zum Video

SIDE KICK - TRICK 40

SCHWIERIGKEITSGRAD ★★★★☆

STEP 1

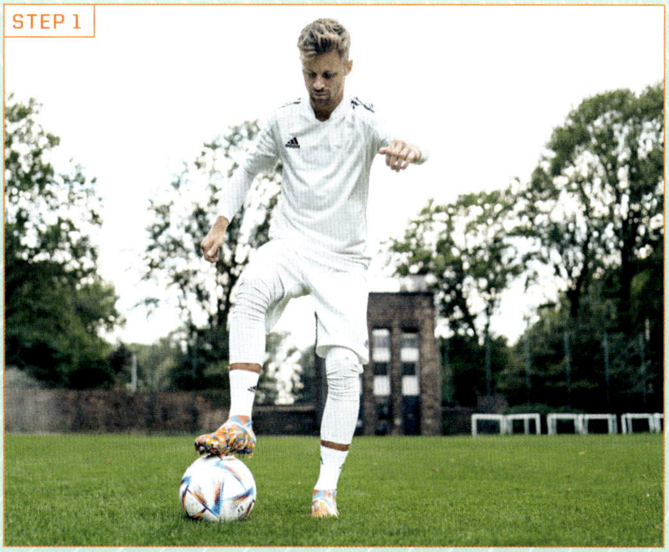

Du stehst frontal vor deinem Gegenspieler. Zieh den Ball mit der Sohle leicht schräg hinter deinem Standbein vorbei.

STEP 2

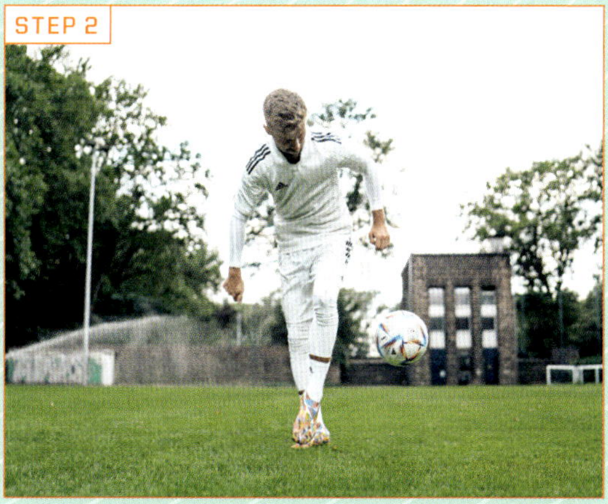

Sobald du in die Streckung kommst, lass den Ball auf deinen Spann rollen und zieh den Fuß hinter dem Standbein nach oben.

STEP 3

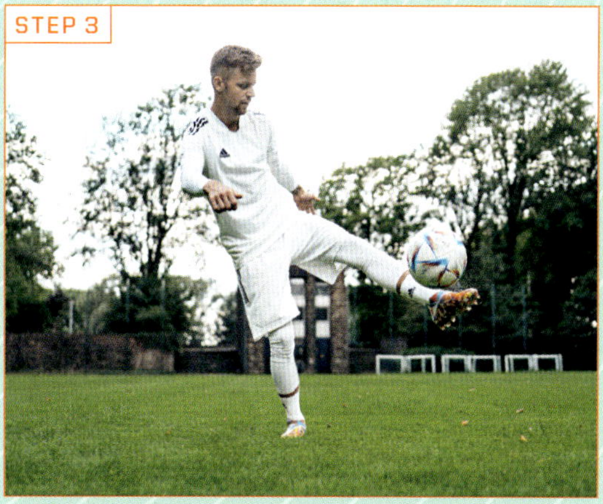

So erzielst du einen kleinen Effet, um den Ball nach oben zu bringen. Wechsle in dem Moment dein Standbein und spiel so den Ball um deinen Gegner herum.

Zum Video →

SIDE JUMP - TRICK 41

SCHWIERIGKEITSGRAD ★★★★☆

STEP 1

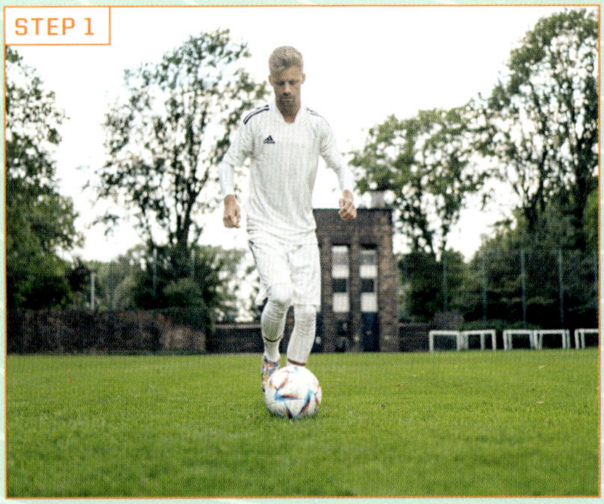

Lauf frontal auf den Ball zu.

STEP 2

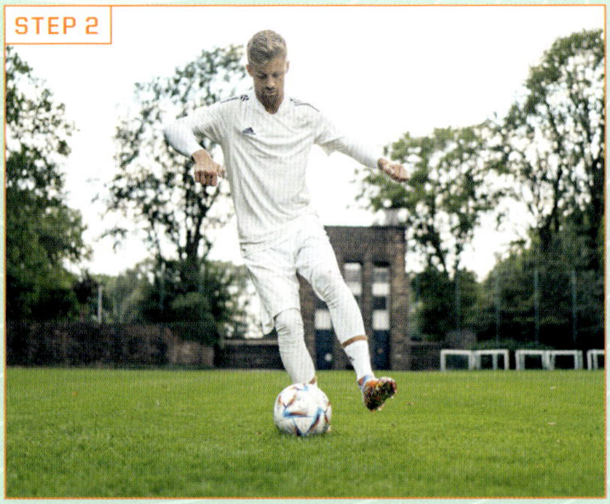

Platziere dann deinen starken Fuß links unter dem Ball. Dabei ziehst du dein anderes Bein diagonal um den Ball herum.

STEP 3

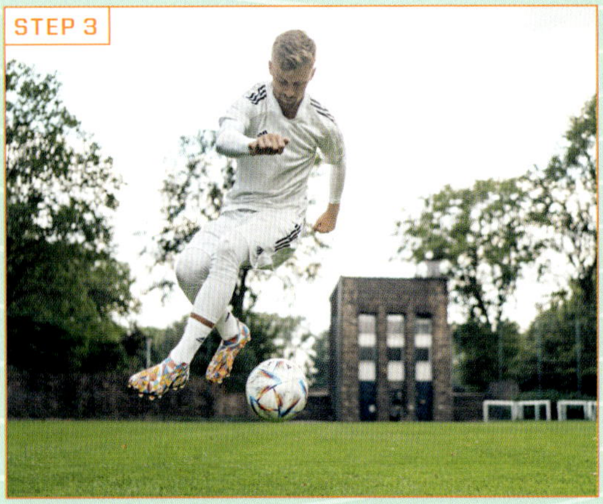

Spring nun mit deinem starken Fuß ab und befördere den Ball in die Luft. Bring dein Sprungbein nach vorne.

STEP 4

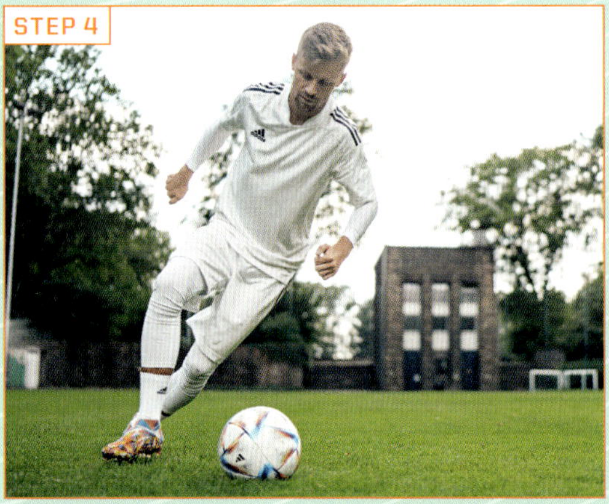

Nimm den Ball mit deinem starken Fuß in die Laufrichtung mit.

← Zum Video

SIDE CATCH - TRICK 42

SCHWIERIGKEITSGRAD ★★★★☆

STEP 1

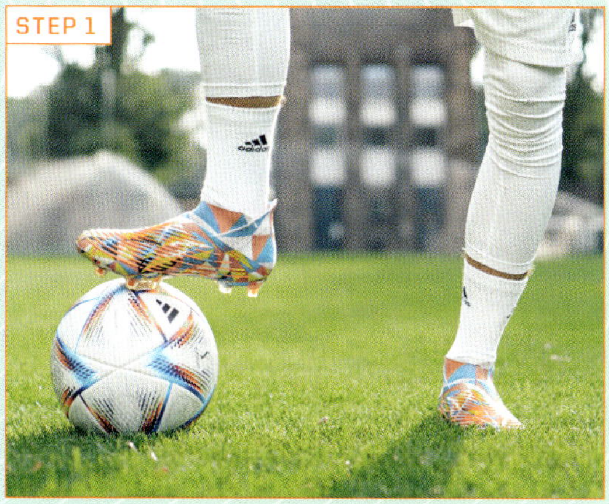

Zieh den Ball mit der Sohle diagonal nach vorne.

STEP 2

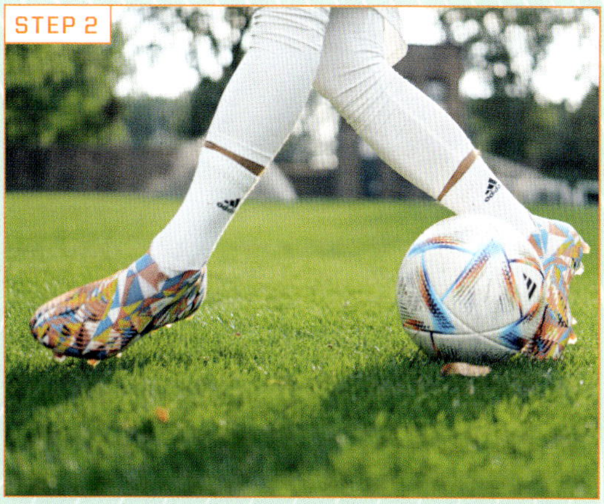

Setz die Wechselbewegung an. Platziere deinen Fuß links vom Ball.

STEP 3

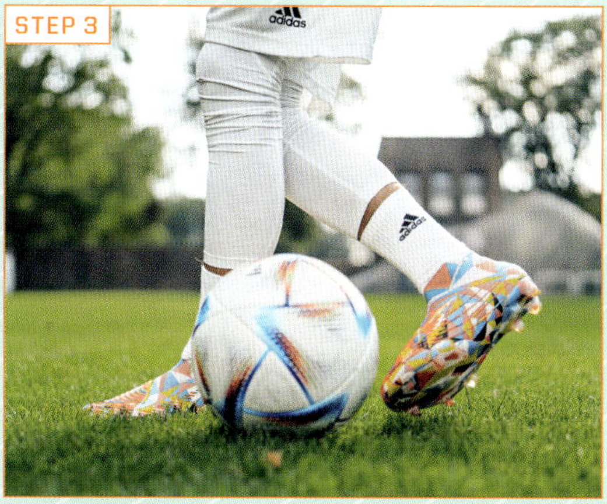

Spiel den Ball mit dem Spann diagonal hinüber. Hier setzt du dein anderes Bein ab.

STEP 4

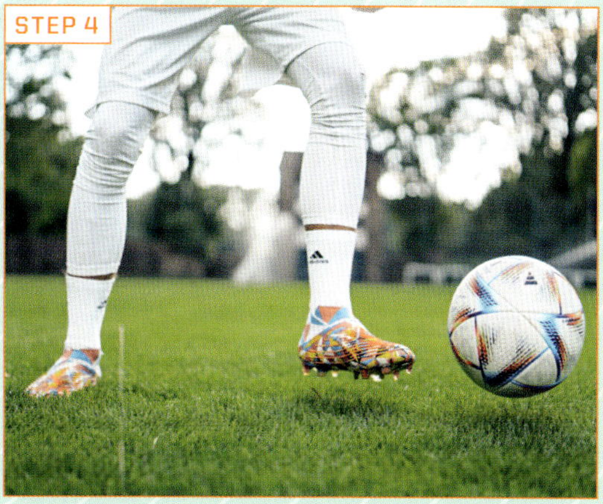

Spiel den Ball mit der Außenseite in die entgegengesetzte Richtung.

Zum Video →

SPEED CUT - TRICK 43

SCHWIERIGKEITSGRAD ★★★★☆

STEP 1

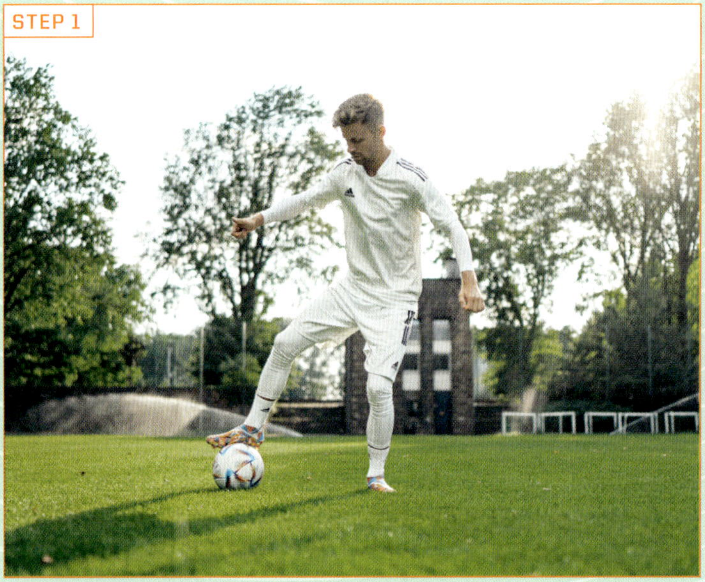

Zieh den Ball mit der Sohle diagonal vor dein Standbein.

STEP 2

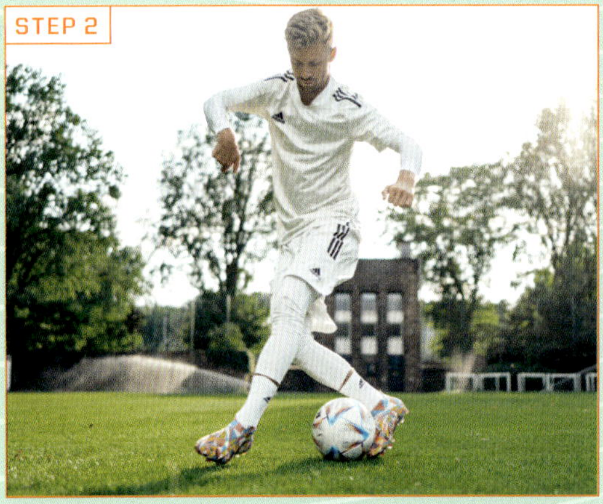

Platziere dann dein Standbein nach vorne. Im selben Moment gehst du mit deinem starken Fuß hinter den Ball und setzt zu einer diagonalen Bewegung an.

STEP 3

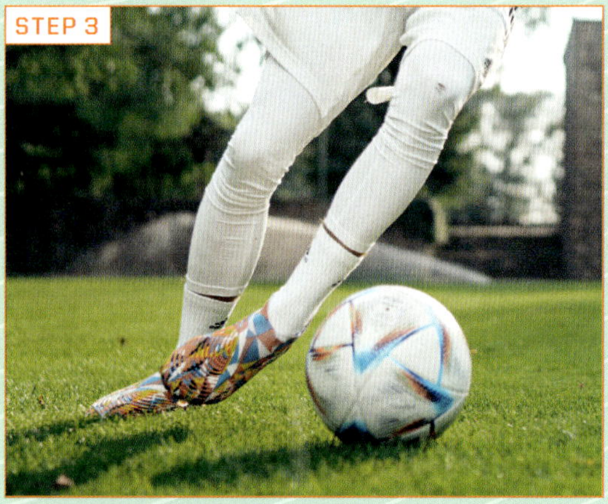

Um den Richtungswechsel anzugehen, spielst du den Ball mit der Außenseite von deinem anderen Fuß in die entgegengesetzte Richtung.

← Zum Video

TIKTOK CHANGE – TRICK 44

SCHWIERIGKEITSGRAD ★★★★☆

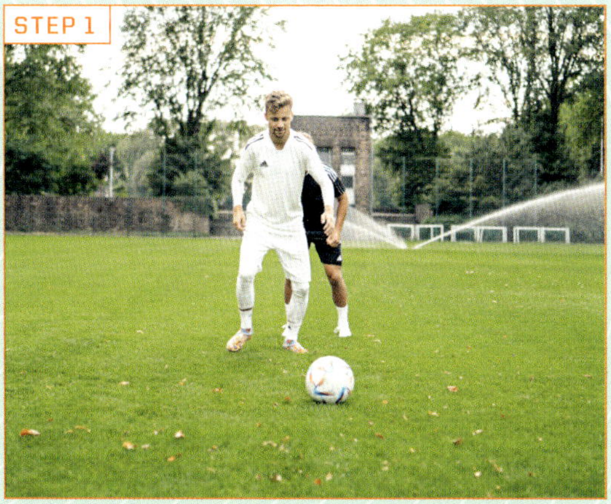

Ausgangssituation: Dein Gegner steht hinter dir, der Ball kommt frontal auf dich zu.

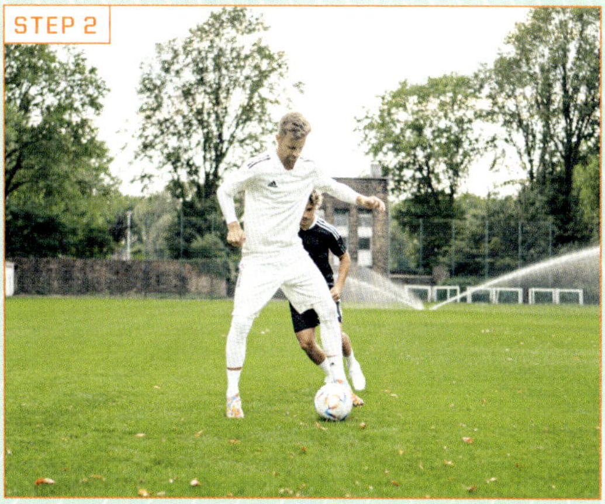

Drück dich von deinem Gegenspieler weg, um dir genügend Platz zu verschaffen, und spiel den Ball mit der Innenseite deines linken Fußes zu deinem Standbein.

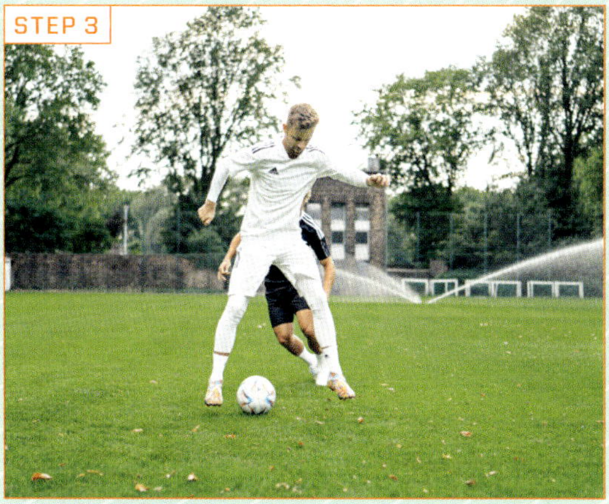

Spring im nächsten Schritt mit deinem linken Fuß ab.

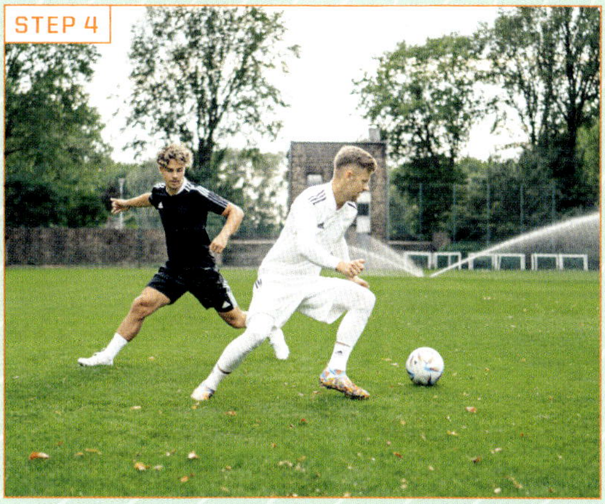

Zieh den Ball nun mit der Innenseite deines rechten Fußes in die Richtung, aus der der Ball kam, um deinen Gegenspieler auszuspielen.

Zum Video →

CROSS FLICK - TRICK 45

SCHWIERIGKEITSGRAD ★★★★☆

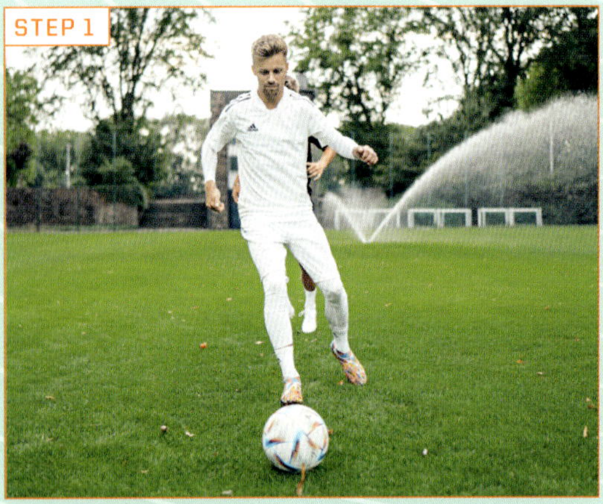

Lauf frontal auf den Ball zu und positioniere deinen rechten Fuß zentriert zum Ball.

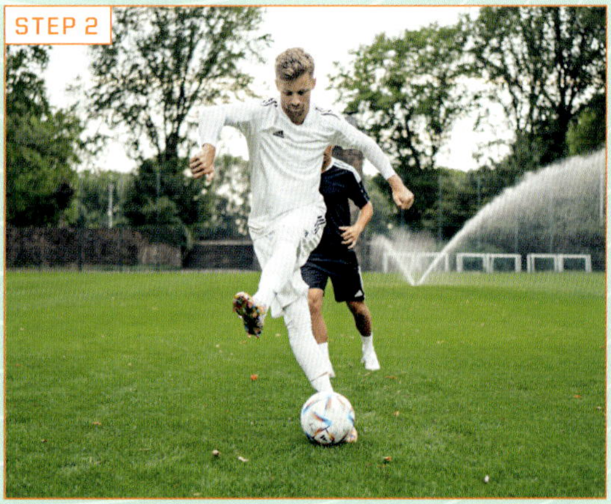

Dein anderes Bein schwingt währenddessen diagonal nach vorne.

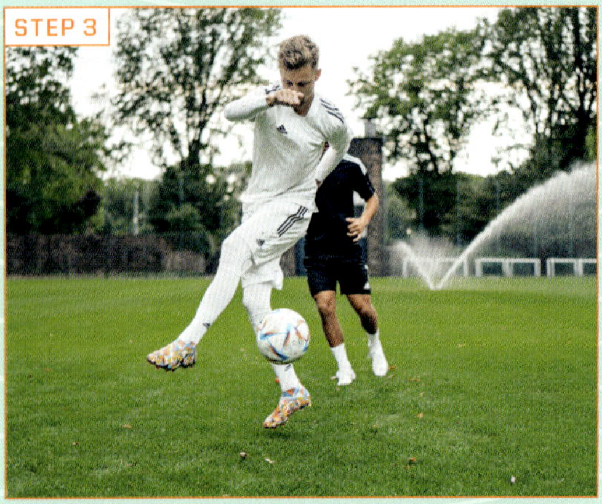

Lass den Ball nun auf dein Standbein rollen. Spring dabei ein wenig ab und orientiere dich nach rechts.

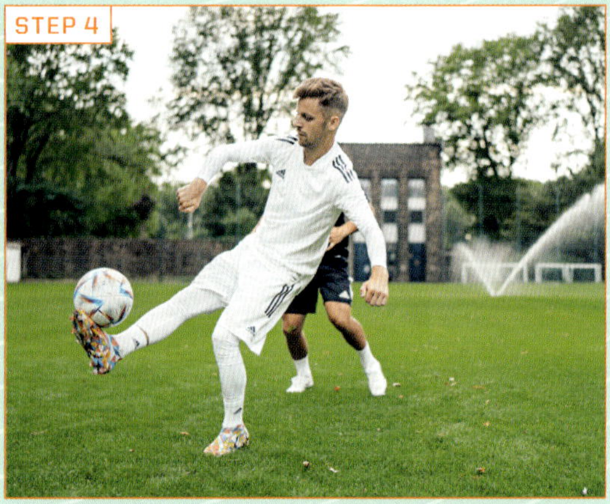

Anschließend kommst du mit dem Bein wieder auf dem Boden auf. Hol mit dem anderen Fuß aus und spiel den noch in der Luft befindlichen Ball mit der Spitze deines Fußes über dich und deinen Gegner nach hinten weg.

← Zum Video

TOUCH OVER – TRICK 46

SCHWIERIGKEITSGRAD ★★★★☆

STEP 1

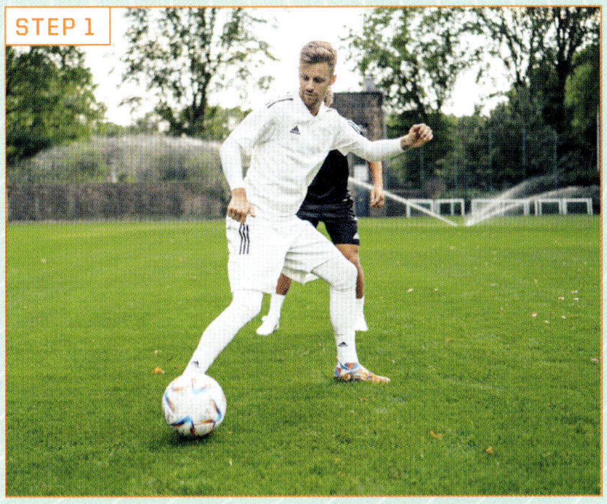

Dein Gegenspieler steht hinter dir. Positioniere dich leicht seitlich zum Ball. Platziere dein Standbein und die Fußspitze seitlich und deinen starken Fuß seitlich nach vorne.

STEP 2

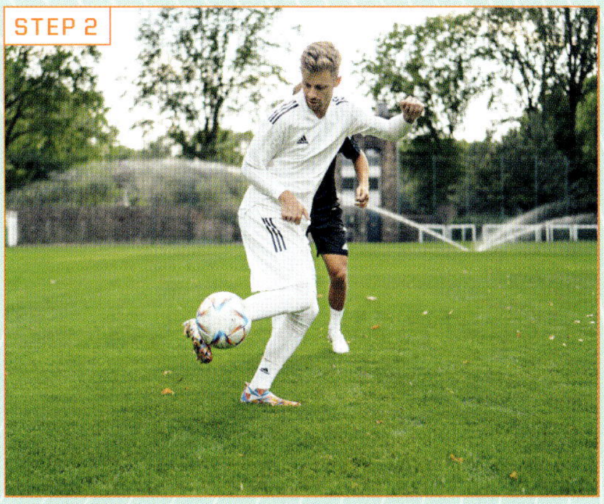

Lass den Ball auf deinen starken Fuß rollen. Zieh den Ball mit der Außenseite hoch.

STEP 3

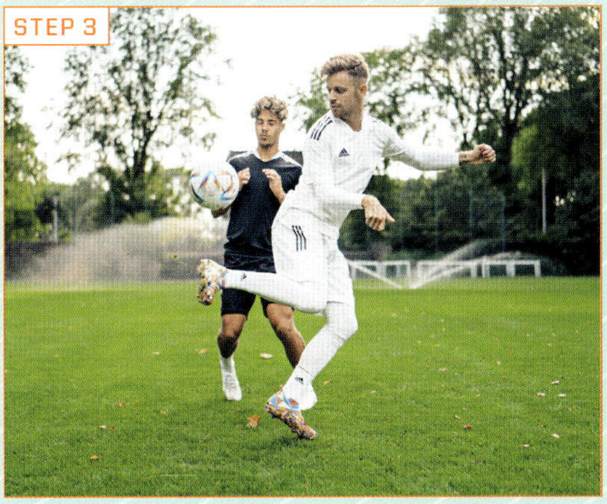

Spiel den Ball mit der Außenseite/Ferse über deinen Gegenspieler.

STEP 4

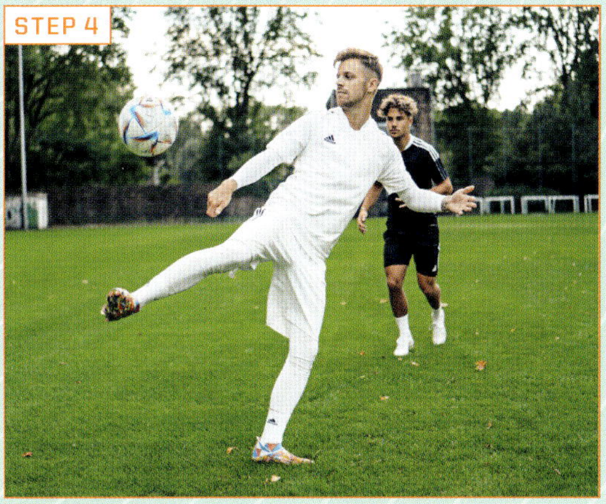

Dreh dich nach links ein und spiel so deinen Gegner aus.

Zum Video →

FAKE TURN – TRICK 47

SCHWIERIGKEITSGRAD ★★★★☆

STEP 1

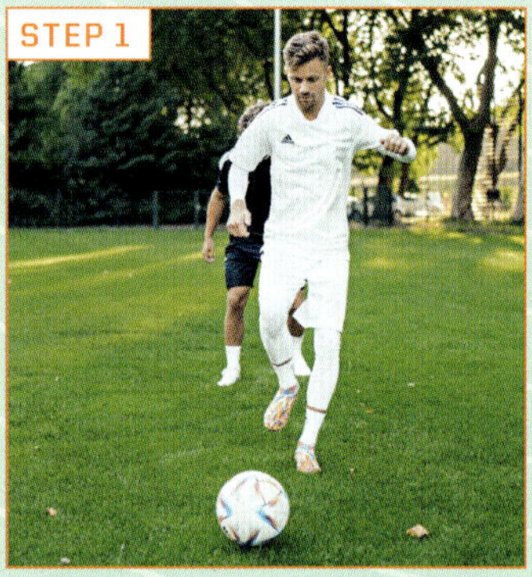

Lauf frontal auf den Ball zu.

STEP 2

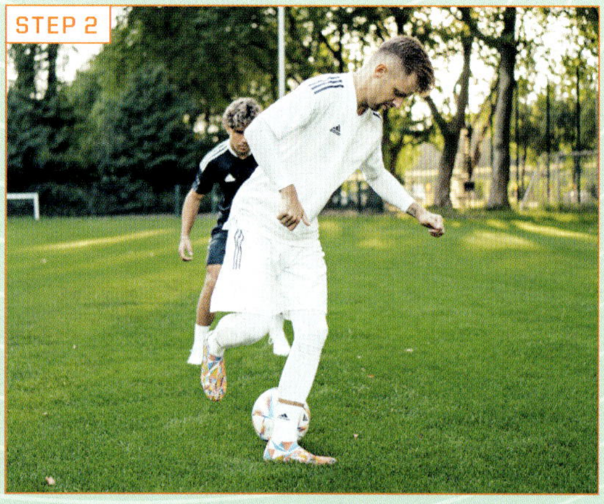

Zieh den Ball mit deinem starken Fuß hinter deinem Standbein durch.

STEP 3

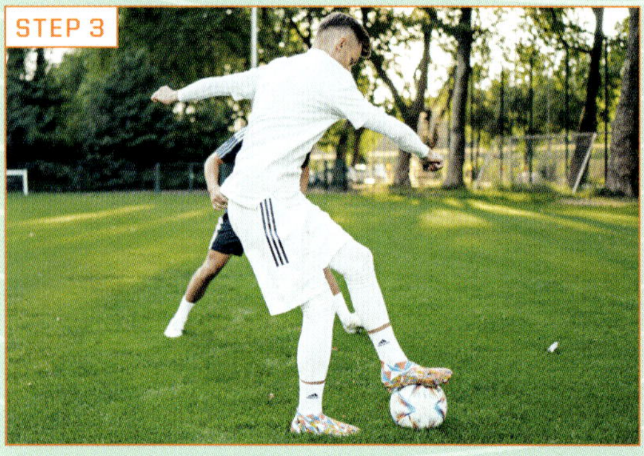

Dreh dich dabei mit deinem Oberkörper nach links ein.

STEP 4

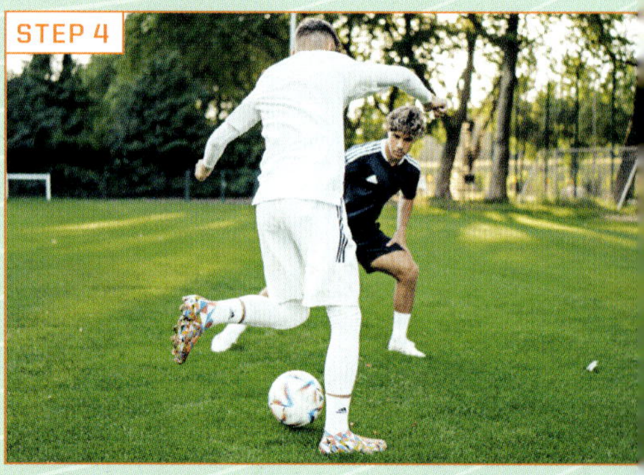

Wechsle nun dein Standbein und zieh den Ball gerade zurück

STEP 5

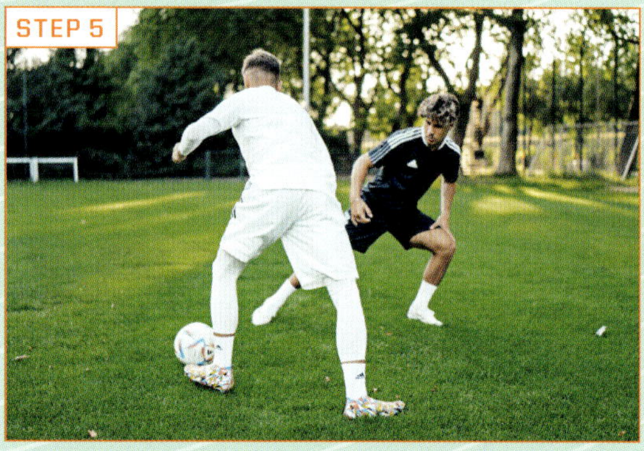

Zieh den Ball in Spielrichtung an deinem Gegner vorbei.

← Zum Video

BACK PANNA - TRICK 48

SCHWIERIGKEITSGRAD ★★★★☆

BESCHREIBUNG

Dieser Trick besteht aus jeweils zwei Bestandteilen. Wende ihn im Training an, um deinen Gegner im richtigen Moment zu überraschen.

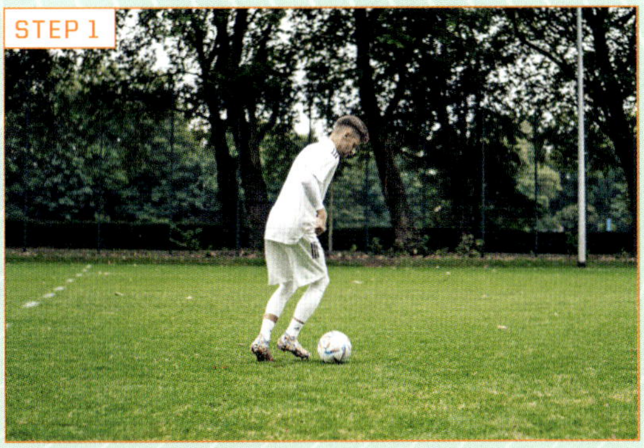

Lauf auf deinen Gegenspieler zu.

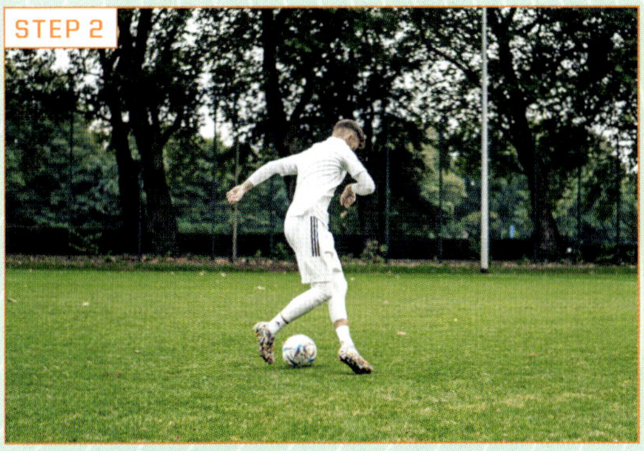

Zieh den Ball mit deinem starken Fuß einmal nach links in Richtung Standbein.

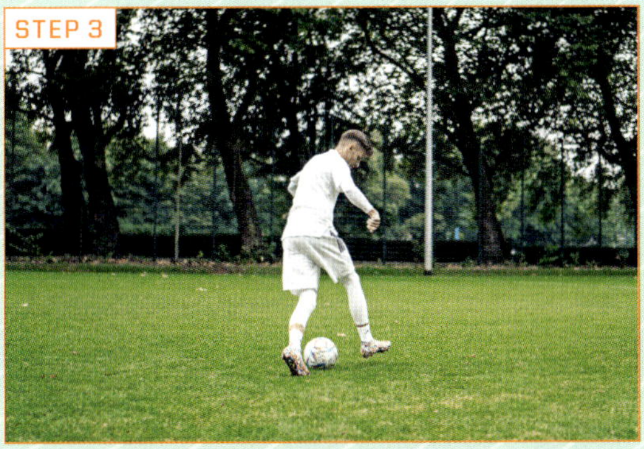

Dreh deinen Körper dabei mit. Dreh dabei auch dein Standbein mit, um den nächsten Schritt vorzubereiten.

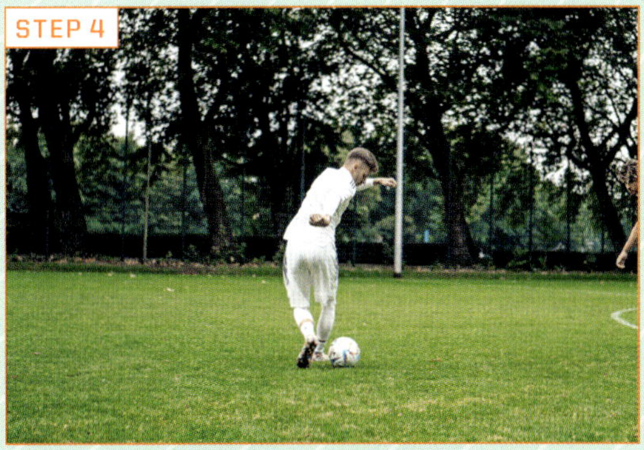

Stopp den Ball nun mit der Sohle und roll ihn rückwärts durch die Beine deines Gegenspielers.

Zum Video →

HARD

SCHWIERIGKEITSGRAD

B. S. MAGICAL ROULETTE – TRICK 49

★★★★☆

STEP 1

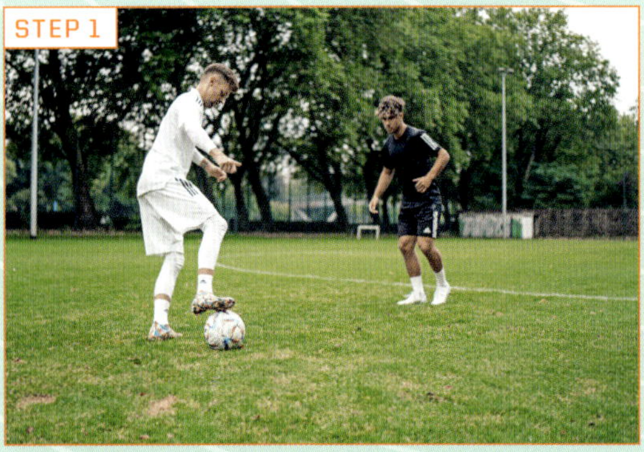

Lauf frontal auf deinen Gegenspieler zu und zieh den Ball mit der Sohle deines starken Fußes diagonal nach vorne.

STEP 2

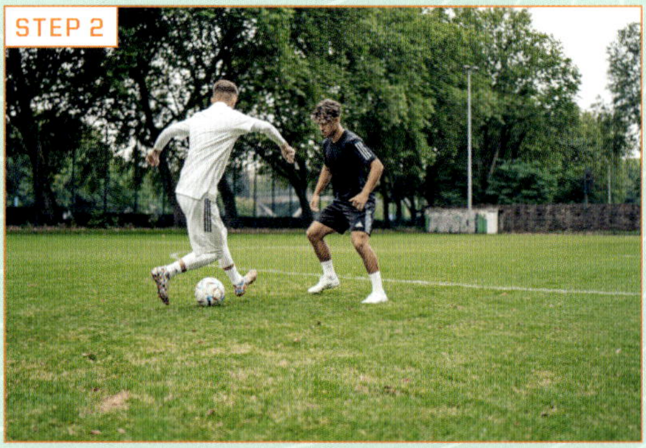

In der Zeit gehst du mit deinem linken Fuß einen Schritt nach vorne, um den nächsten Schritt vorzubereiten.

STEP 3

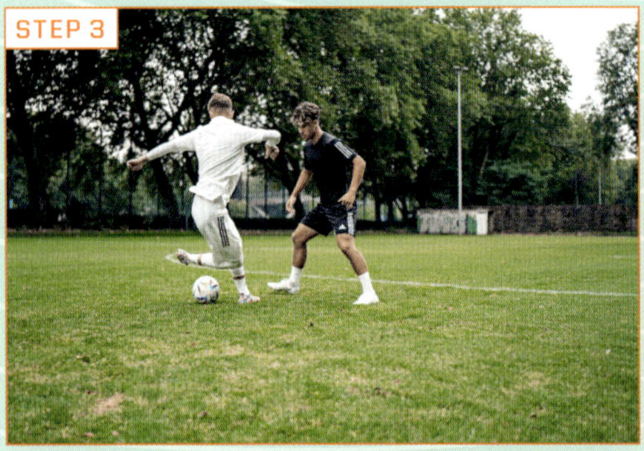

Platziere nun deinen starken Fuß hinter deinem Standbein in Richtung Balloberfläche.

STEP 4

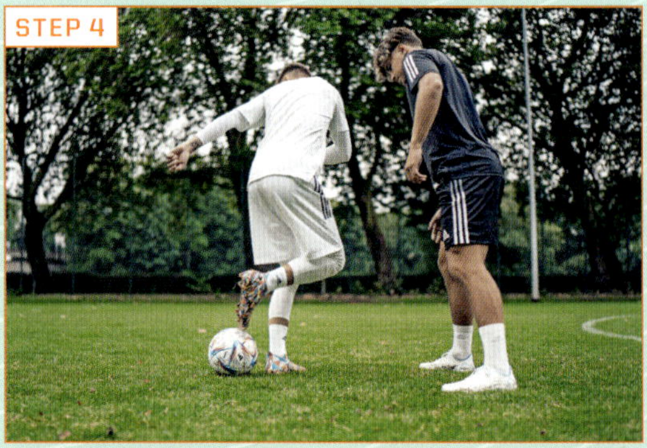

Mit einem sehr kurzen Kontakt deiner Fußspitze ziehst du den Ball in Richtung Gegenspieler.

STEP 5

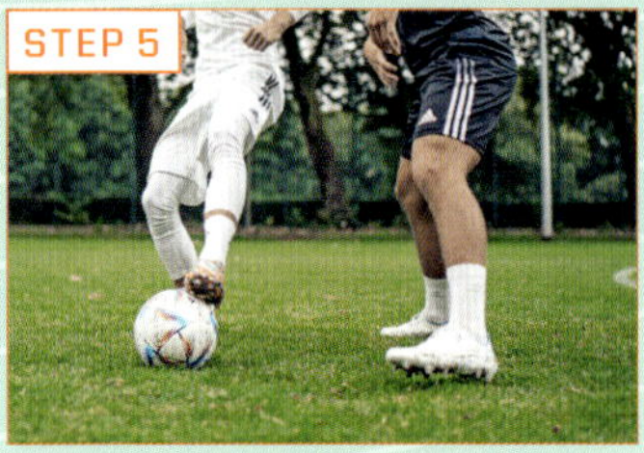

Drehe dich dabei ein, um den Ball mit deinem schwachen Fuß von deinem Gegenspieler wegzuziehen.

STEP 6

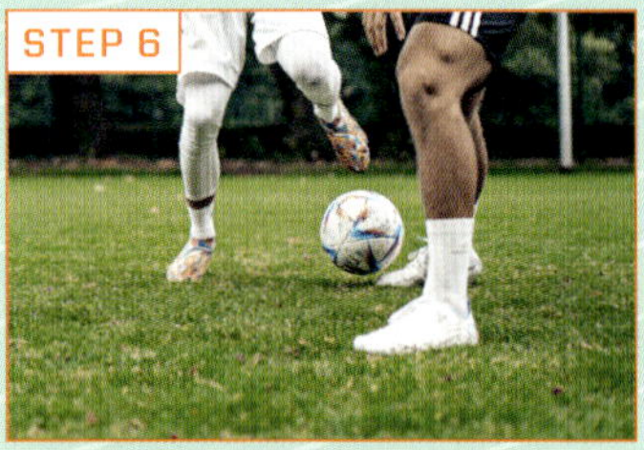

Bringe deinen Gegenspieler durch die schnellen Richtungswechsel in Verwirrung. Ziehe im letzten Schritt an deinem Gegner vorbei.

← Zum Video

D. S. FAKE IN - TRICK 50

SCHWIERIGKEITSGRAD ★★★★☆

BESCHREIBUNG

Mit diesem Trick verwirrst du auf der Außenbahn jeden Gegner und Mitspieler! Wie er funktioniert?

STEP 1

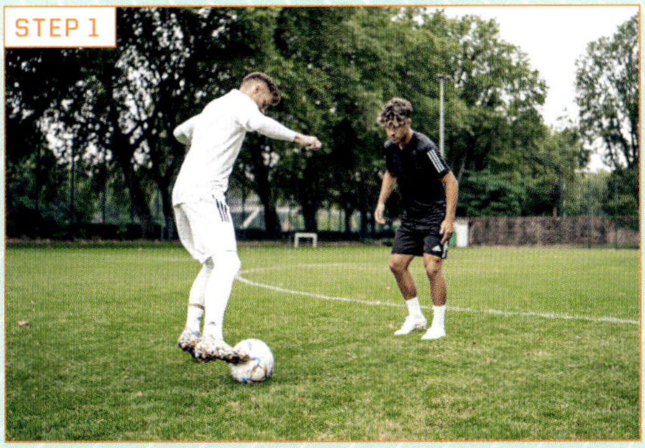

Dribble mit wenig Tempo auf deinen Gegner zu und zieh den Ball diagonal zu deinem Standbein.

STEP 2

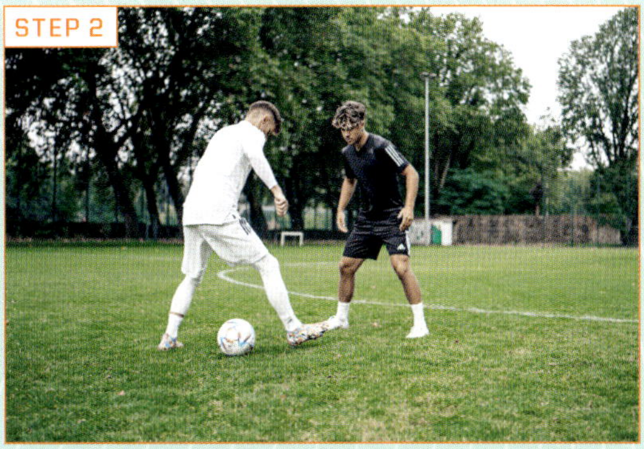

Geh dabei mit demselben Fuß um den Ball.

STEP 3

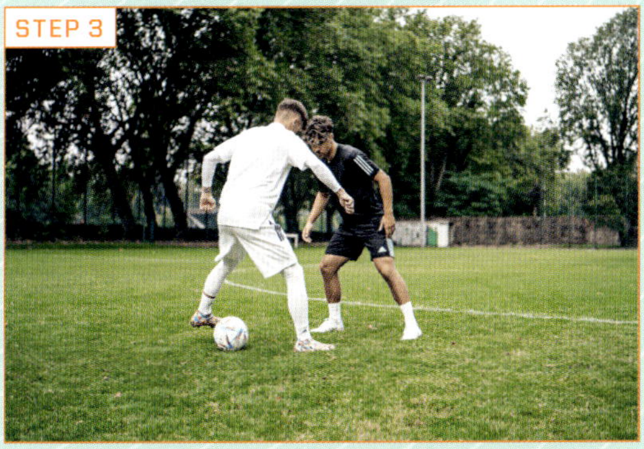

Spiel nun den Ball mit deinem Standbein mit der Innenseite nach rechts.

STEP 4

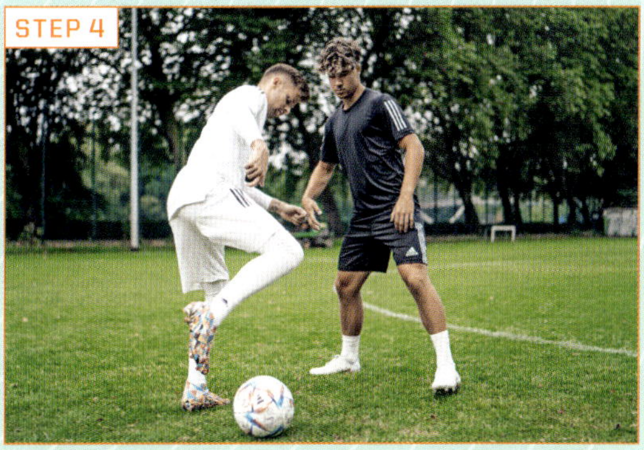

Schaff dir in der Zeit Platz, indem du mit deinem starken Fuß eine Kreisbewegung von außen nach innen machst und so im letzten Schritt …

STEP 5

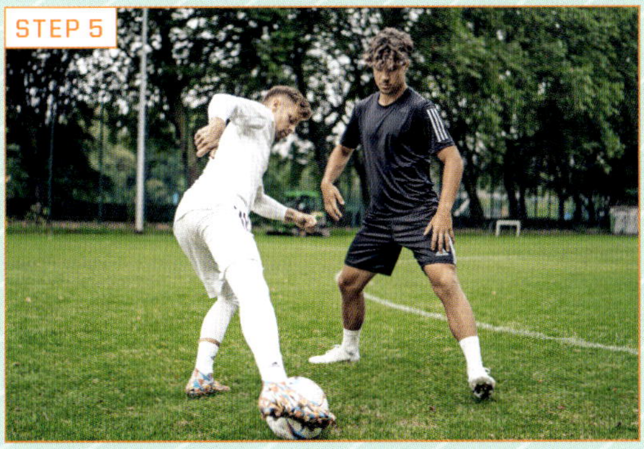

… den Ball diagonal an deinem Gegner vorbeispielst.

Zum Video →

HARD

SONIC STEP OVER – TRICK 51

SCHWIERIGKEITSGRAD ★★★★☆

BESCHREIBUNG

Mit einfachen Bewegungen den Gegner ausspielen? Dieser Trick ist ideal für flinke Offensivspieler im letzten Drittel vor dem Tor.

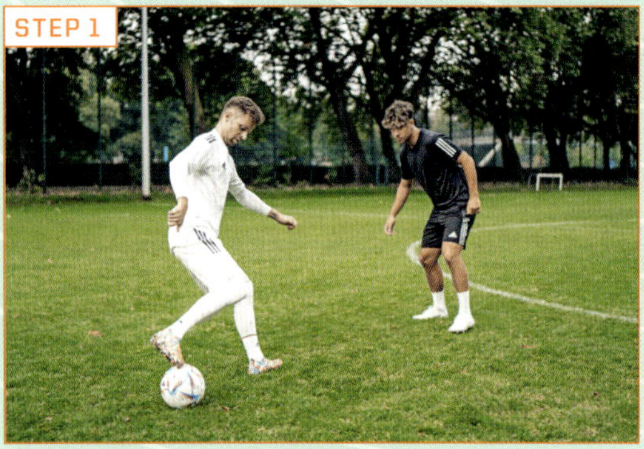

Zieh den Ball mit der Sohle diagonal rüber.

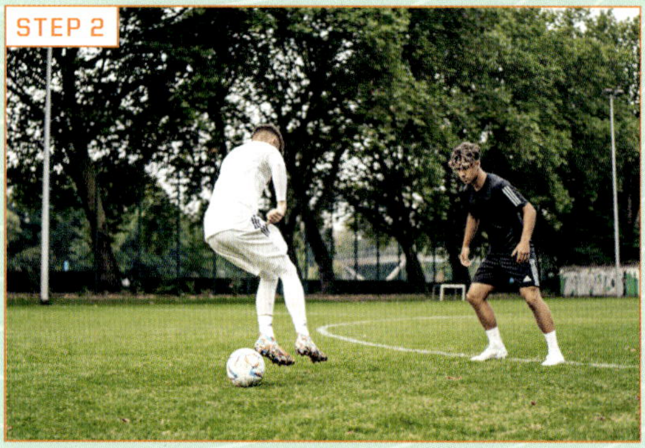

Geh dabei mit beiden Beinen über den Ball, sodass er hintenrum durchläuft.

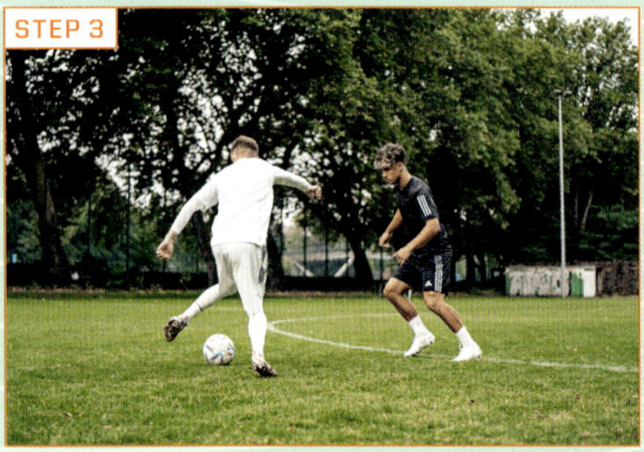

Im nächsten Schritt gehst du mit deinem linken Fuß von außen nach innen und setzt so den letzten Schritt an.

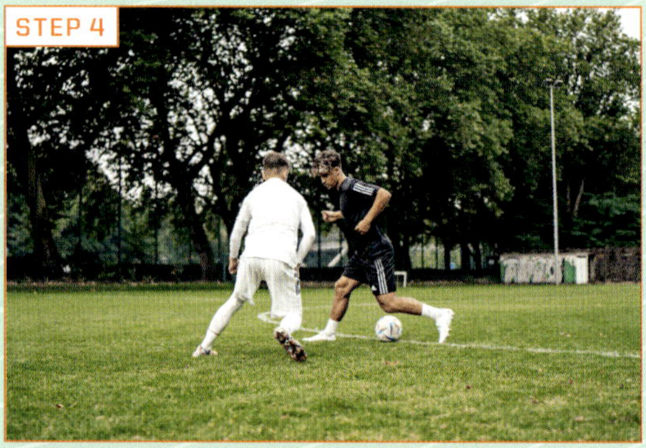

Spiel nun den Ball mit einer aktiven Körperbewegung an deinem Gegner vorbei.

← Zum Video

SOMBRERO - TRICK 52

SCHWIERIGKEITSGRAD ★★★★☆

BESCHREIBUNG

Der »Sombrero Flick« ist keinem Geringeren als Ronaldinho zu verdanken. Der filigrane Techniker performte den Trick beim Warm-up vor den Spielen oder im Training. Der »Sombrero Flick« kann natürlich auch während einer Partie angewendet werden, eignet sich aber mehr dazu, deine Mitspieler im Training zum Staunen zu bringen.

STEP 1

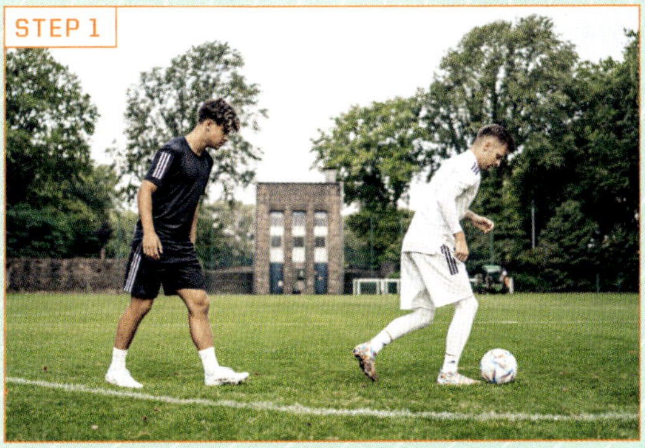

Tritt mit deinem starken Bein genau unter den Ball. Nun befindest du dich in einer leichten Schrittstellung.

STEP 2

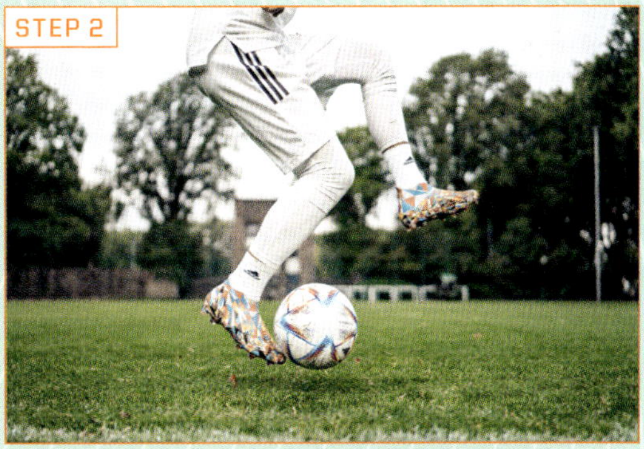

Zieh nun dein schwächeres Bein nach vorne und mach währenddessen mit dem anderen Fuß eine kleine Sprungbewegung. Dadurch wird der Ball angehoben.

STEP 3

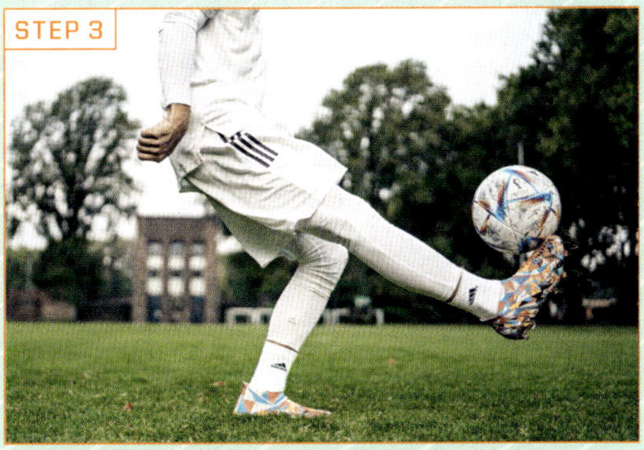

Während der Flugphase des Balls streckst du dein starkes Bein, das sich ohnehin in der Luft befindet, nach vorne durch.

STEP 4

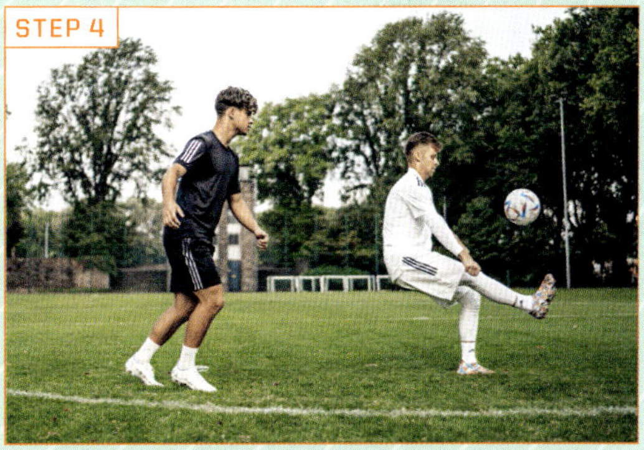

Nun solltest du den Ball mit deinen Zehenspitzen so berührt haben, dass er über deine Schulter hinweg nach hinten fliegt.

Zum Video →

ELASTICO - TRICK 53

SCHWIERIGKEITSGRAD ★★★★☆

BESCHREIBUNG

Neuer Skill-Level? Mit dem »Elastico« bist du deinem Gegenspieler nicht nur technisch voraus, sondern erweiterst dein eigenes Skill-Repertoire. Hast du den »Elastico« schon drauf?

STEP 1

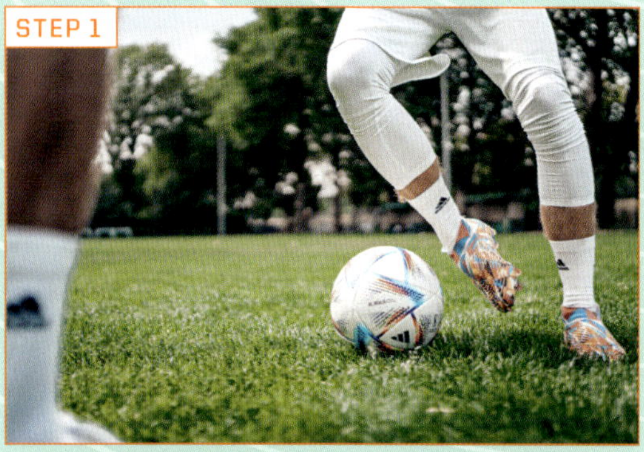

Dribble mit deinem rechten Fuß auf deinen Gegenspieler zu.

STEP 2

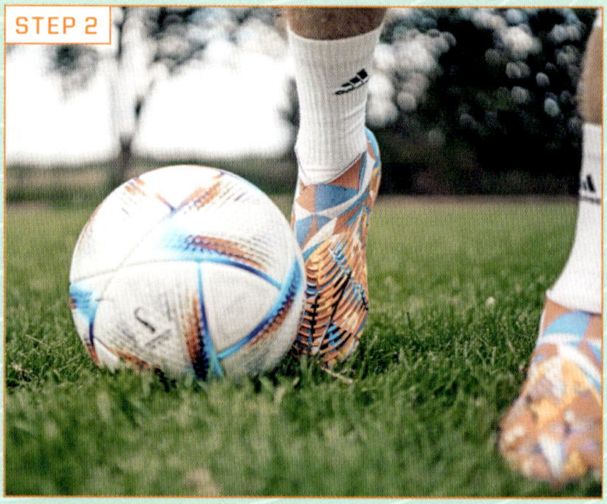

Spiel den Ball mit dem Außenrist ca. 20-30 cm seitlich von dir weg. So lockst du den Verteidiger in diese Richtung.

STEP 3

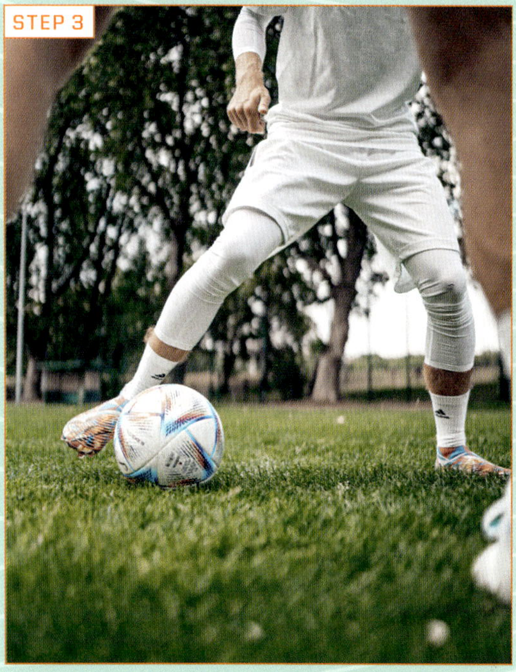

Während du den Ball von dir wegschiebst, führst du deinen Fuß in einer fließenden Bewegung auf die Außenseite des Balles.

STEP 4

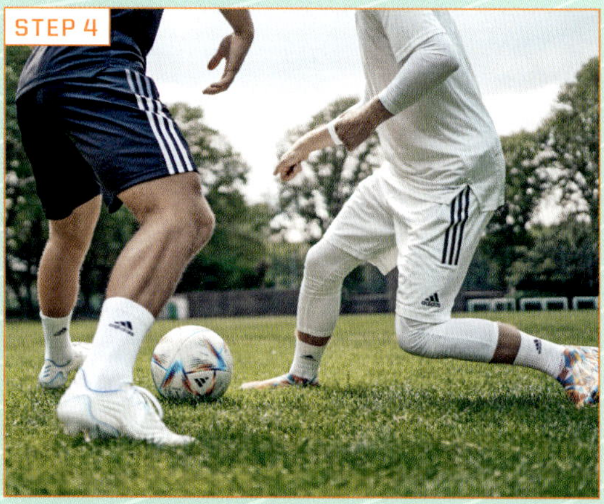

So kannst du den Ball durch die Beine des Gegners oder links an ihm vorbeispielen.

← Zum Video

REVERSE ELASTICO - TRICK 54

SCHWIERIGKEITSGRAD ★★★★☆

STEP 1

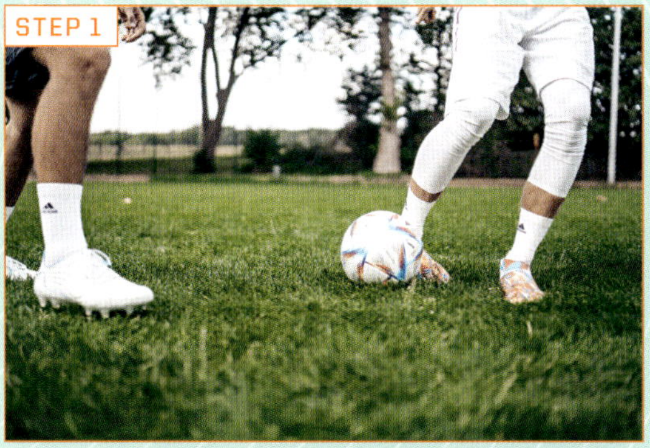

Sorg dafür, dass der Ball auf der Seite deines starken Beines liegt. Zieh den Ball nun mit dem Außenrist nach innen.

STEP 2

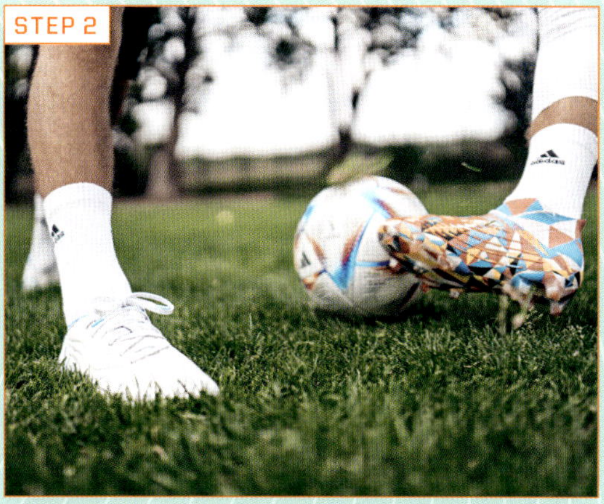

Während du den Ball von dir wegschiebst, ziehst du den Ball mit dem Außenrist in die andere Richtung zurück, um den Richtungswechsel vorzutäuschen.

STEP 3

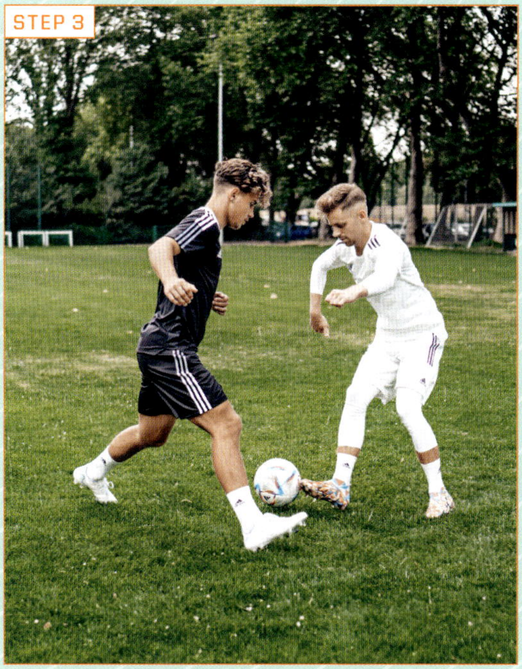

Durch das Wegschieben des Balles (Step 1) macht der Verteidiger, dessen Augen nur auf den Ball gerichtet ist, in der Regel einen Schritt in diese Richtung. So kommst du im letzten Schritt an deinem Gegenspieler vorbei.

Zum Video →

HARD

NEYMAR FLICK - TRICK 55

SCHWIERIGKEITSGRAD ★★★★☆

BESCHREIBUNG

Schnell, unberechenbar und gleichzeitig effektiv? Mit diesem Flick von Neymar Jr. überraschst du jeden Gegenspieler. Zeige deinen Mitspielern im Training, wer der neue Neymar Junior ist!

STEP 1

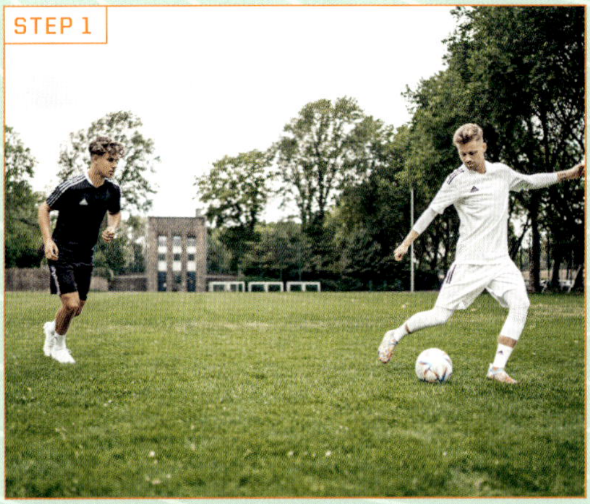

Positioniere dich seitlich von deinem Gegenspieler und achte dabei darauf, dass dieser noch weit genug von dir entfernt ist, sodass du genügend Zeit hast.

STEP 2

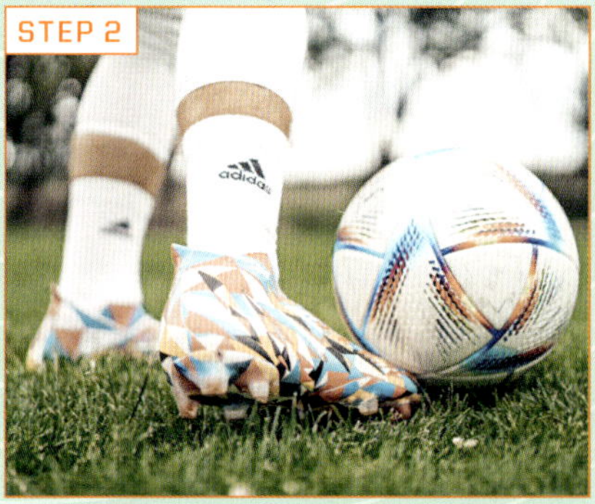

Platziere nun deinen Fuß schräg unter dem Ball und ziehe den Ball mit deiner Fußspitze diagonal in Richtung deines Standbeins.

STEP 3

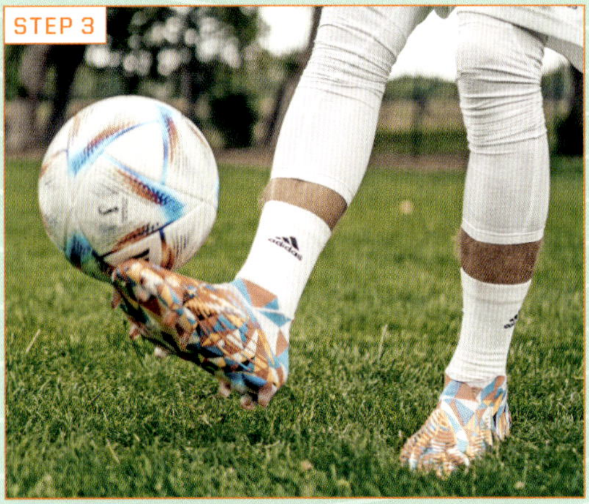

Schon während du Step 2 ausführst, setzt du die Gegenbewegung an: Ziehe deinen Fuß unter dem Ball durch und spiele den Ball mit der Außenseite nach oben. Durch die schnelle Gegenbewegung beförderst du den Ball in die Höhe.

STEP 4

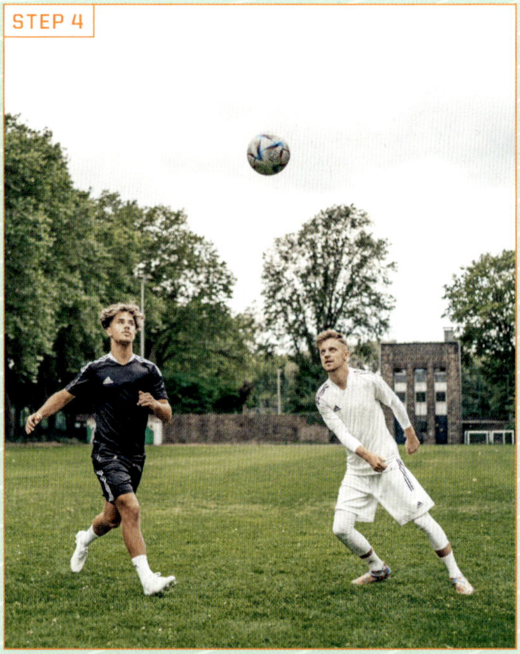

Halte die Augen auf den Ball und führe die Spielsituation mit einer Annahme fort.

← Zum Video

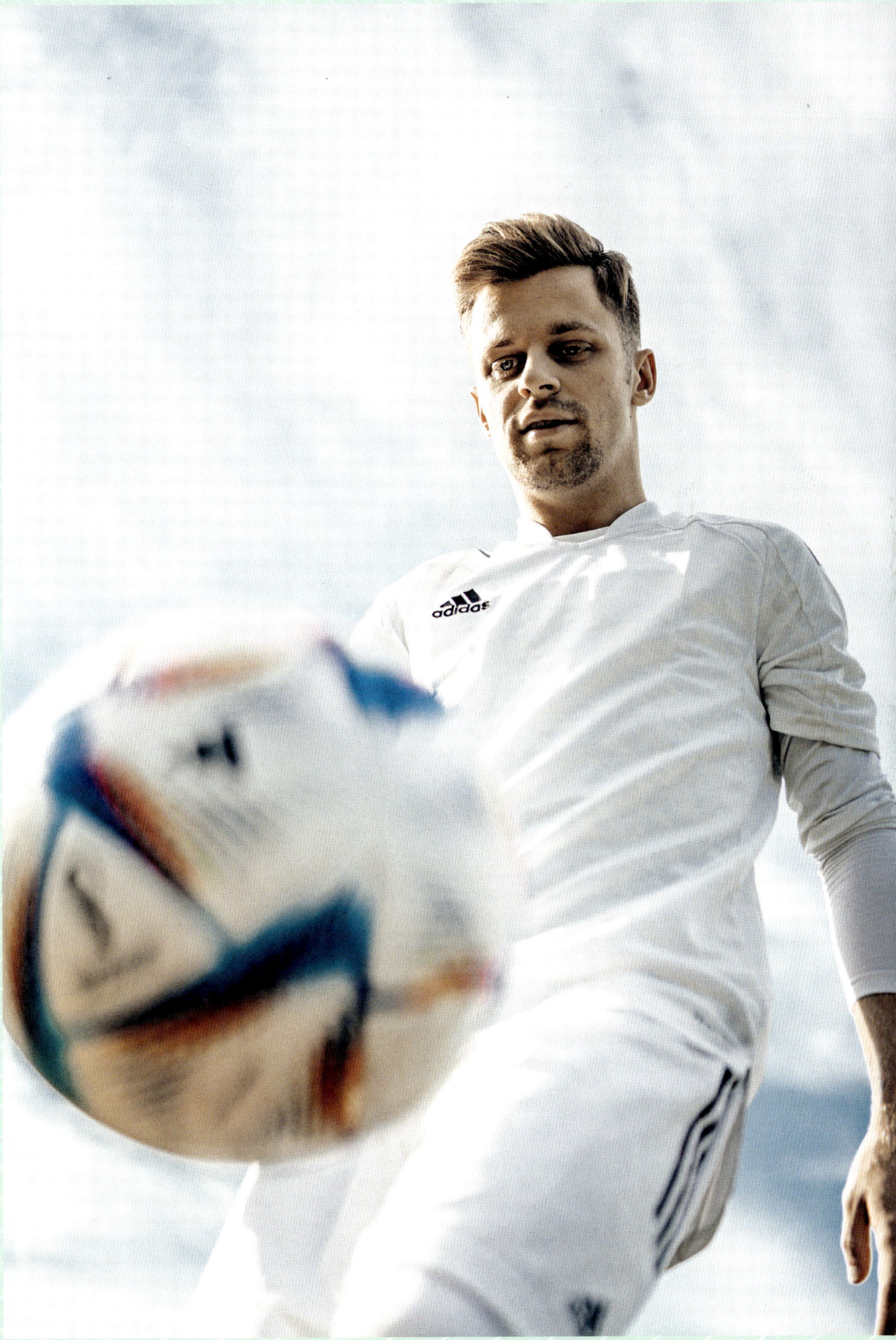
adidas

STECKBRIEF

NAME	Florian Wirtz
LAND	Deutschland
GEBURTSTAG	03.05.2003
GRÖSSE	1,76 m
POSITION	Offensives Mittelfeld
AKTUELLE TEAMS	• Deutsche Fußballnationalmannschaft • Bayer Leverkusen
ERFOLGE	• U-21-Europameister 2021

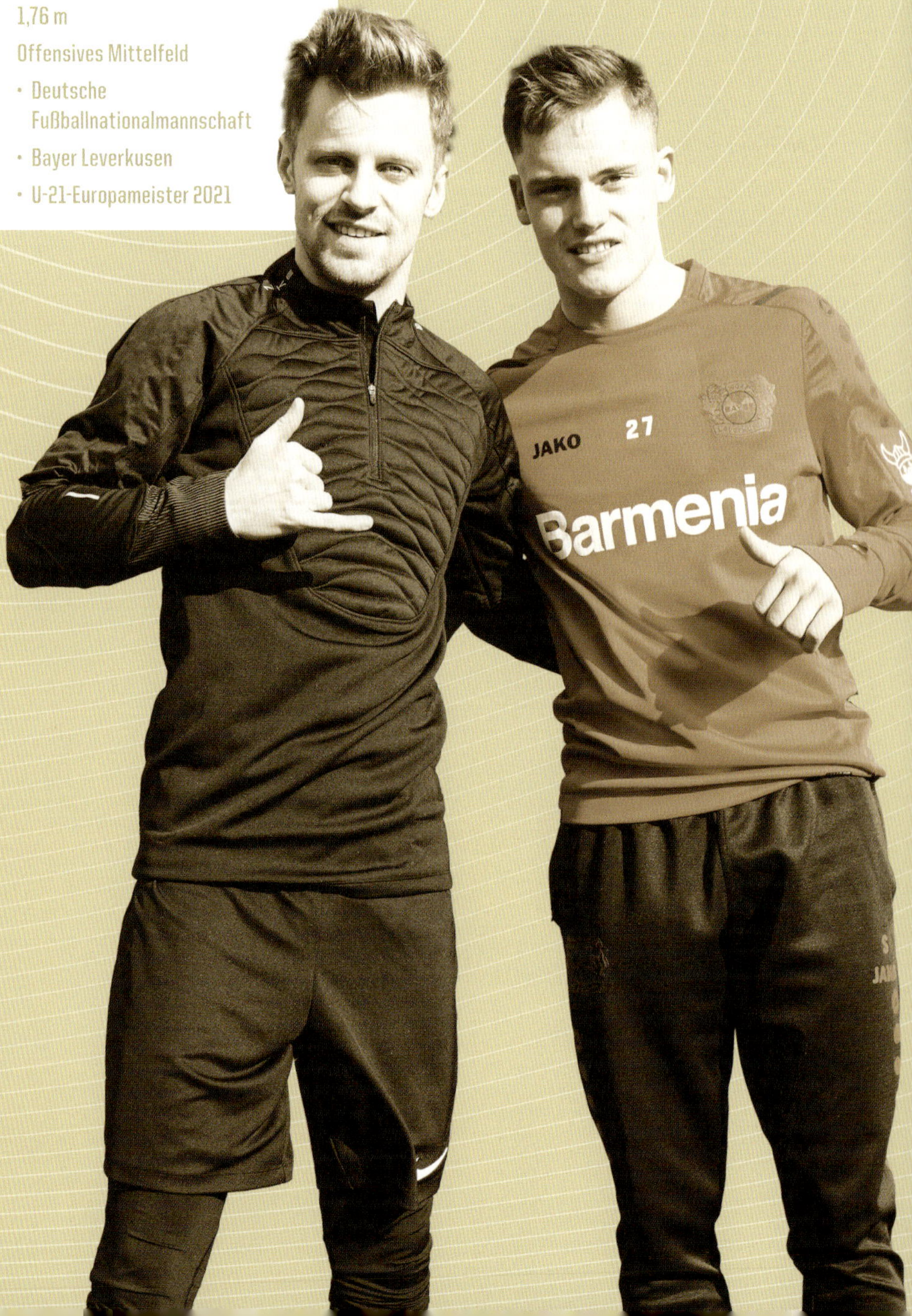

WIRTZ TURN

SCHWIERIGKEITSGRAD ★★★★☆

BESCHREIBUNG

Skillen wie der Youngster Florian Wirtz? Flo zeigt dir seinen besten Move, den du im Spiel anwenden kannst!

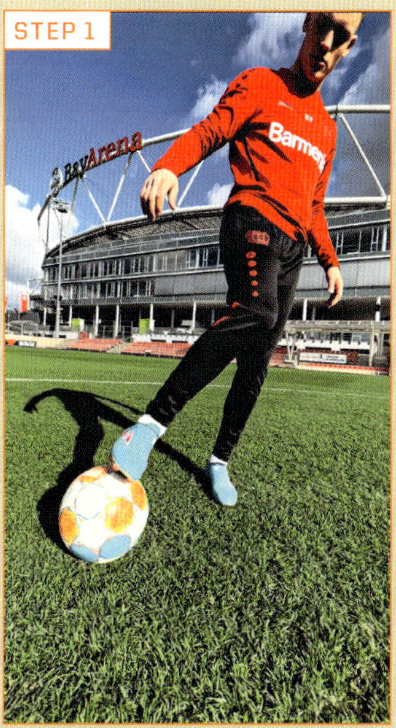

Ziehe den Ball mit der Sohle in Richtung deines Standbeins.

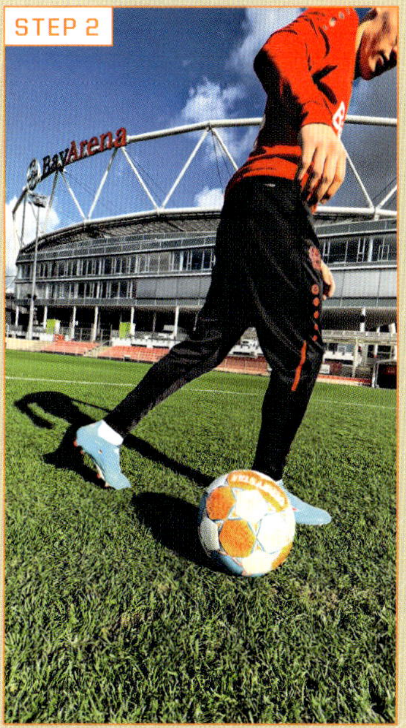

Setze deinen Fuß nun seitlich hinter dem Ball ab. Achte darauf, dass beide Fußspitzen nach vorne zeigen. Dein Oberkörper ist ebenfalls nach vorne gerichtet.

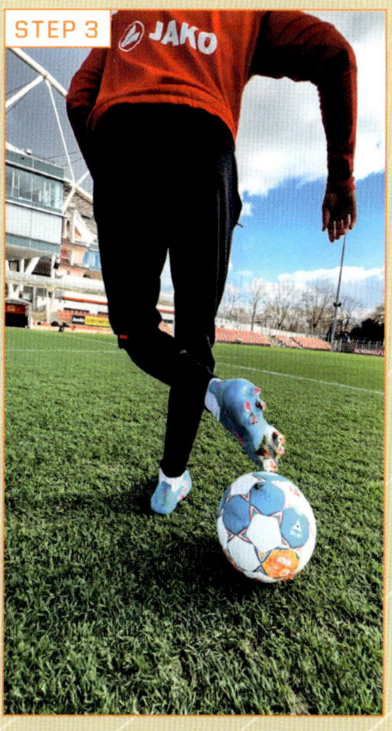

Bringe dein voriges Standbein nun mit der Außenseite zum Ball und bereite so den Richtungswechsel vor.

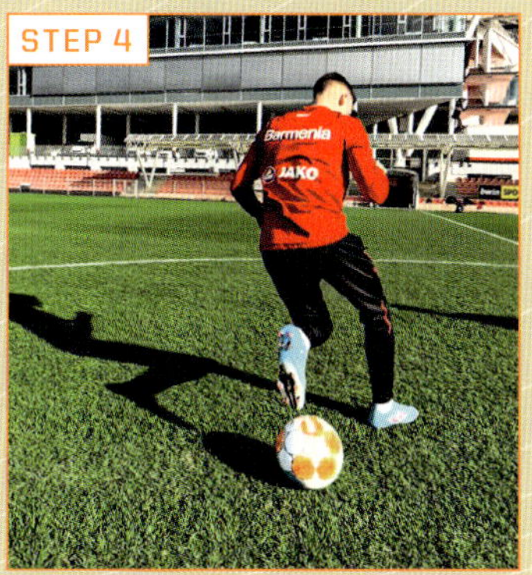

Führe den Ball mit der Fußaußenseite zurück in die Richtung, aus der der Ball gekommen ist, um den Gegner ins Leere laufen zu lassen.

Zum Video →

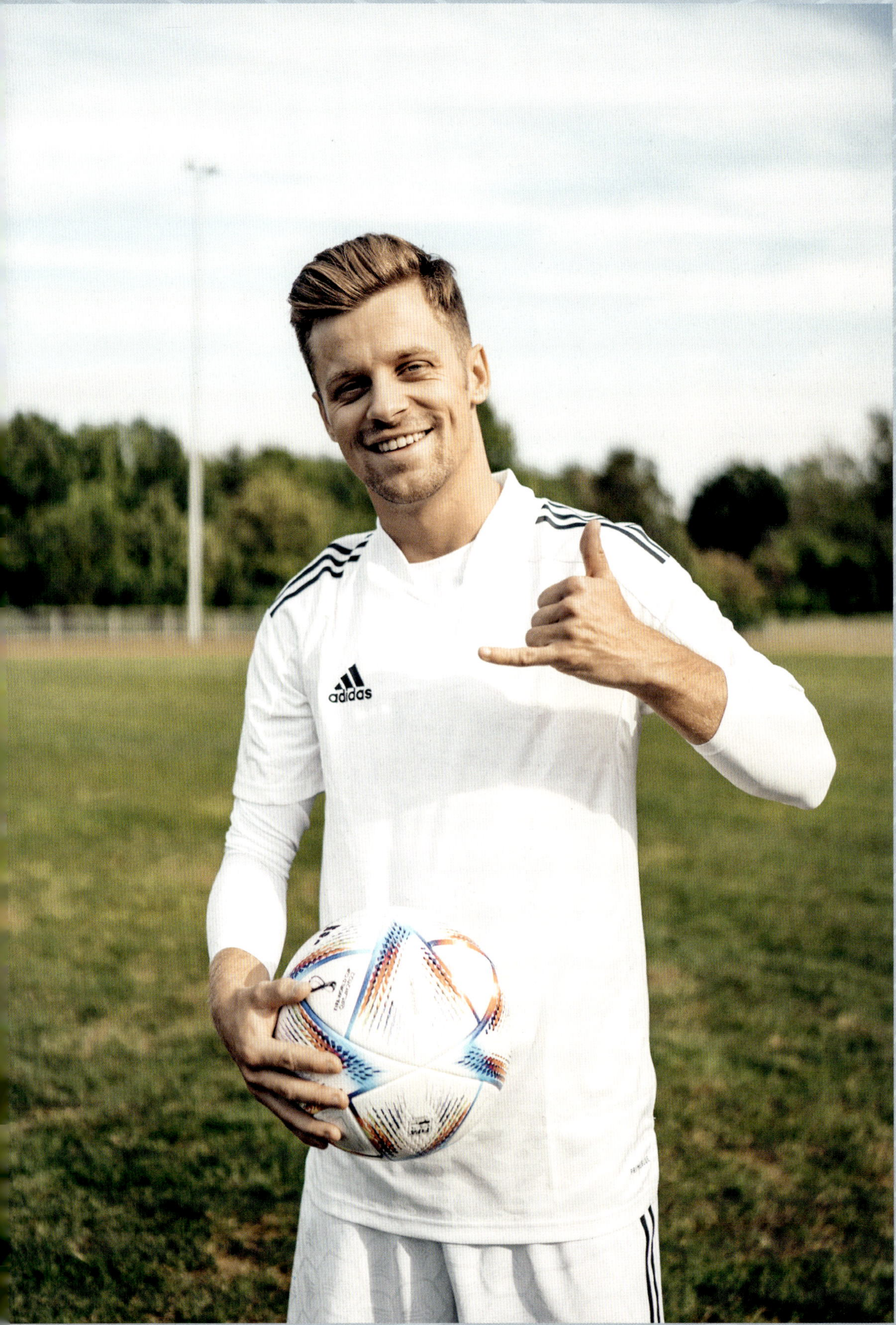

PRO

Bis hierhin hast du es schon geschafft. Sehr stark! Jetzt heißt es: Skillen wie die Profis. Tricks von Neymar, Messi, Thiago & Co.! Mit diesen Tricks überzeugst du nicht nur deinen Trainer – damit lässt du jeden Gegenspieler von dir ins Leere laufen.

Mit einigen dieser Skills bist du im Eins gegen Eins unschlagbar. Wie viele der 5-Sterne-Tricks schaffst du? Schnapp dir den Ball und bring dich auf ein neues Level.

NICHT VERGESSEN Zu jedem Trick gibt es ein Video! Ganz einfach den QR-Code scannen.

THIAGO FLICK UP - TRICK 56

SCHWIERIGKEITSGRAD ★★★★★

BESCHREIBUNG

Dass der spanische Mittelfeld-Maestro Thiago Alcantara ein Zauberfuß ist, dürfte jedem Fußballfan bekannt sein. Auf dem Spielfeld zeichnen sich seine Aktionen durch elegante Tricks und eine atemberaubende Ballführung aus. Und im Training kann man noch über viele weitere Tricks von ihm staunen. Wie zum Beispiel über den folgenden Flick Up.

STEP 1

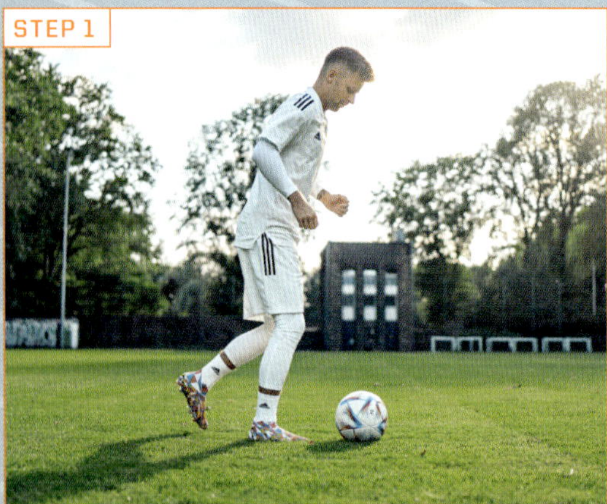

Der Ball liegt ruhend vor dir. Setz nun zuerst dein linkes Bein und anschließend das rechte neben den Ball und »umklammere« ihn.

STEP 2

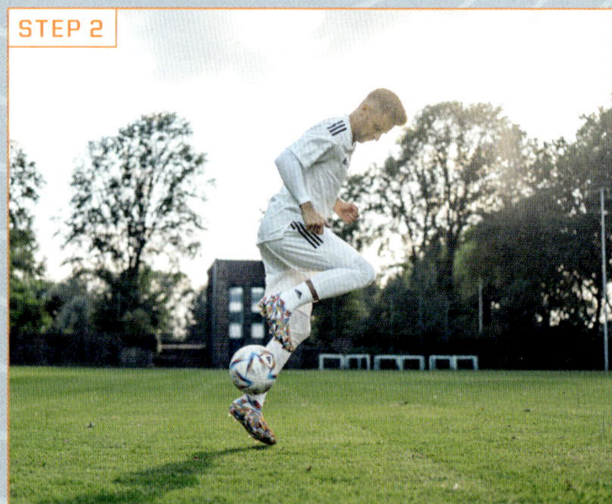

Zieh den Ball mit einer schnellen Bewegung deines rechten Beins nach oben bis etwas unterhalb der Kniekehle, damit der Ball in die Luft befördert wird.

STEP 3

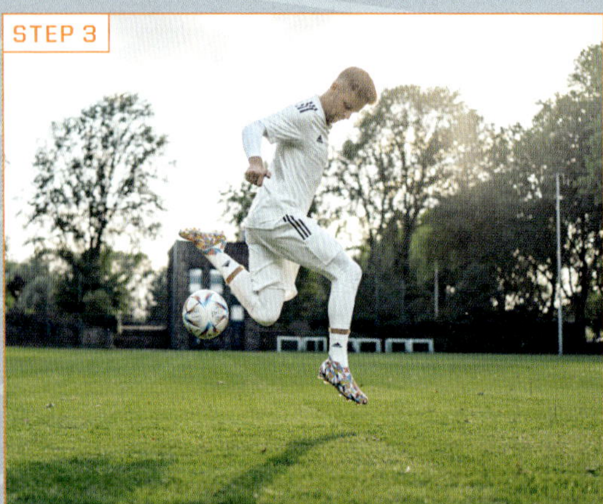

Nun schlägst du den Ball hinter dir mit deinem linken Schienbein kraftvoll auf den Boden, sodass dieser über deinen Kopf hinweg vor dich befördert wird.

STEP 4

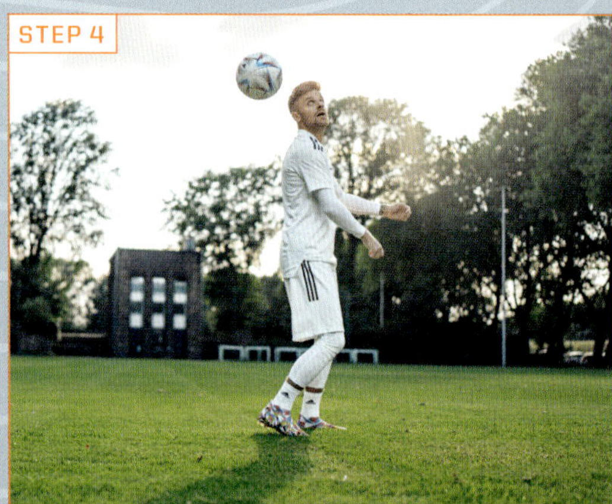

Anschließend kannst du entweder ein wenig jonglieren oder den Ball einfach stoppen und weiterlaufen.

← Zum Video

X OVER - TRICK 57

SCHWIERIGKEITSGRAD ★★★★★

STEP 1

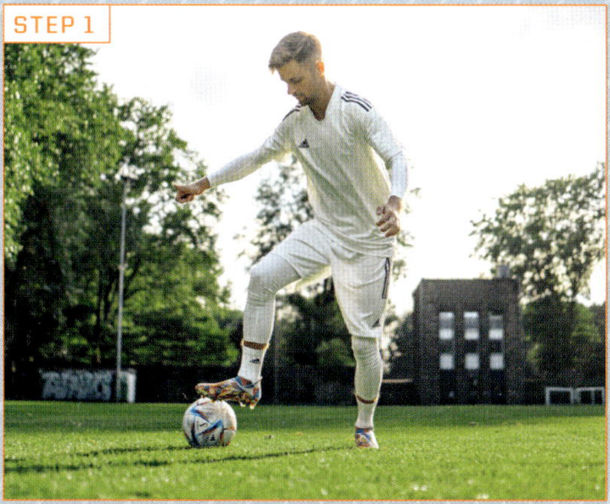

Zieh den Ball mit der Sohle deines starken Fußes leicht diagonal nach vorne.

STEP 2

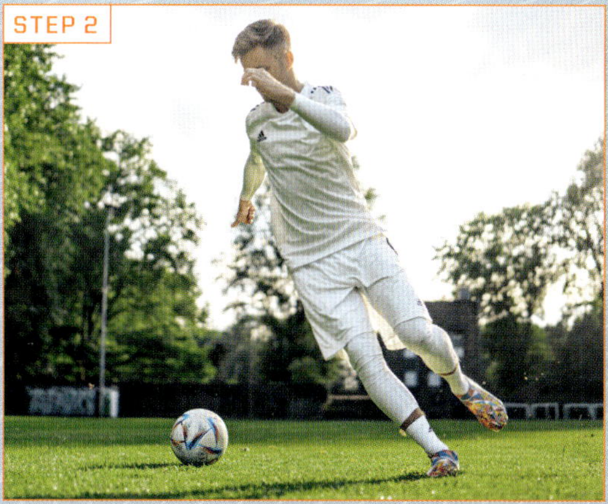

Stell den Fuß anschließend links vom Ball ab.

STEP 3

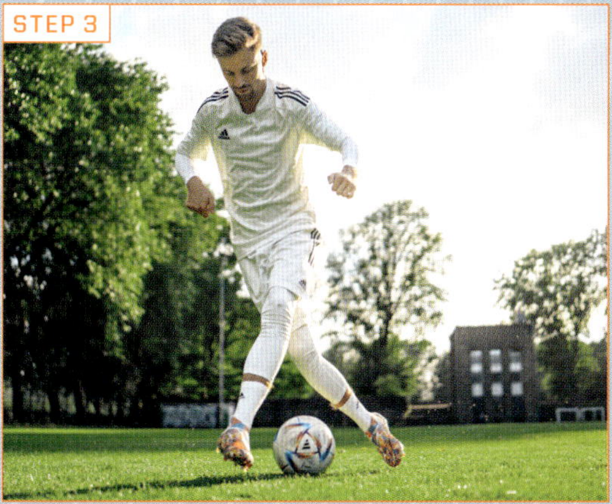

Mach nun mit deinem linken Bein einen Schritt nach vorne und platziere den Fuß links vom Ball. So verschaffst du dir freie Bahn für den nächsten Schritt.

STEP 4

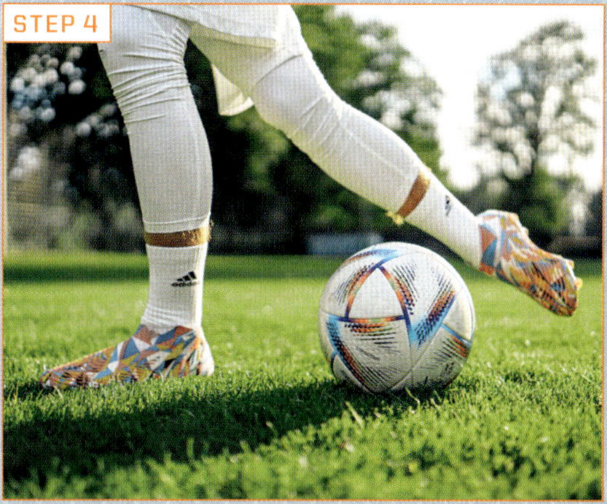

Zieh den Ball mit der Innenseite deines starken Fußes an deinem Gegenspieler vorbei.

Zum Video →

PRO

HOCUS SIDE CUT - TRICK 58

SCHWIERIGKEITSGRAD ★★★★★

BESCHREIBUNG

Skillen auf einem anderen Level! Dieser Trick kombiniert zwei Moves! Schaffst du ihn auch? Los geht's!

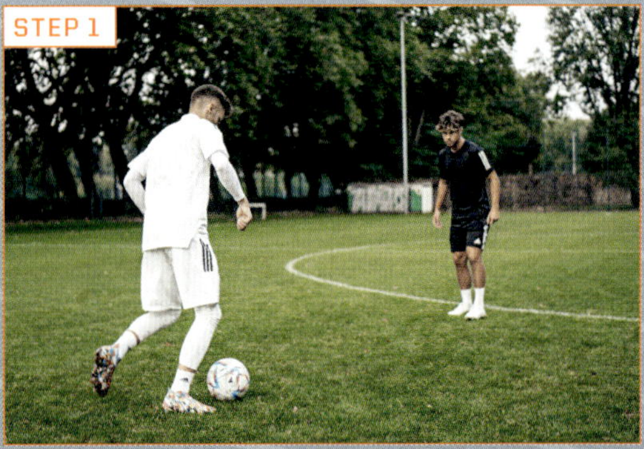

Du stehst frontal vor deinem Gegenspieler. Nimm ein wenig Tempo raus!

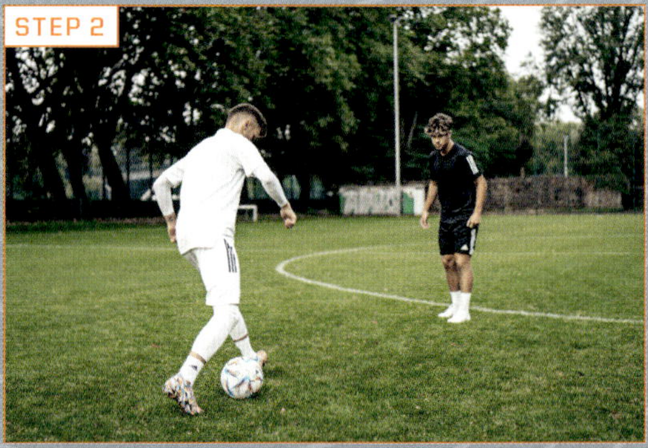

Setz im ersten Schritt zum »Hocus Pocus« (Seite 59) an.

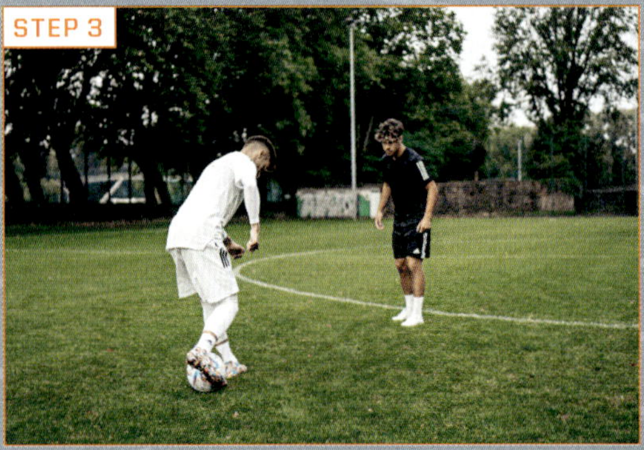

Danach ziehst du dein rechtes Bein hinter deinem Standbein rüber.

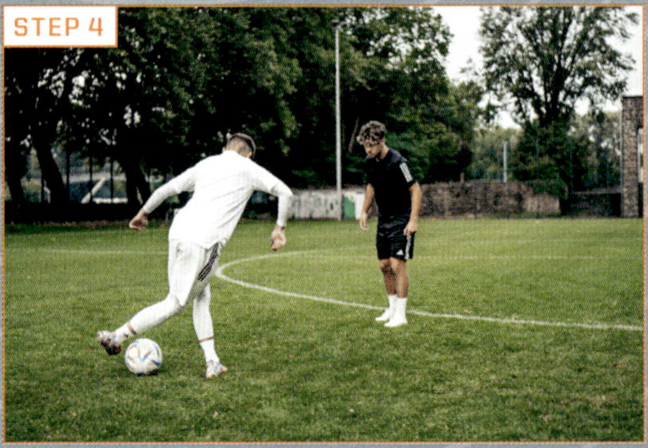

Setz nun ein Schritt über den Ball und zieh den Ball mit deinem linken Fuß diagonal rüber, um den Gegner zu locken.

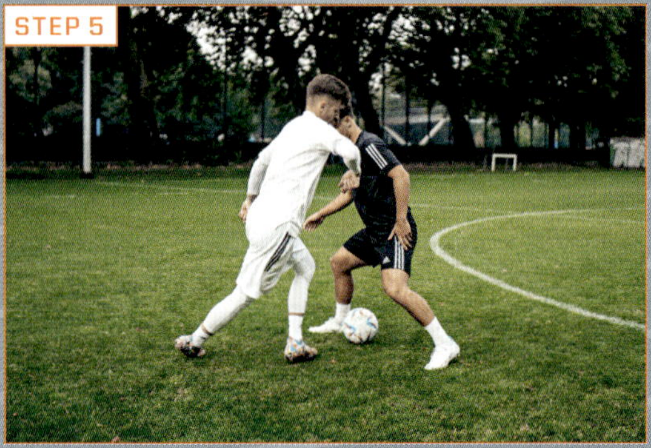

Im letzten Schritt spielst du den Ball mit der Innenseite deines schwachen Fußes durch die Beine! That's it!

← Zum Video

IN AIR ELASTICO – TRICK 59

SCHWIERIGKEITSGRAD ★★★★★

STEP 1

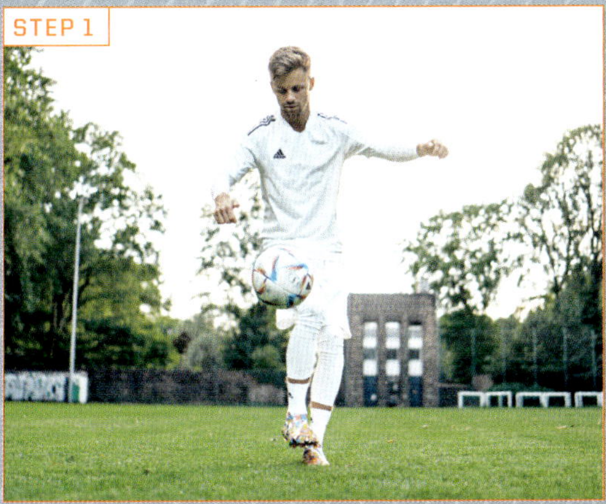

Platziere beide Füße links vom Ball. Kontrolliere den Ball direkt aus der Luft oder lass ihn aufspringen.

STEP 2

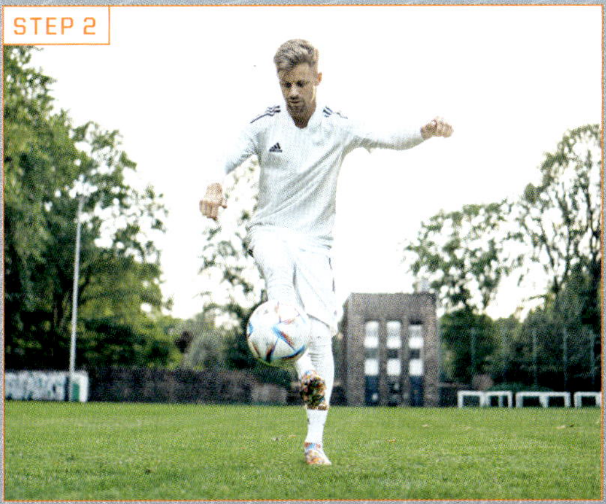

Setz nun zur ersten Bewegung an: Zieh den Ball mit der Außenseite deines rechten Fußes nach außen.

STEP 3

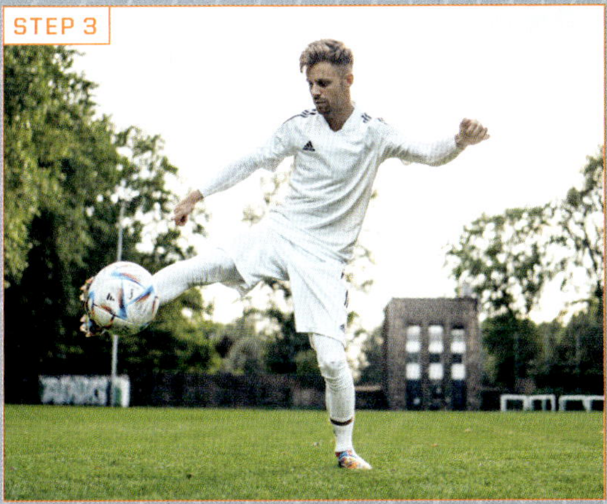

Streck das Bein aus und setz zur Gegenbewegung an.

STEP 4

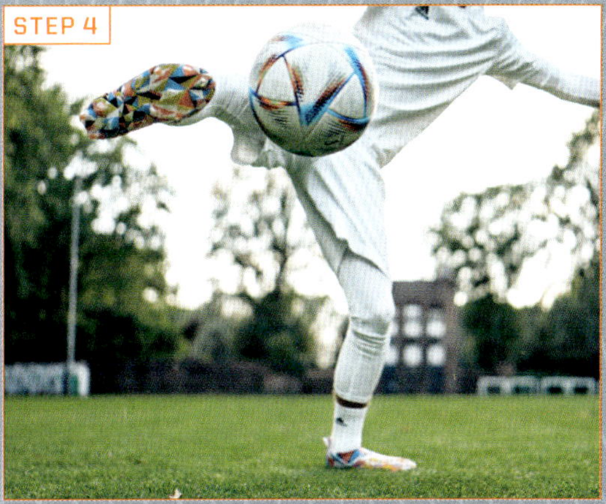

Spiel den Ball im letzten Moment mit der Vorderseite des ausgestreckten Fußes in die entgegengesetzte Richtung.

Zum Video →

IN AIR AKKA - TRICK 60

SCHWIERIGKEITSGRAD ★★★★★

STEP 1

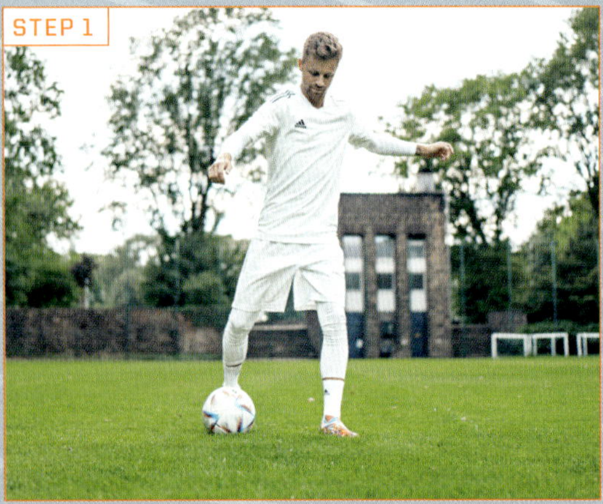

Dribble auf deinen Gegner zu und positioniere dein Standbein links vom Ball.

STEP 2

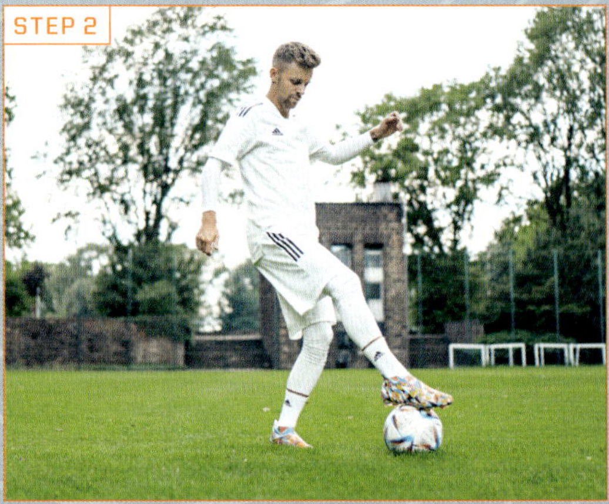

Zieh den Ball mit der Sohle deines rechten Fußes in Richtung Standbein.

STEP 3

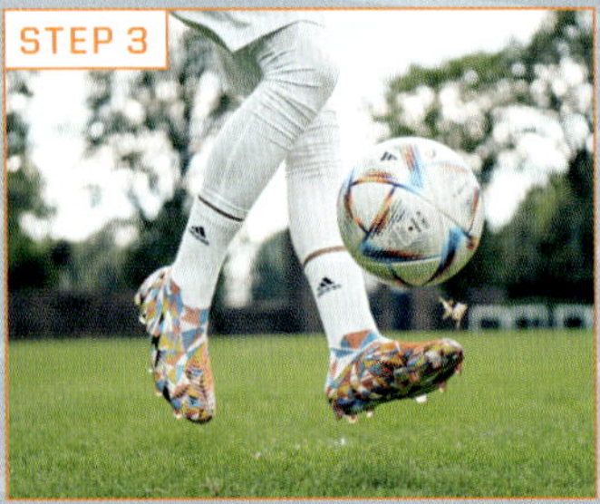

Befördere den Ball anschließend durch die Gegenbewegung deines Standbeins in die Luft.

STEP 4

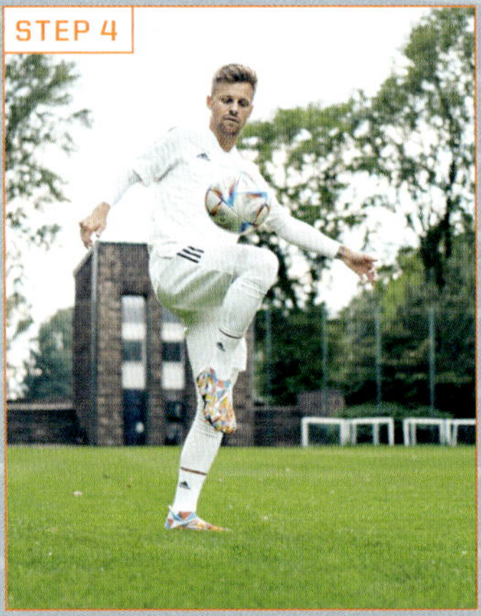

Lass den Ball beim Herunterkommen leicht von deinem rechten Knie abtropfen und streck das Bein anschließend aus.

STEP 5

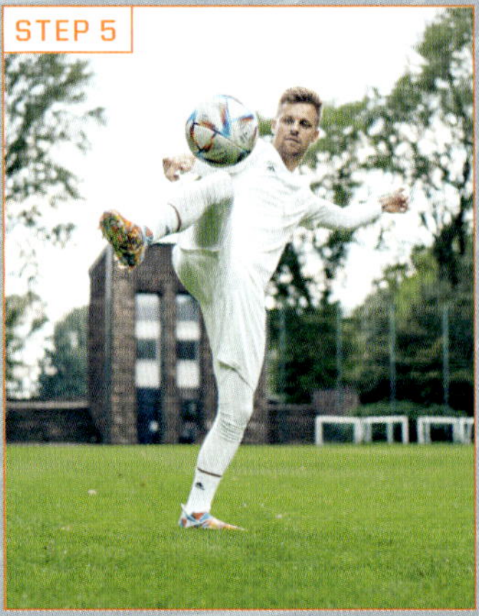

Spiel den Ball nun mit gestrecktem Bein an deinem Gegenspieler vorbei.

← Zum Video

FLICK UP AKKA – TRICK 61

SCHWIERIGKEITSGRAD ★★★★★

STEP 1

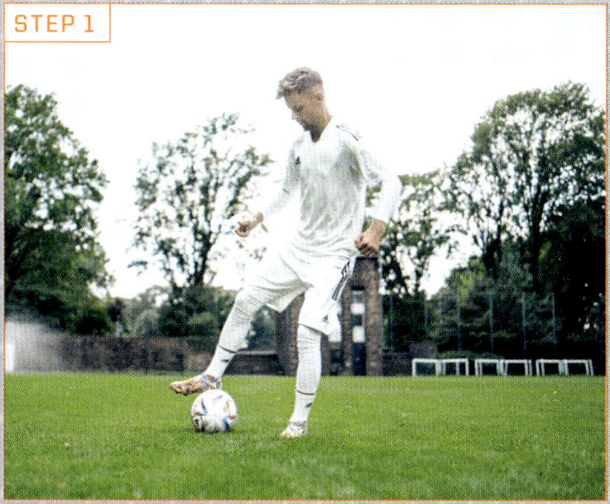

Dein linkes Standbein befindet sich links neben dem Ball. Zieh den Ball nun mit dem rechten Fuß in Richtung Standbein.

STEP 2

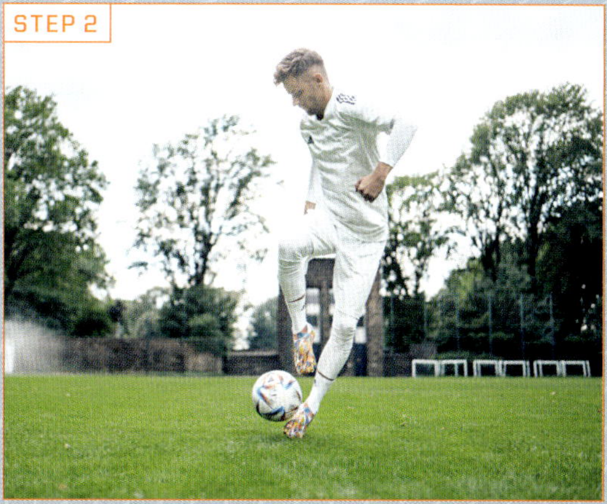

Geh minimal auf die Zehenspitzen, um den Ball über den Spann in die Luft zu befördern.

STEP 3

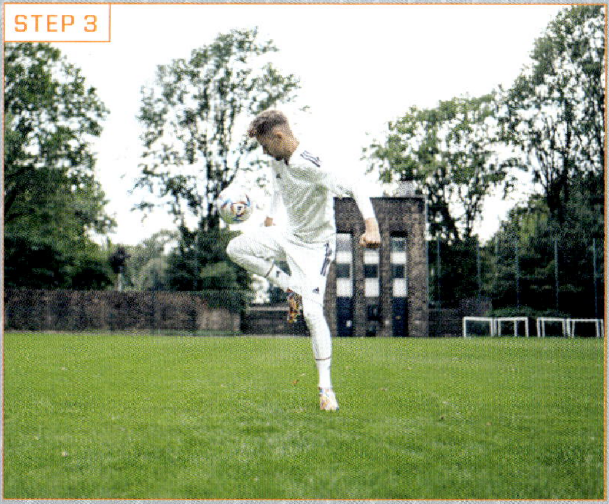

Spiel den Ball nun mit dem rechten Fuß vom linken Knie aus nach rechts außen.

STEP 4

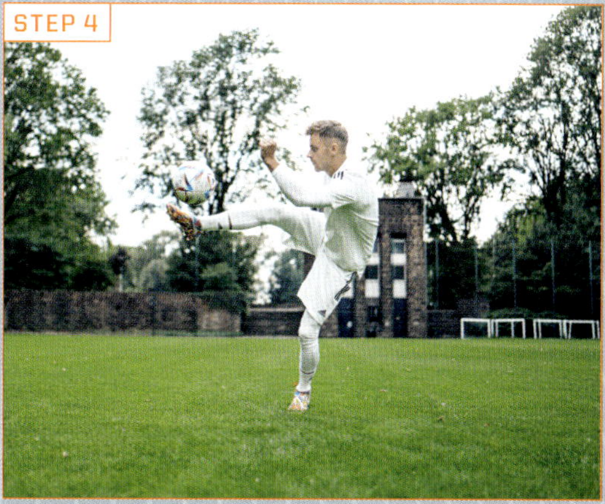

Hier entsteht der aktive Richtungswechsel.

Zum Video →

HOCUS PANNA - TRICK 62

SCHWIERIGKEITSGRAD ★★★★★

STEP 1

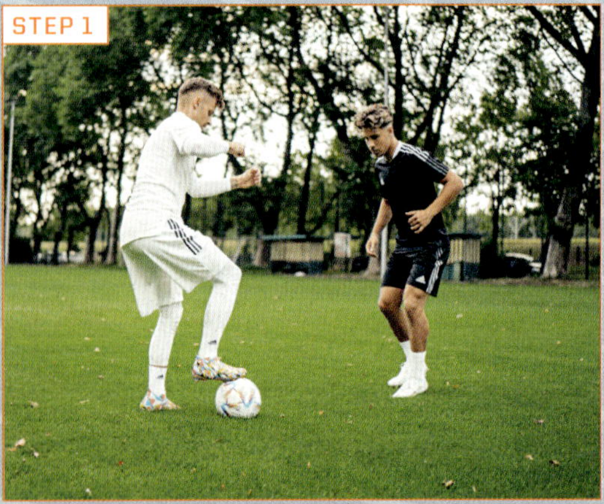

Lauf frontal auf deinen Gegenspieler zu. Wichtig: Du brauchst eine enge Ballführung, um schnell reagieren zu können. Platziere deinen starken Fuß zentral auf dem Ball.

STEP 2

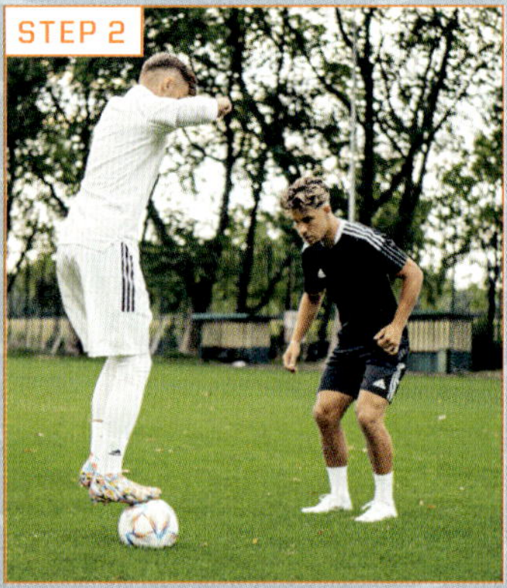

Führe deinen anderen Fuß schnell dazu und stell dich mittig auf den Ball.

STEP 3

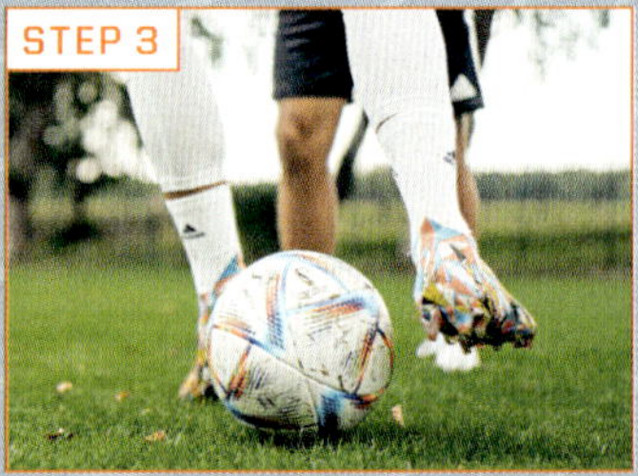

Dein starker Fuß, der zuerst auf dem Ball stand, ist nun hinter dem Ball.

STEP 4

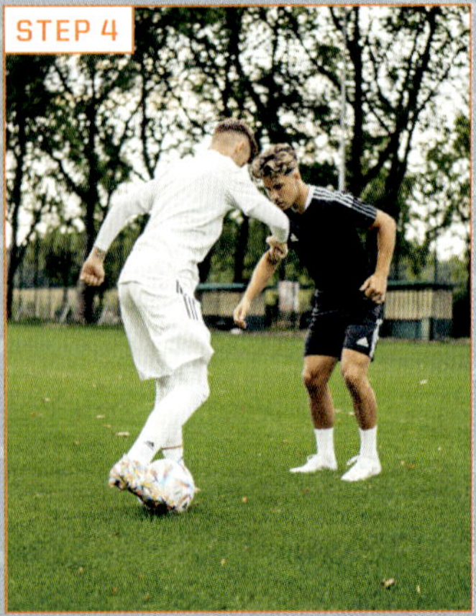

Spiel mit der Innenseite dieses Fußes den Ball hinter deinem anderen Fuß vorbei.

STEP 5

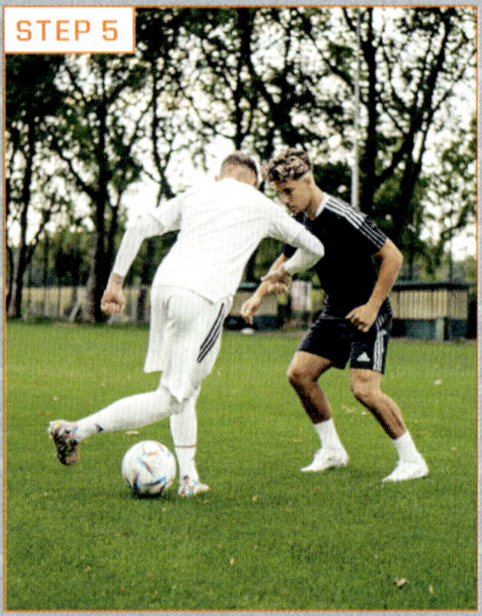

Nimm ihn sofort wieder mit der Außenseite desselben Fußes auf. Deine Beine sind jetzt überkreuzt.

STEP 6

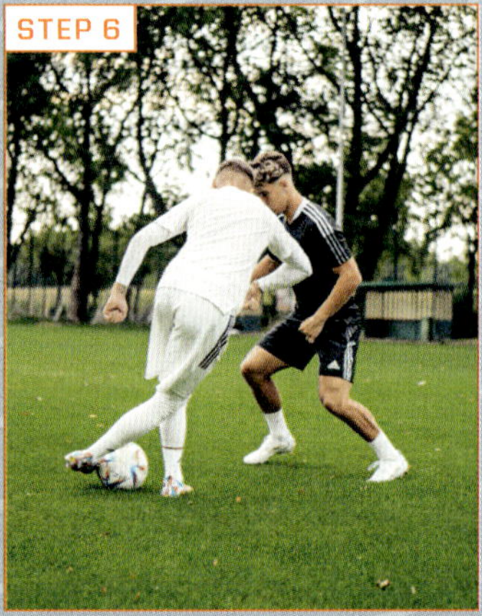

Spiel den Ball durch die Beine deines Gegenspielers.

← Zum Video

BACKWARDS SWOOSH - TRICK 63

SCHWIERIGKEITSGRAD ★★★★★

STEP 1

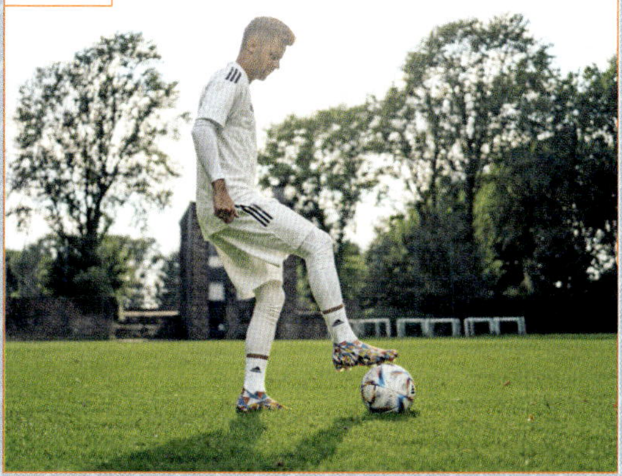

Du stehst frontal zum Ball. Setz die Sohle auf den Ball.

STEP 2

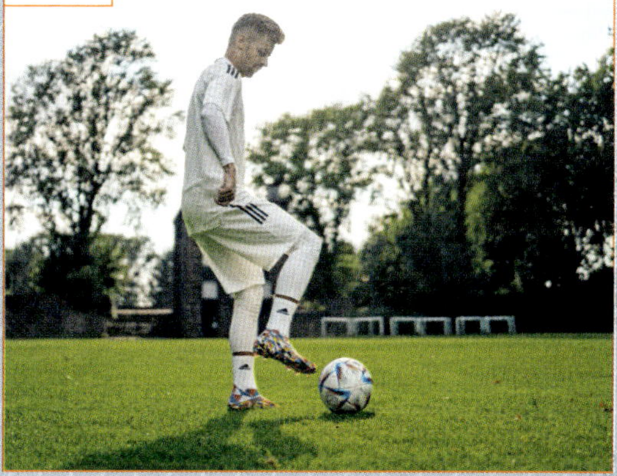

Zieh den Ball zu dir zurück. Führe deinen anderen Fuß von außen nach innen um den Ball herum.

STEP 3

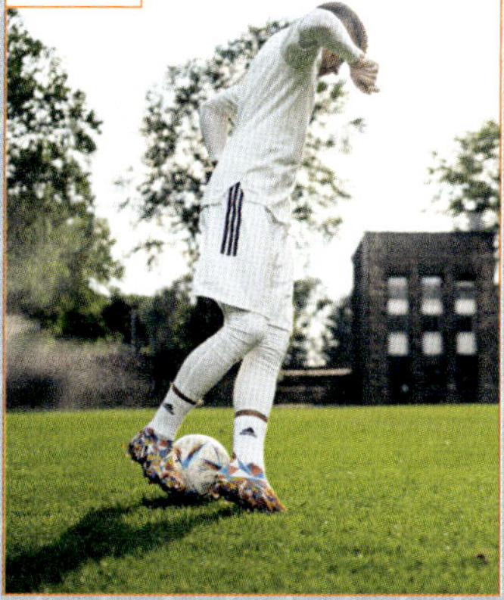

Zieh in der Zeit dein Standbein mit einer leichten Kreisbewegung mit nach hinten und spiel den Ball mit der Innenseite nach links.

STEP 4

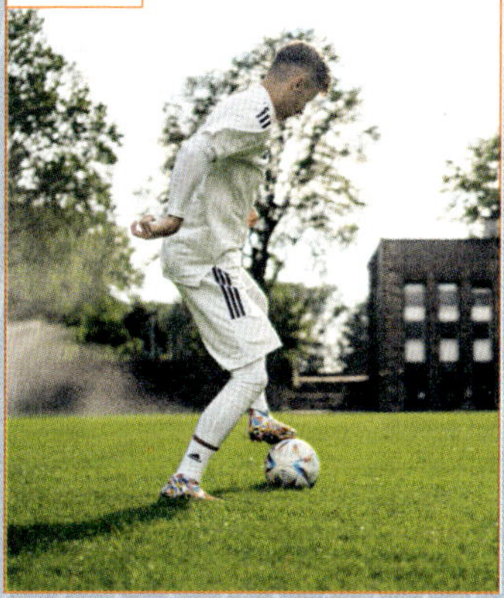

Stopp dann den Ball mit deinem linken Fuß und lass den Gegner so ins Leere laufen.

STEP 5

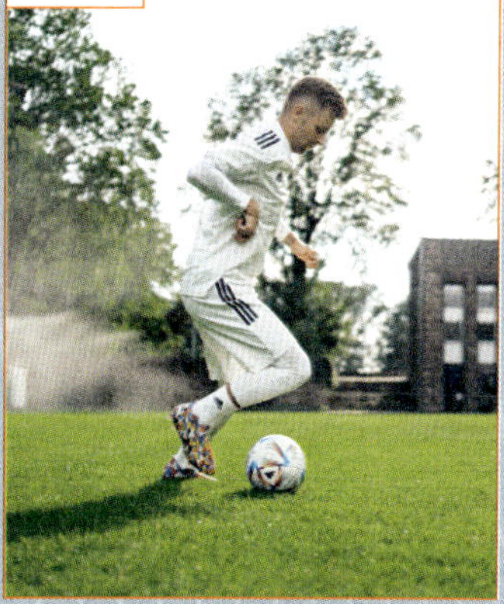

Zieh den Ball erneut zu dir zurück und beweg dich in die entgegengesetzte Richtung.

Zum Video →

PRO

RABONA SWITCH - TRICK 64

SCHWIERIGKEITSGRAD ★★★★★

BESCHREIBUNG

Täusche deinen Gegner mit dem »Rabona Switch«. Anwendungsbereich: auf der Außenbahn.

STEP 1

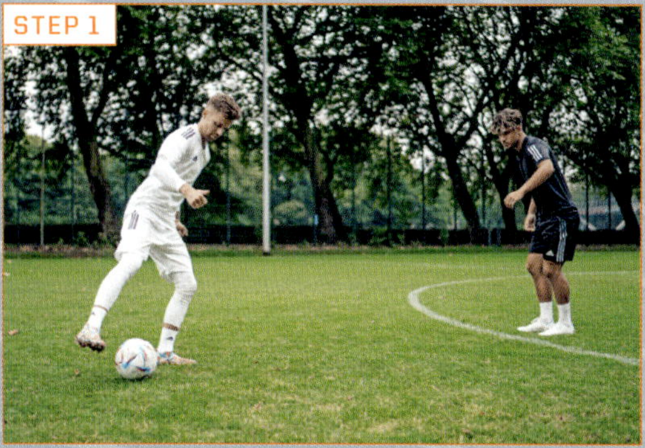

Zieh den Ball mit der Sohle diagonal nach vorne.

STEP 2

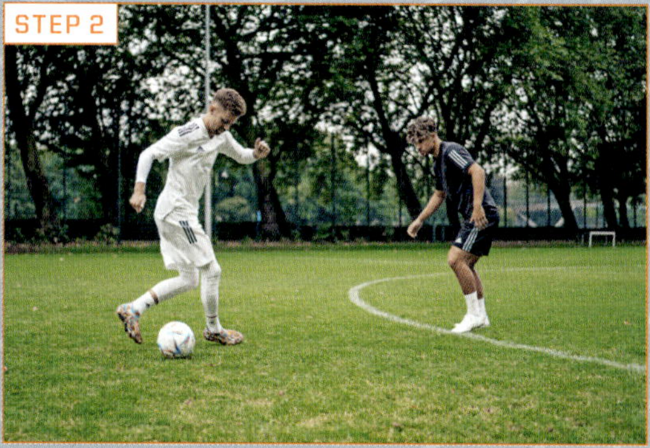

Geh dabei mit deinem linken Fuß um den Ball.

STEP 3

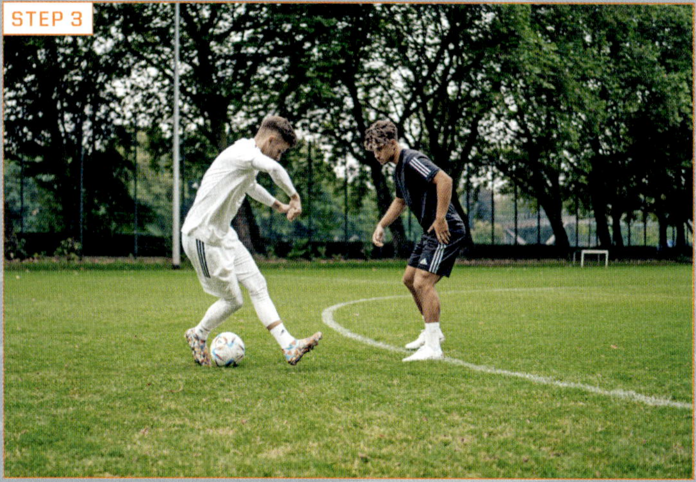

Ziehe erneut deinen starken Fuß zum Ball. Bereite nun den nächsten Schritt vor.

STEP 4

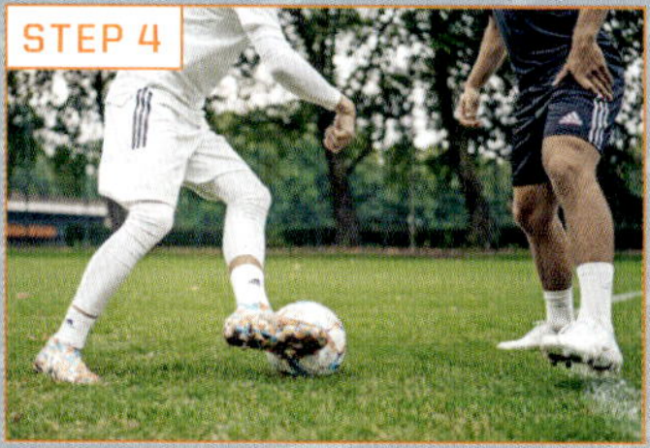

Spiel den Ball mit deinem starken Fuß leicht nach rechts, anschließend ziehst du den Ball mit der Außenseite deines schwachen Fußes in die andere Richtung.

← Zum Video

FLICK SPIN - TRICK 65

SCHWIERIGKEITSGRAD ★★★★★

STEP 1

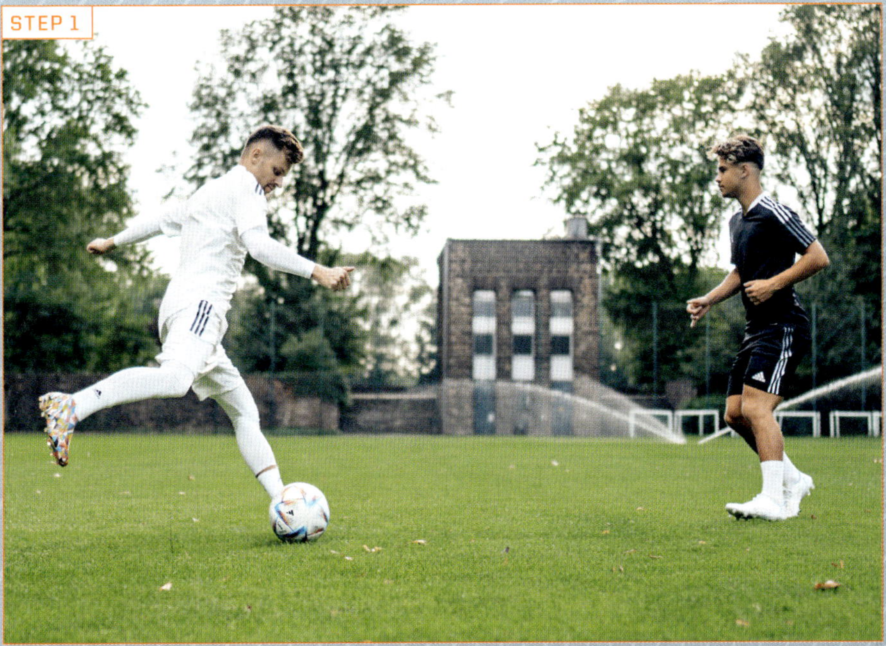

Lauf frontal auf deinen Gegenspieler zu. Positioniere den Ball auf Höhe deines linken Fußes. Beobachte den Gegner und hol im nächsten Schritt mit deinem starken Fuß genügend Schwung.

STEP 2

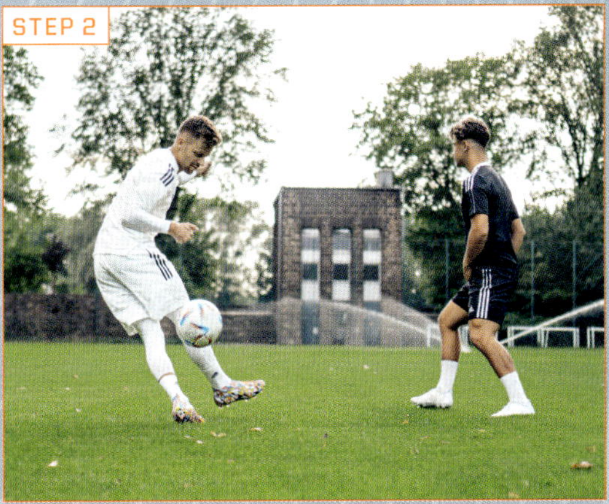

Zieh den Ball mit Schwung gegen die Ferse deines Standbeins. Dein Blick bleibt immer auf den Ball gerichtet.

STEP 3

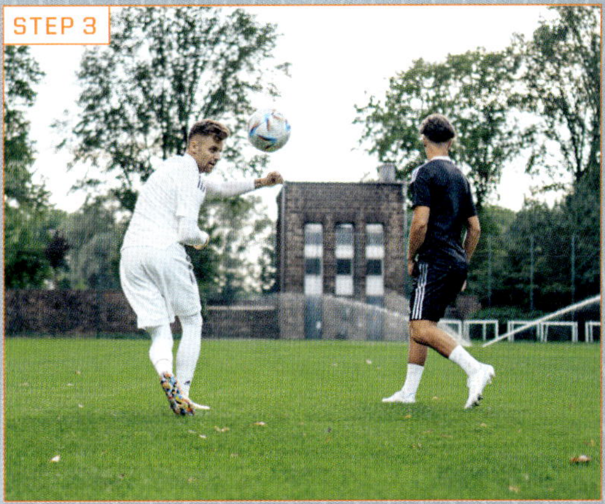

Immer noch mit Blick auf den Ball ziehst du an deinem Gegner vorbei.

Zum Video →

B. S. PANNA - TRICK 66

SCHWIERIGKEITSGRAD

★★★★★

BESCHREIBUNG

Du spielst an der Außenbahn und weißt nicht, wie du dich lösen sollst? Mit diesem Trick überraschst du jeden Verteidiger.

STEP 1

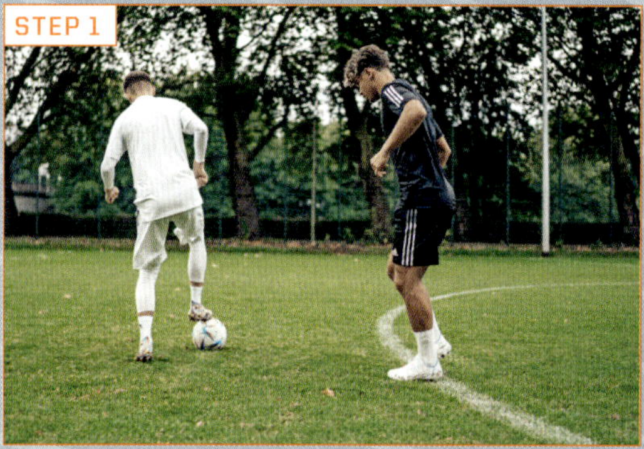

Dribble die Außenlinie entlang und stopp den Ball mit deinem rechten Fuß.

STEP 2

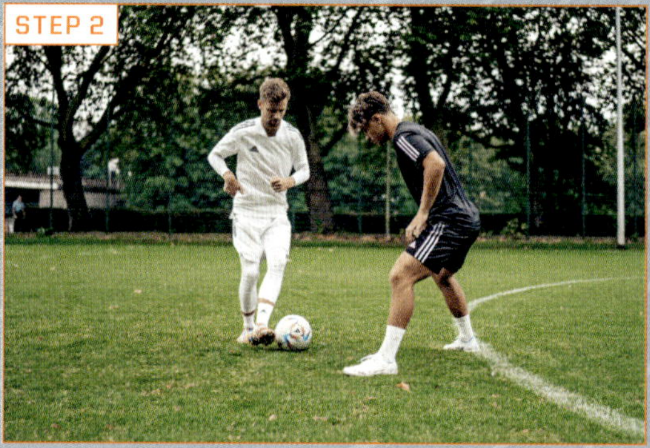

Steig mit deinem linken Fuß über den Ball.

STEP 3

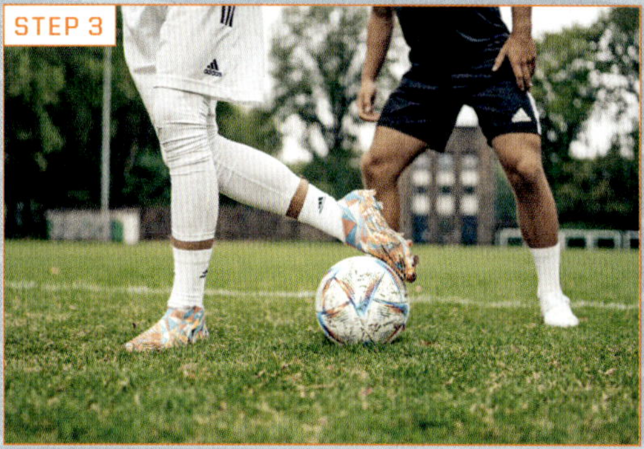

Halte den Ball weiterhin mit dem Spann fest.

STEP 4

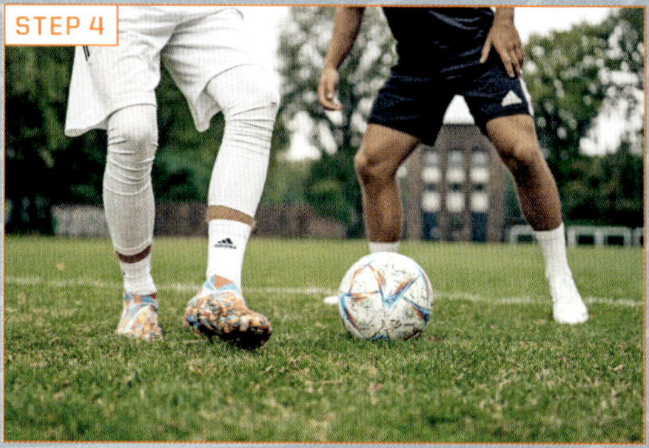

Roll ihn erneut in Richtung Standbein. Dreh deinen Körper nach links ein und spiel den Ball dem Gegner mit der Außenseite durch die Beine.

← Zum Video

TWO TOUCH TURN - TRICK 67

SCHWIERIGKEITSGRAD ★★★★★

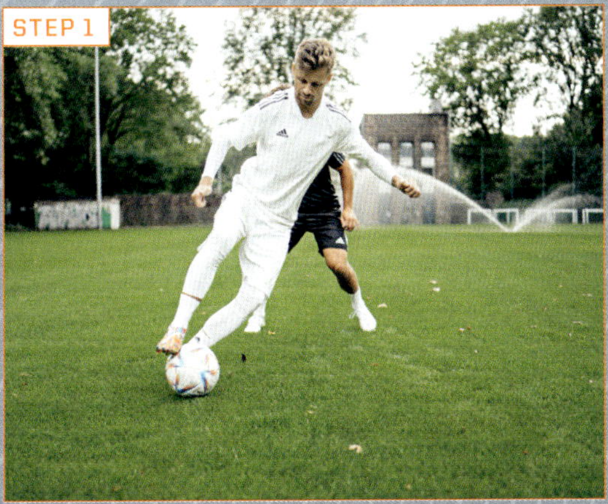

Zieh den Ball mit deinem starken Fuß zur linken Seite.

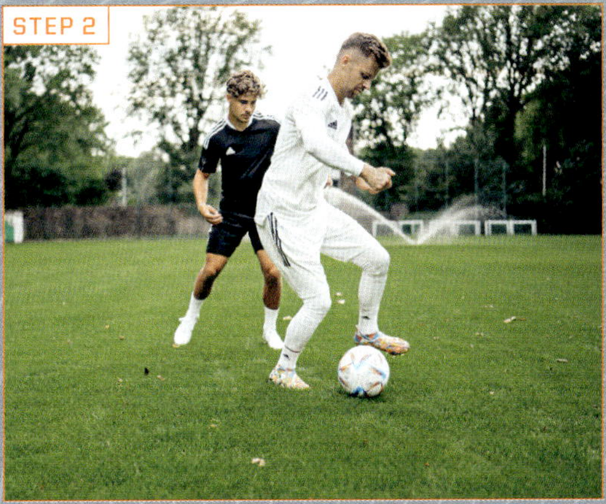

Dein Körper dreht sich im 45-Grad-Winkel in die Richtung deines Gegners. Spiel den Ball mit deinem dem Gegner zugewandten Fuß an.

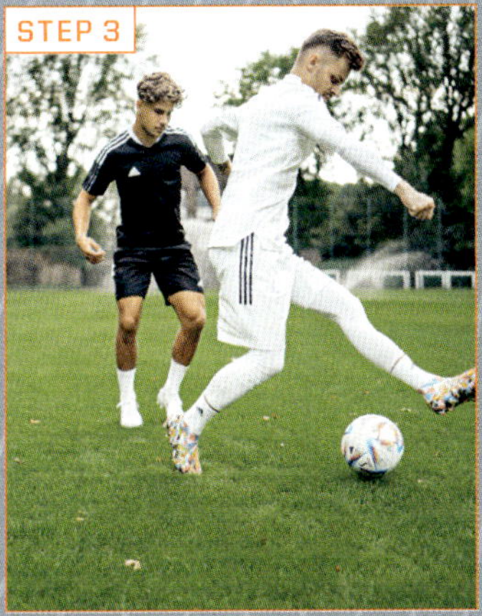

Achte darauf, deinen Fuß zu strecken.

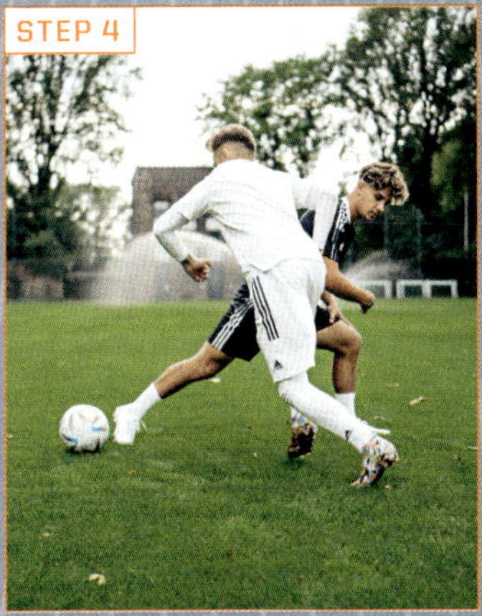

Setz deinen Fuß nun zum Ball und erzeuge so durch die Innenseite einen schnellen Richtungswechsel, um dich vom Gegenspieler zu lösen.

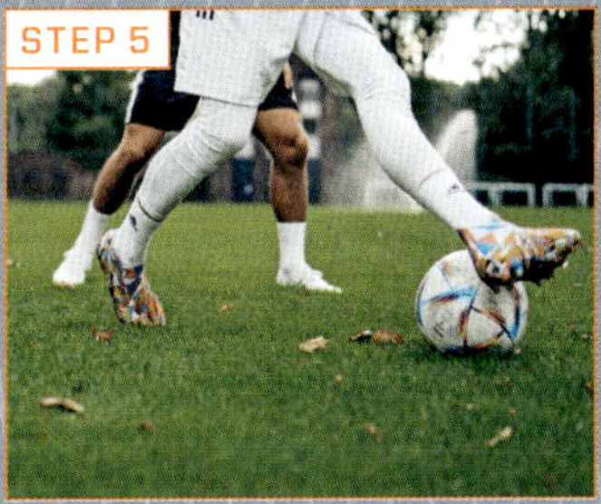

Achte darauf, den Ball oberhalb zu treffen, um genügend Druck auf den Ball zu kriegen.

Zum Video →

DOUBLE TOUCH EXIT - TRICK 68

SCHWIERIGKEITSGRAD

★★★★★

BESCHREIBUNG

Diesen Trick wendest du am besten an der Außenlinie an, um dich vom Gegenspieler zu lösen und ein Duell Eins gegen Eins zu gewinnen. Dabei kannst du die Außenlinie nutzen und deinen Gegner ins Leere laufen lassen.

STEP 1

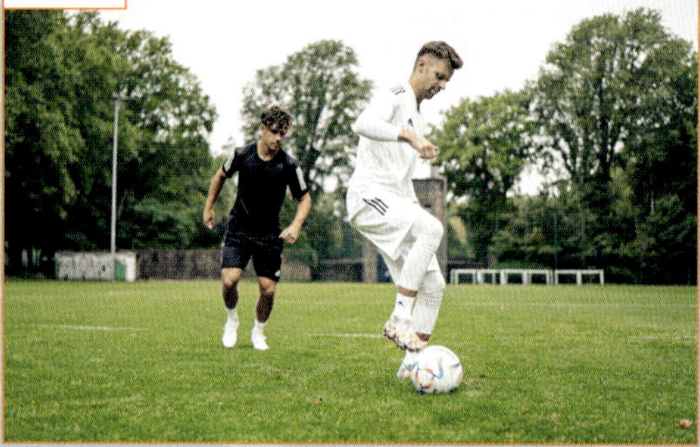

Dein Gegenspieler befindet sich hinter dir. Zieh den Ball mit deinem starken Fuß rückwärts zum Spielfeld mit.

STEP 2

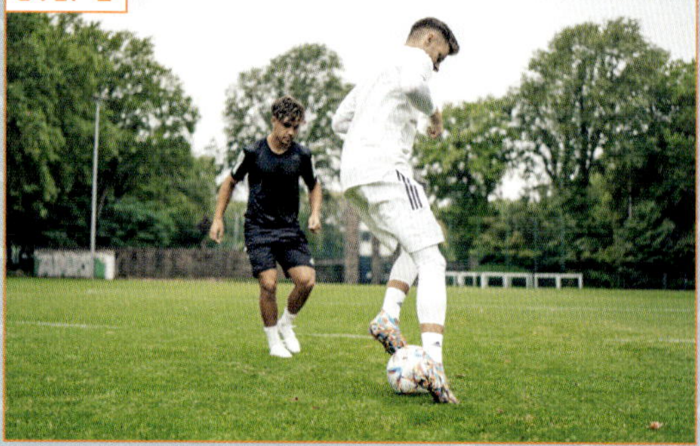

Setz zur »Zidane Rolle« an (Seite 19).

STEP 3

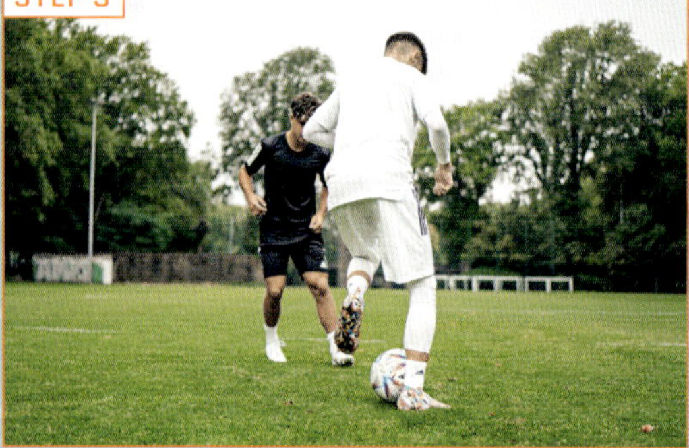

Setz dabei deinen rechten Fuß als Standbein fest und touch den Ball leicht an, um ihn für den nächsten Step vorzubereiten. Hier findet nur eine kleine Bewegung statt!

STEP 4

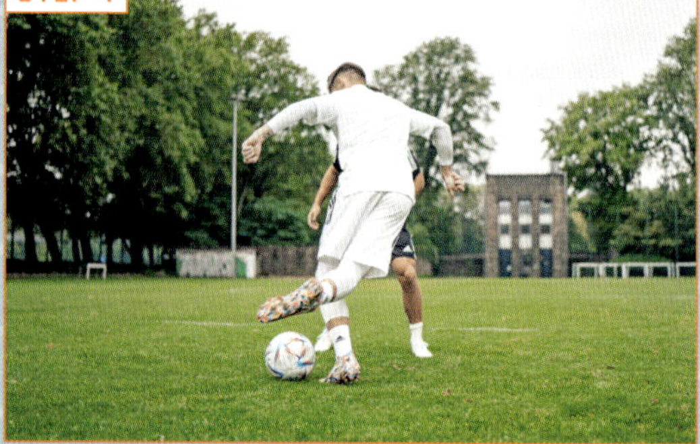

Zieh den Ball per »Rabona« entlang der Außenlinie an deinem Gegner vorbei.

← Zum Video

TRIPLE TURN – TRICK 69

SCHWIERIGKEITSGRAD ★★★★★

BESCHREIBUNG

Bei diesem Trick hast du den Gegner im Rücken. Dieser Trick wird angewendet, um sich vom Gegenspieler im entscheidenden Moment zu lösen. Hier spielen das Timing und der erste Kontakt eine wichtige Rolle.

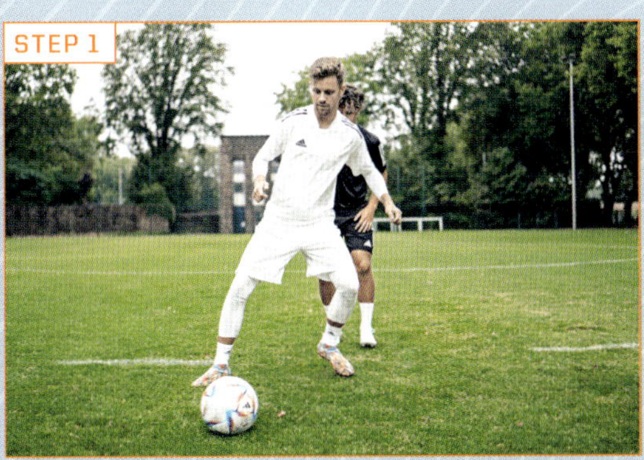

Dein Gegenspieler befindet sich hinter dir. Der Ball kommt frontal auf dich zu.

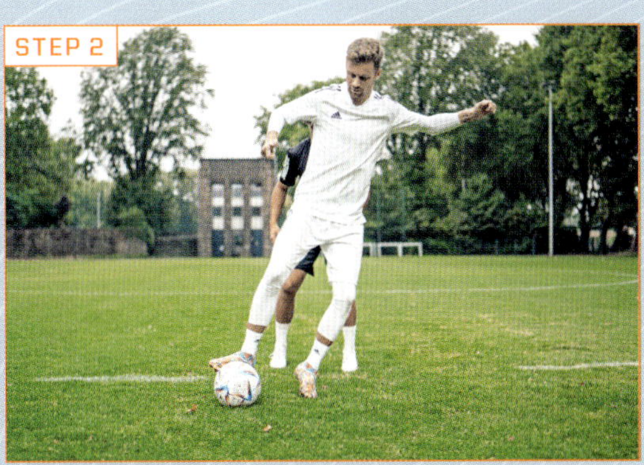

Zieh den Ball mit deinem starken Fuß seitlich zu deinem Standbein. Im selben Moment machst du einen Schritt nach links und täuschst so den ersten Richtungswechsel vor.

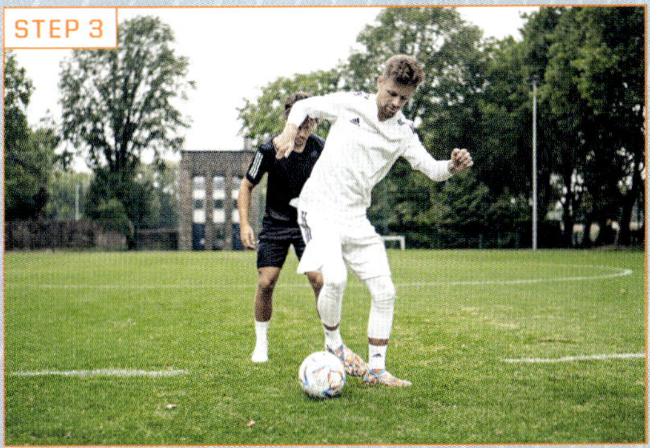

Setz dabei deinen rechten Fuß nicht ab. Spiel den Ball im nächsten Schritt mit der Außenseite leicht zur rechten Seite.

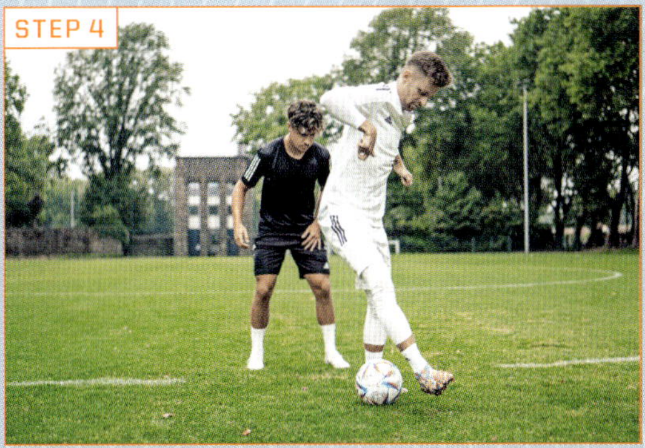

Zieh dein Standbein hinter deinem starken Fuß entlang und spiel den Ball mit der Außenseite an deinem Gegenspieler vorbei.

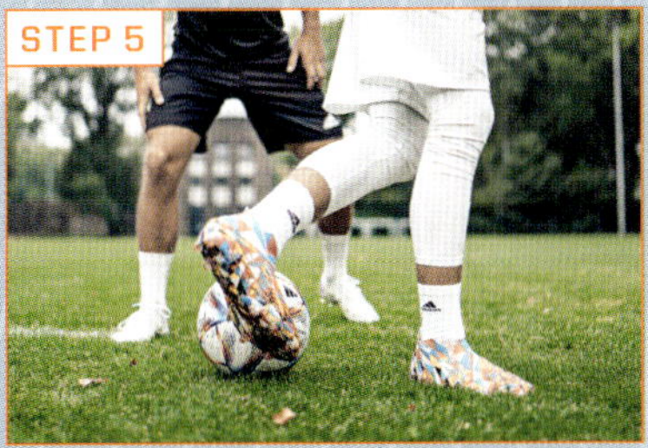

Achte darauf, dabei leicht über den Ball zu steigen, um die Richtung vorzugeben. Ebenso auf deine Körperbewegung im richtigen Moment.

Zum Video →

PRO

NO LOOK TURN - TRICK 70

SCHWIERIGKEITSGRAD ★★★★★

STEP 1

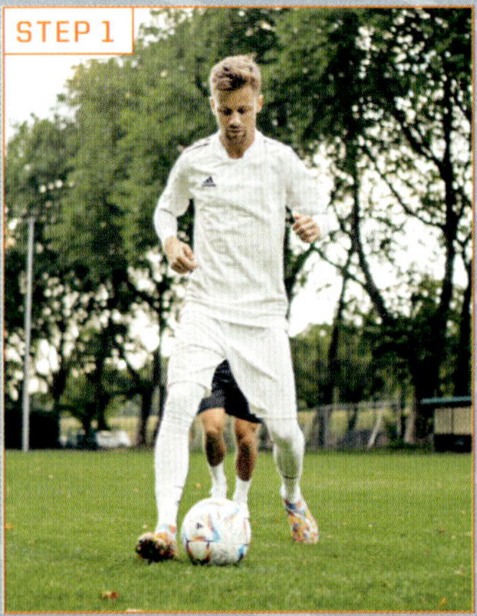

Ausgangssituation: Dein Gegenspieler befindet sich hinter dir.

STEP 2

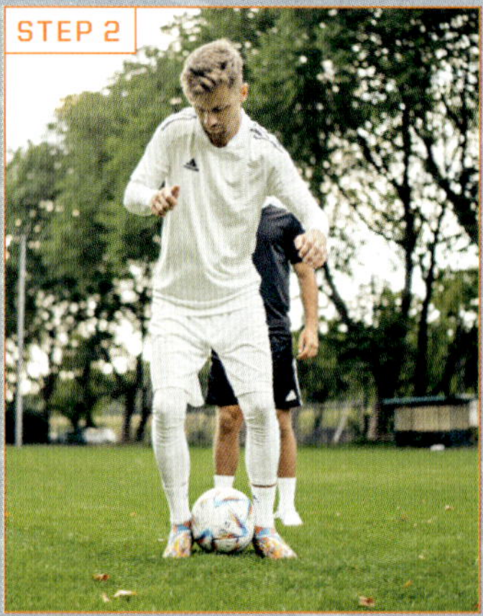

Klemm den Ball zwischen deine Füße. Achte darauf, den Ball in Richtung Ferse zu platzieren.

STEP 3

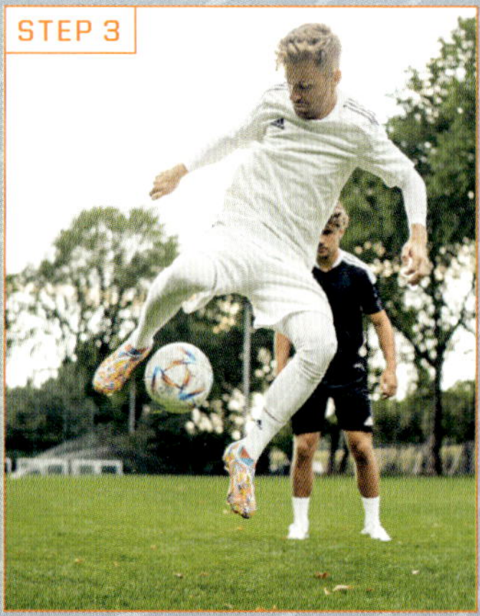

Spring nun mit beiden Beinen ab.

STEP 4

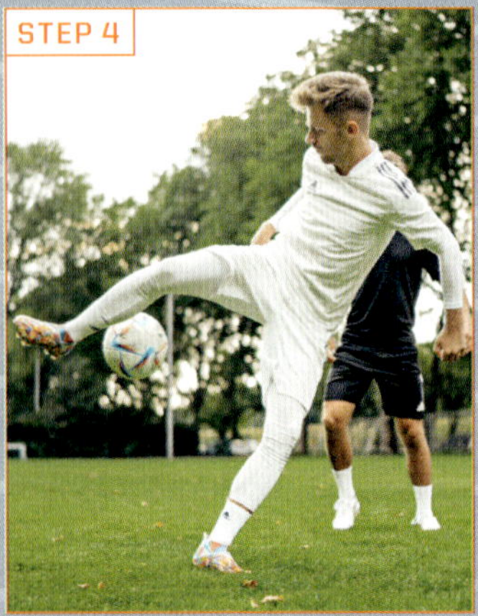

Lös die Beine voneinander. Platziere dein rechtes Bein in der Luft vor dem Ball.

STEP 5

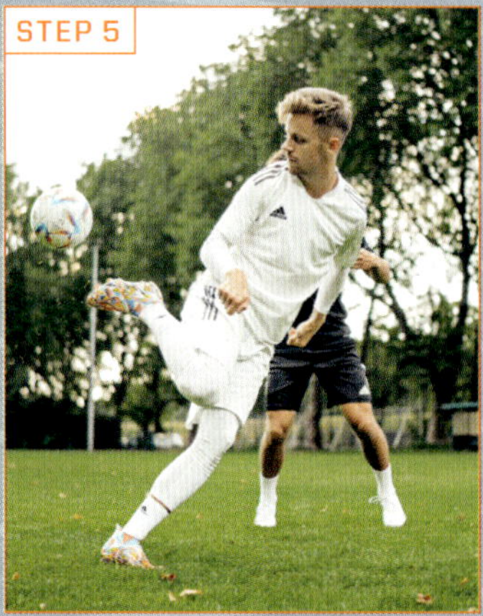

Dein linkes Bein wird jetzt zum Standbein. Mit deinem rechten Bein bereitest du den nächsten Schritt vor.

STEP 6

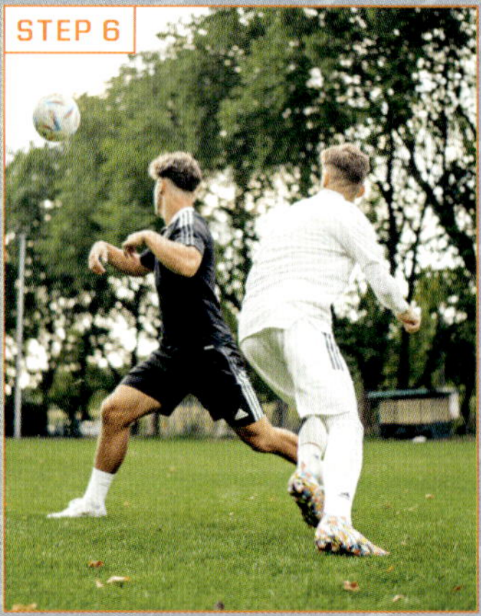

Spiel den Ball nun mit den Fersen über deinen Gegner und dreh dich nach links weg.

← Zum Video

OUT OF WORLD - TRICK 71

SCHWIERIGKEITSGRAD ★★★★★

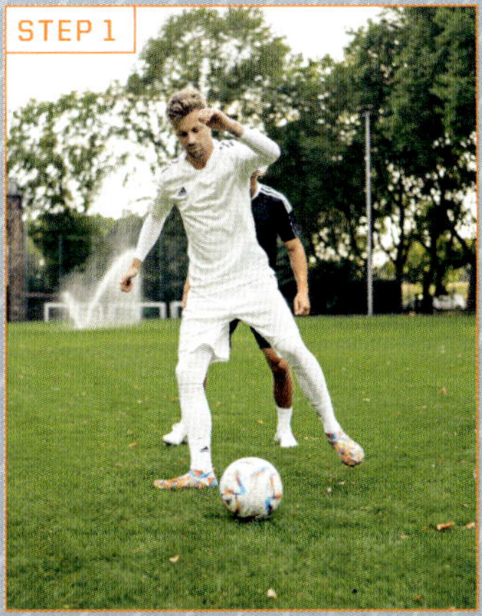

Platzier dich vor deinem Gegenspieler und zieh den Ball mit deinem linken Fuß in Richtung Standbein.

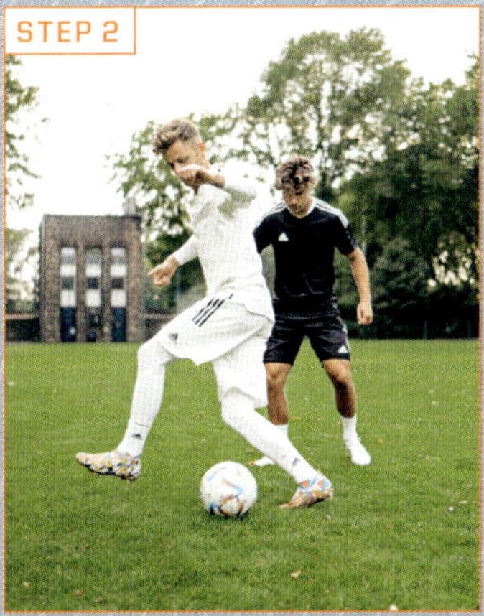

Dreh dich dabei mit deinem Körper nach rechts und zieh dein Bein durch auf die andere Seite.

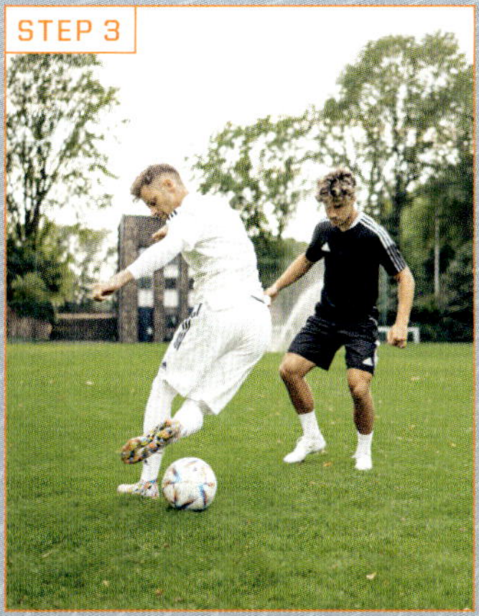

Platziere nun dein linkes Bein als Standbein vor deinem Gegner.

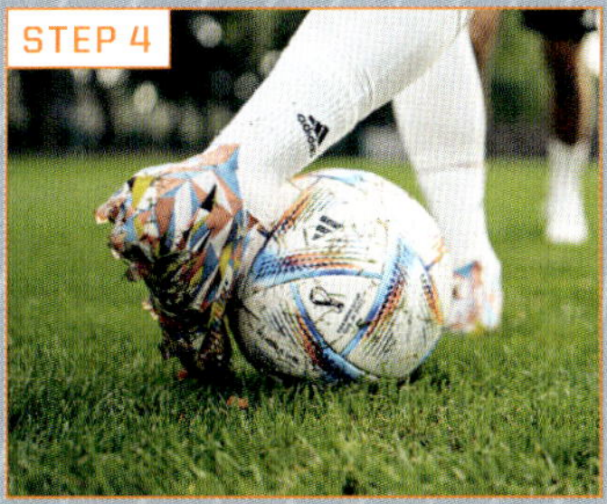

Zieh dabei dein rechtes Bein hinter den Ball, um so den entscheidenden Moment vorzubereiten.

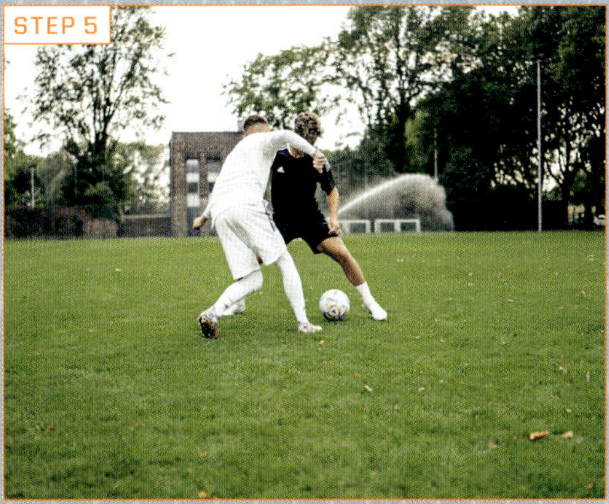

Zieh den Ball mit der Außenseite von deinem rechten Bein ähnlich wie beim »Elastico« durch die Beine deines Gegners.

Zum Video →

360 GRAD SPIN - TRICK 72

SCHWIERIGKEITSGRAD ★★★★★

STEP 1

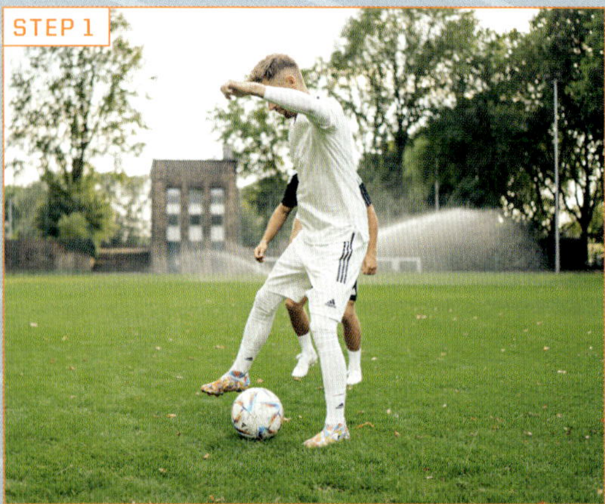

Der Ball kommt frontal auf dich zu. Positioniere dein Standbein links vom Ball, sodass der Ball den geraden Weg zu deinem starken Fuß findet.

STEP 2

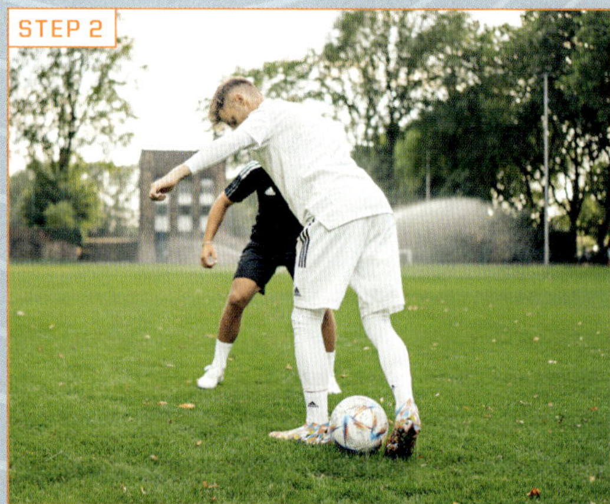

Dreh dich nach rechts ein und zieh den Ball mit der Innenseite weg.

STEP 3

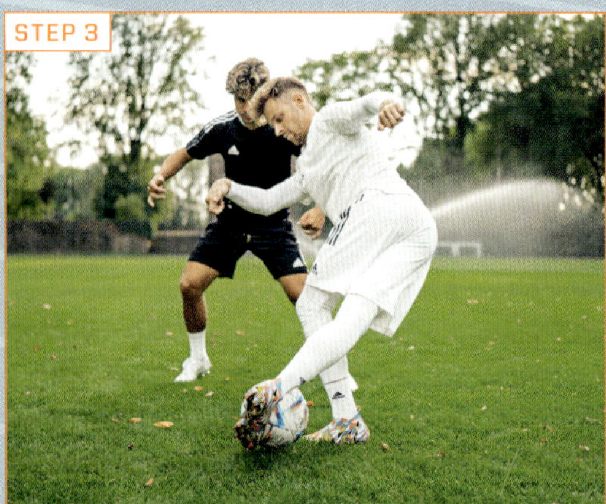

Zieh den Ball um dein Standbein herum. Dreh dein Standbein dabei in Richtung Gegenspieler.

STEP 4

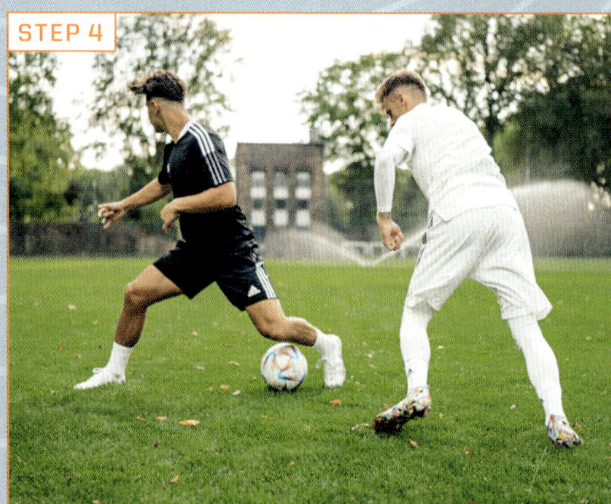

Setz mit deinem starken Fuß zum »Rabona« an und spiel den Ball durch die Beine deines Gegenspielers.

← Zum Video

KICK OVER - TRICK 73

SCHWIERIGKEITSGRAD ★★★★★

BESCHREIBUNG

Der Trick eignet sich perfekt fürs Training. Die Bälle liegen schon auf dem Platz, du kommst aus der Kabine und performst diesen Flick Up. Damit dürfte für einige staunende Blicke gesorgt sein.

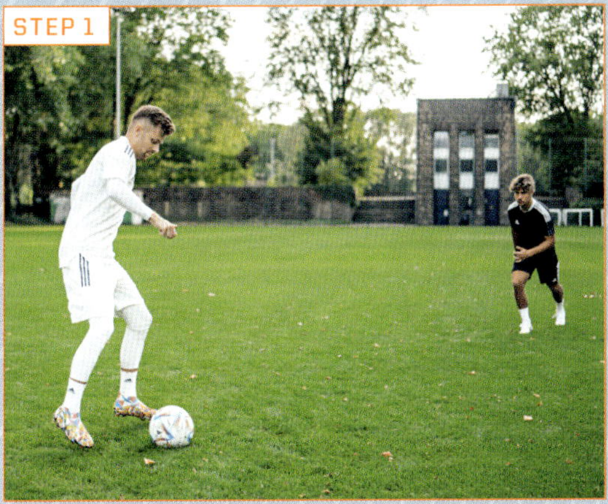

Der Ball liegt ruhend vor dir. Setz nun zuerst dein linkes Bein neben den Ball.

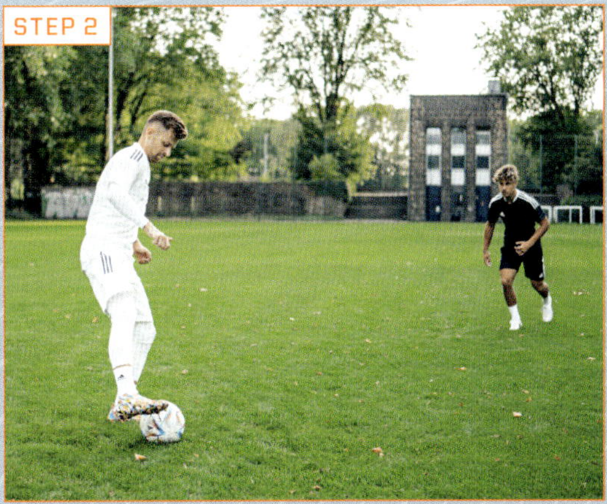

Anschließend platzierst du den rechten Fuß neben den Ball und »umklammerst« ihn.

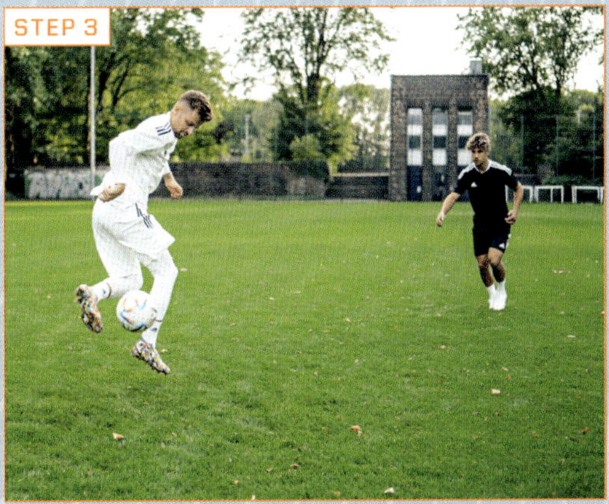

Zieh dein rechtes Bein nach oben, damit der Ball in die Luft befördert wird (etwas unterhalb der Kniekehle).

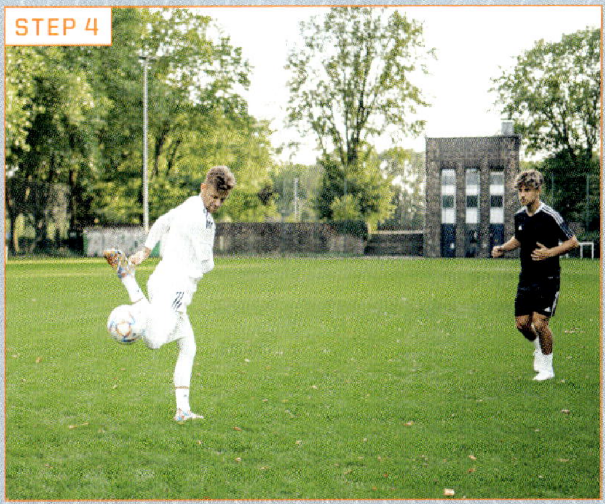

Schlag den Ball mit deinem Fuß kraftvoll auf den Boden, sodass dieser über deinen Kopf hinweg vor dich befördert wird. Anschließend kannst du entweder ein wenig jonglieren oder den Ball einfach stoppen und weiterlaufen.

Zum Video →

CHOP SHOOSH – TRICK 74

SCHWIERIGKEITSGRAD ★★★★★

BESCHREIBUNG

Wende diesen Trick im Duell Eins gegen Eins an, um an deinem Gegenspieler per Panna vorbeizukommen.

STEP 1

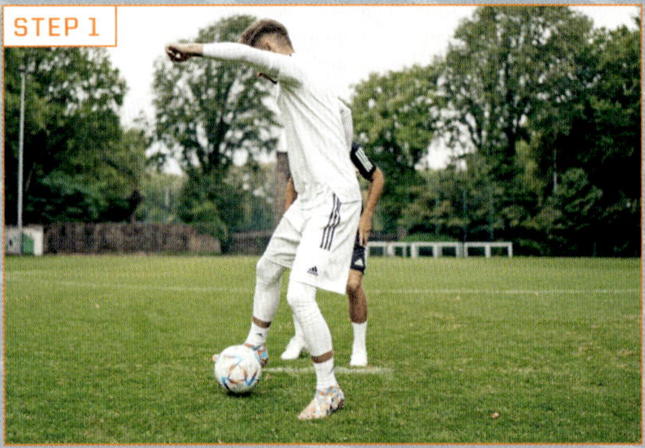

Der Ball kommt frontal auf dich zu. Dreh dich zu deinem Gegenspieler und zieh dabei den Ball mit der Innenseite in Richtung Standbein.

STEP 2

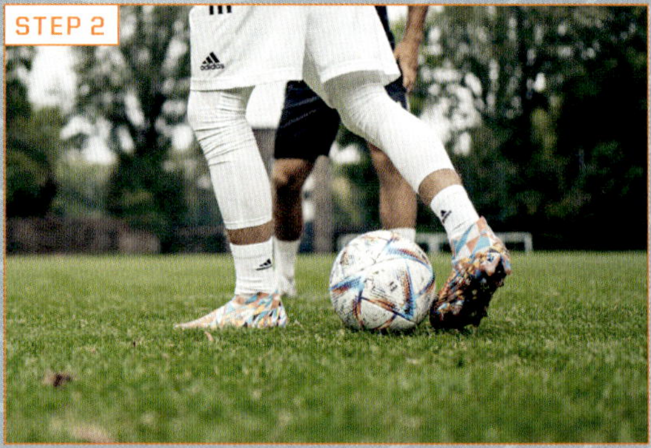

Drehe dich weiter ein und ziehe den Ball mit der Innenseite in Richtung Standbein.

STEP 3

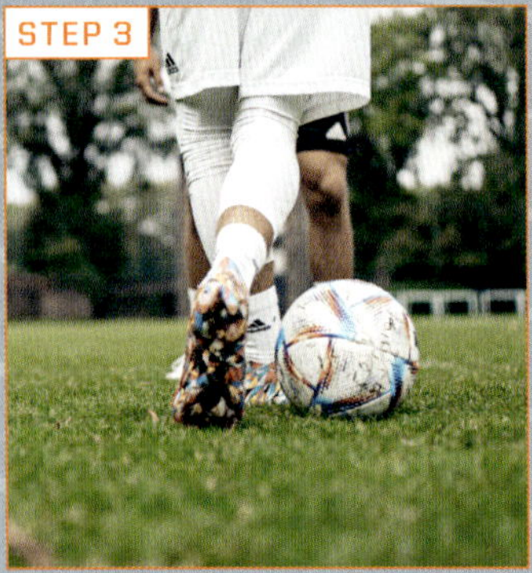

Im nächsten Schritt setzt du nun den entscheidenden Trick an. Löse den Ball nun von der Innenseite und wechsle die Position des Fußes, sodass du nun die Außenseite am Ball hast.

STEP 4

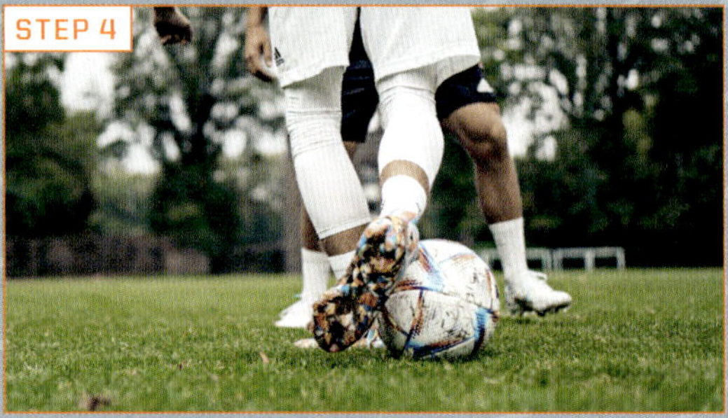

Ziehe nun den Ball mit der Außenseite von dir.

STEP 5

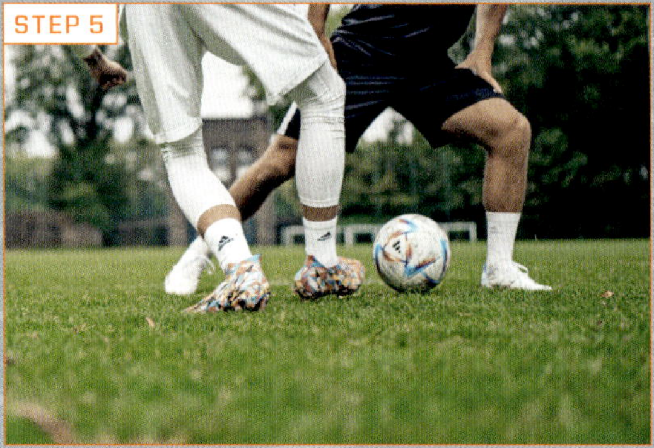

Ziehe den Ball nun, ähnlich wie beim »Elastico« (Seite 106), durch die Beine deines Gegners.

← Zum Video

SIDE JUMP PANNA – TRICK 75

SCHWIERIGKEITSGRAD ★★★★★

BESCHREIBUNG

Ein schöner Beini im Training? Den Trainer zum Staunen bringen? Mit diesem Trick erweiterst du dein Panna-Repertoire.

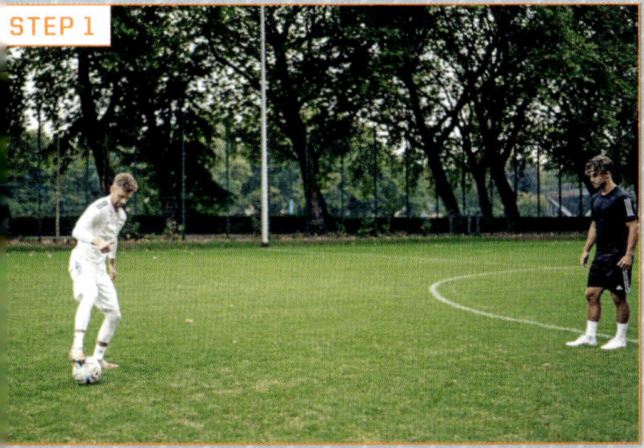

auf auf deinen Gegenspieler zu und zieh den Ball diagonal mit er Sohle in Richtung Standbein.

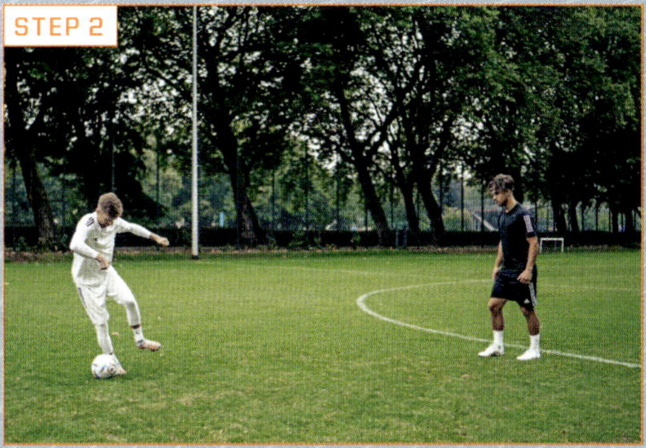

Setz nun deinen rechten Fuß als Standbein hinter dem Ball fest.

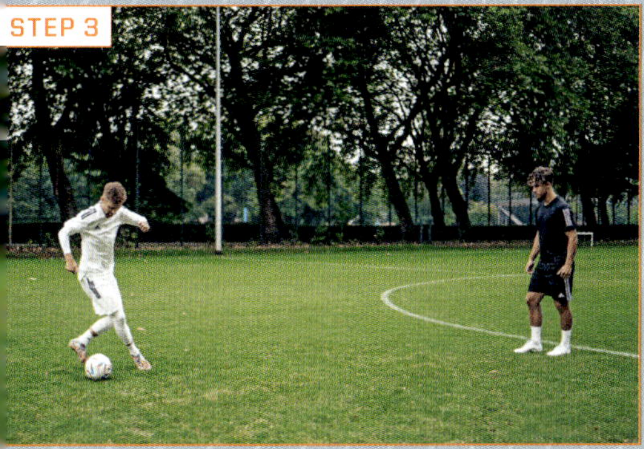

m selben Moment ziehst du dein linkes Bein um dein Stand-ein herum.

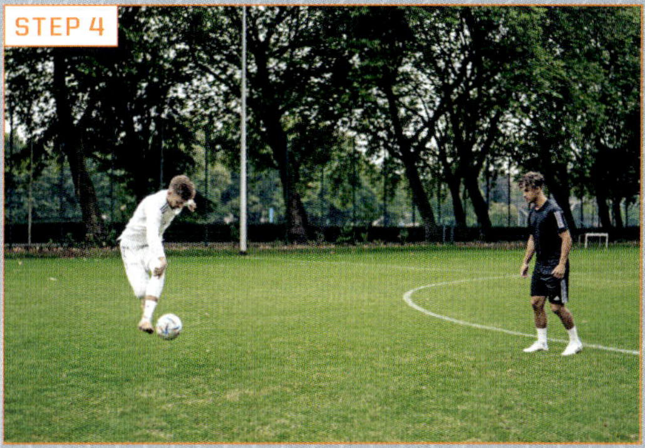

Lass den Ball auf deinen Fuß rollen – spring in dem Moment ab und bring den Ball in die Höhe.

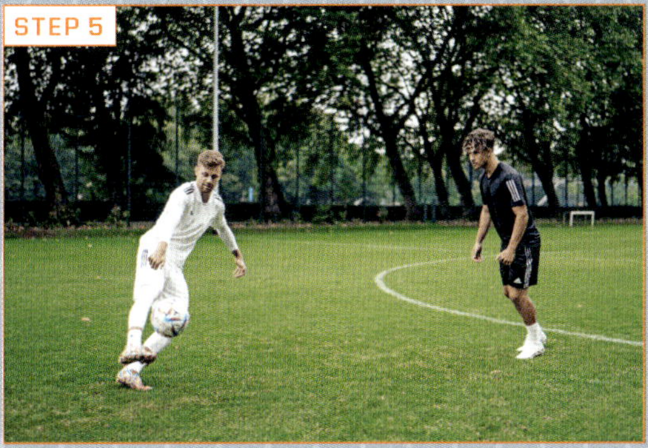

Benutze dabei erneut deinen starken Fuß (ohne den Boden zu berühren), um den Ball an deinem Gegner vorbeizuspielen.

Zum Video →

JUMP OVER – TRICK 76

SCHWIERIGKEITSGRAD ★★★★★

BESCHREIBUNG

Du hast deinen Gegner hinter dir? So löst du dich schnell und effektiv zugleich und siehst dabei gut aus. Wende den Trick erst einmal nur im Training an, um ein Gefühl dafür zu kriegen.

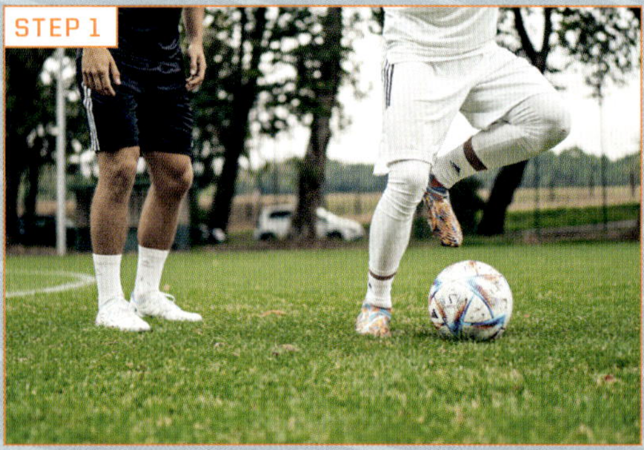

Ausgangsposition: Dein Gegner befindet sich hinter dir. Der Ball kommt auf dich zu. Lauf auf den Ball zu und winkel deinen schwachen Fuß an.

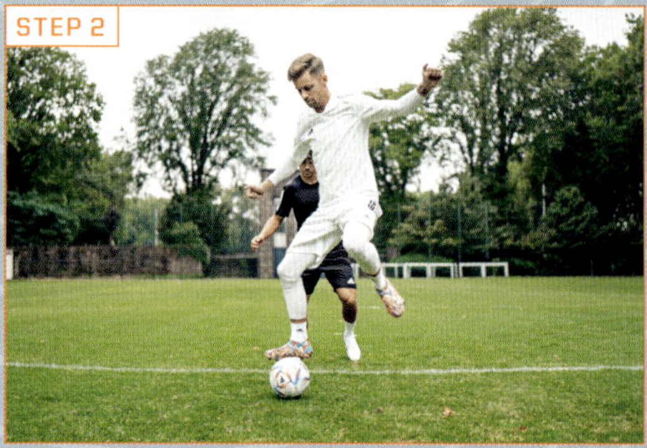

Im nächsten Schritt springst du mit einem Bein über den Ball und ziehst ihn dabei mit der Sohle nach vorne.

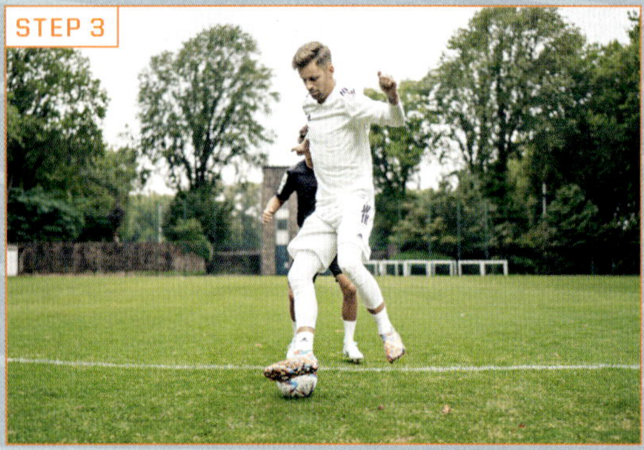

Roll deinen Fuß ab, bis du vor den Ball kommst.
Bei der Landung spielst du den Ball mit der Außenseite durch die Beine deines Gegenspielers.

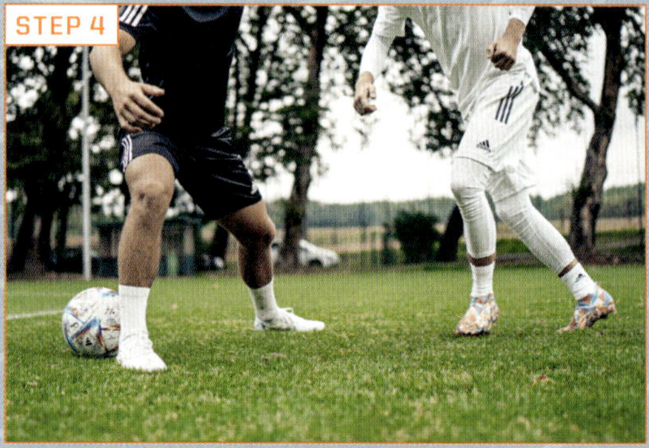

Dreh dich dabei nach links, um an deinem Gegner vorbeizukommen.

← Zum Video

CR7 PANNA - TRICK 77

SCHWIERIGKEITSGRAD ★★★★★

BESCHREIBUNG

Einer der schwierigsten Tricks auf TikTok? Du möchtest deinen Coach und deine Mitspieler begeistern? Dann bist du bei diesem Trick genau richtig.

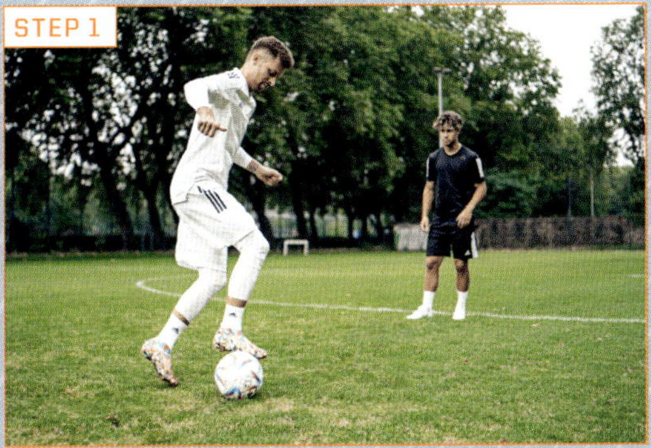

Zieh den Ball mit der Sohle diagonal nach vorne.

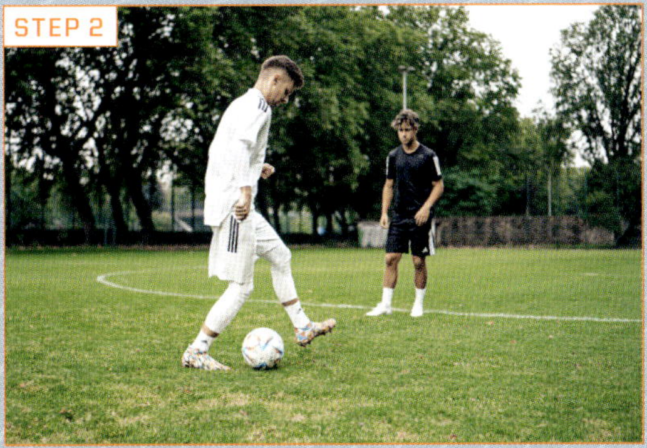

Steig dabei mit deinem linken Fuß über den Ball.

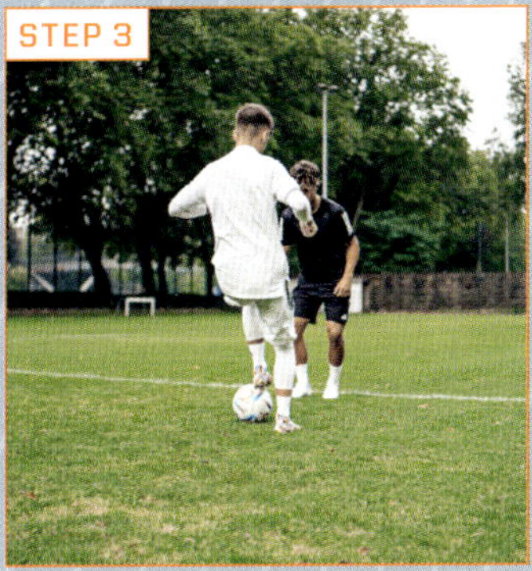

Im nächsten Schritt stoppst du den Ball mit deinem linken Fuß.

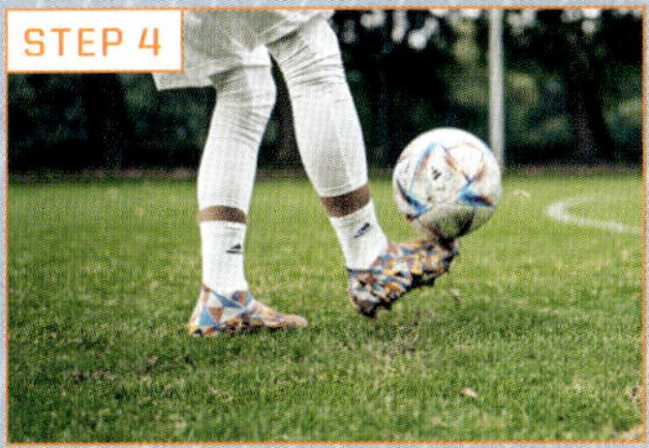

Der erste Teil ist erledigt. Kommen wir nun zum nächsten Schritt: Zieh den Ball mit deinem starken Fuß von außen nach innen. Setz dabei die Gegenbewegung an, um den Ball in die Luft zu befördern.

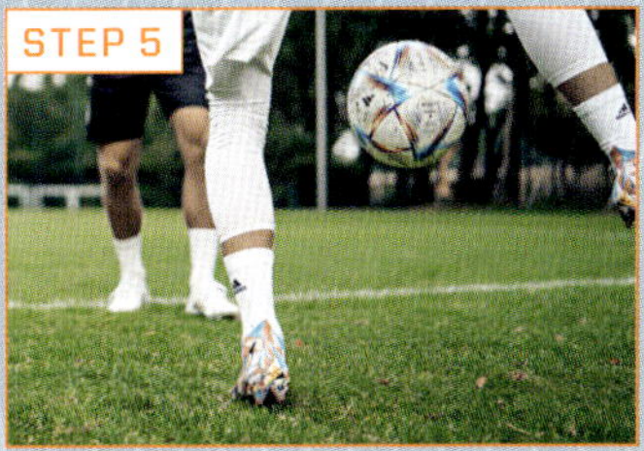

Geh nun mit deinem linken Fuß einen Schritt nach links und setz im nächsten Schritt zum »Hocus Pocus« (Seite 59) an.

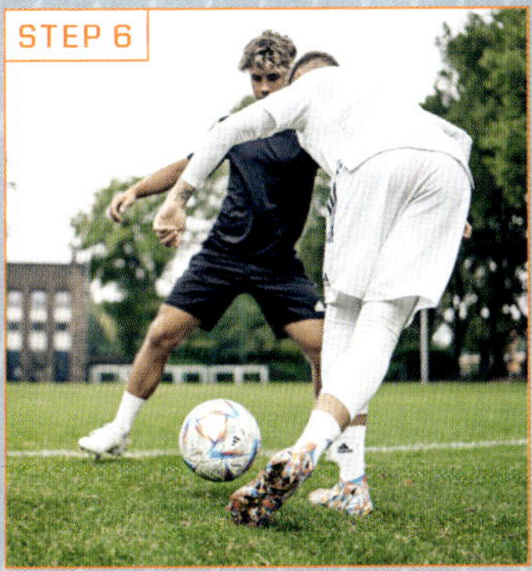

Spiel den Ball mit der Vorderseite deinem Gegner durch die Beine.

Zum Video →

STOP & GO - TRICK 78

SCHWIERIGKEITSGRAD ★★★★★

BESCHREIBUNG

Mit diesem Trick lässt du deinen Gegner ohne Probleme aussteigen. Ideal für flinke Spieler mit schnellen Bewegungsabläufen.

STEP 1

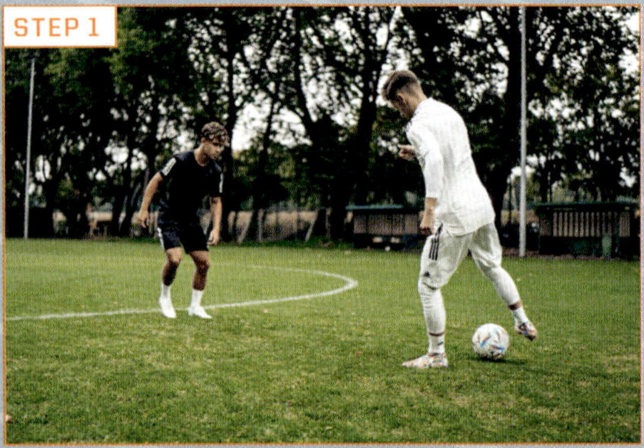

Zieh den Ball mit der Innenseite diagonal nach vorne.

STEP 2

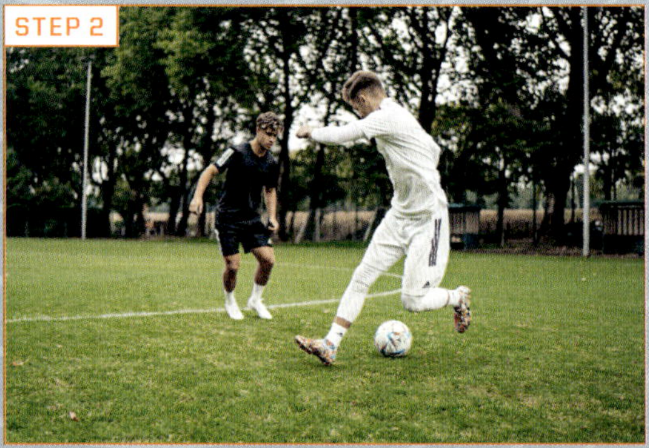

Dreh deinen Körper im gleichen Moment nach links ein und platziere deinen starken Fuß vor dem Ball.

STEP 3

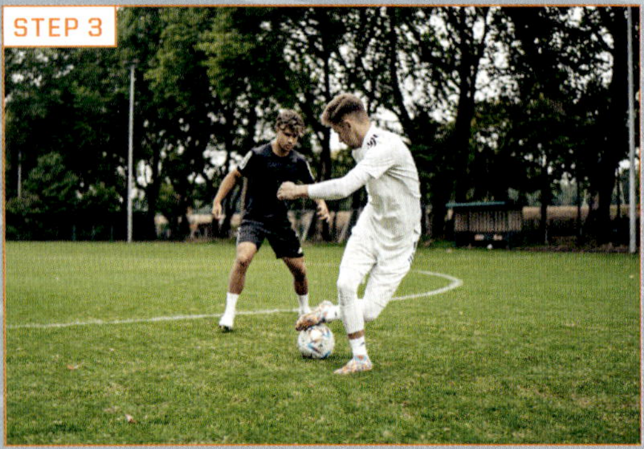

Stopp den Ball mit der Außenseite deines schwachen Fußes.

STEP 4

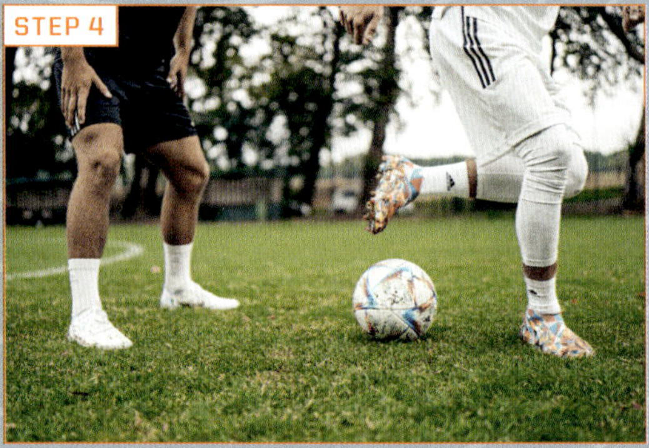

Im nächsten Schritt drehst du dich weiter ein und spielst den Ball durch die Beine deines Gegenspielers.

STEP 5

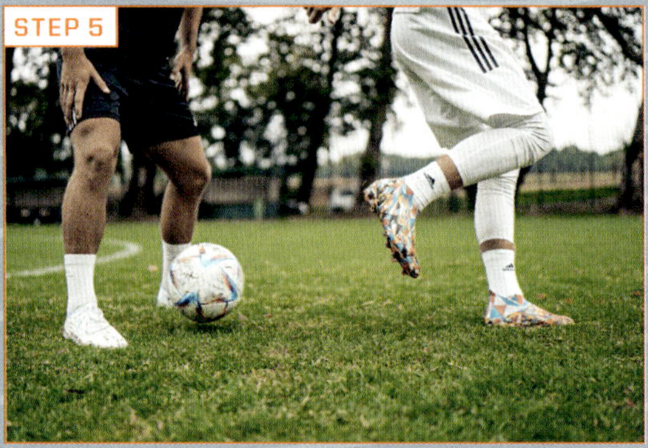

Achte dabei auf das Tempo, um sicherzustellen, dass dein Gegenspieler nicht an den Ball gelangt.

← Zum Video

PRO

DOUGLAS COSTA STEP OVER – TRICK 79

SCHWIERIGKEITSGRAD

★★★★★

BESCHREIBUNG

Tricks, die Spieler wie Douglas Costa tagtäglich anwenden: Dieser Step Over bringt dich im Spiel auf ein anderes Level. Wende den Trick am besten auf der Außenbahn an, um an deinem Gegenspieler vorbeizuziehen.

STEP 1

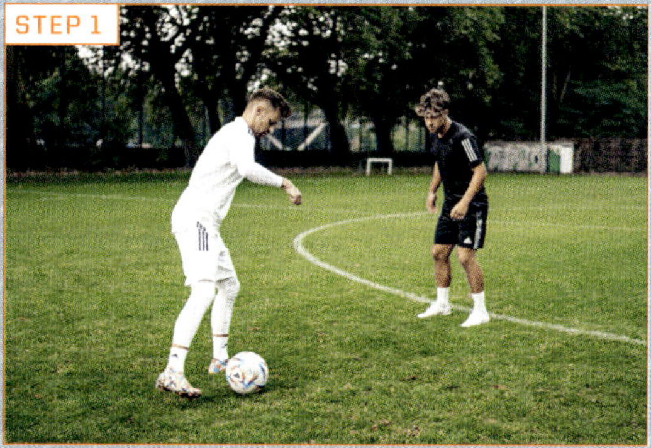

Du stehst frontal vor deinem Gegenspieler. Der Ball liegt an deinem starken Fuß.

STEP 2

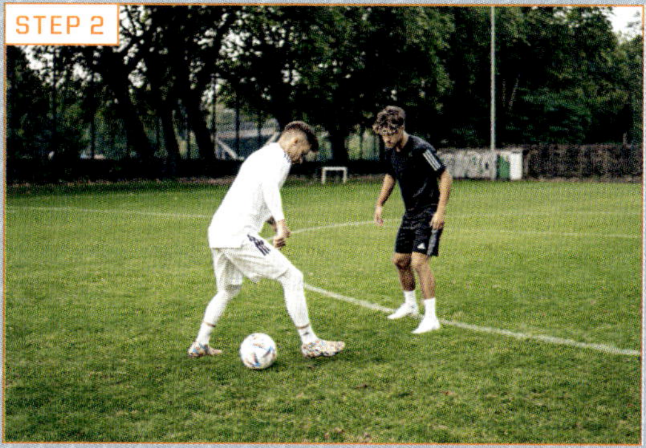

Roll den Ball diagonal rüber und setz zum Übersteiger an.

STEP 3

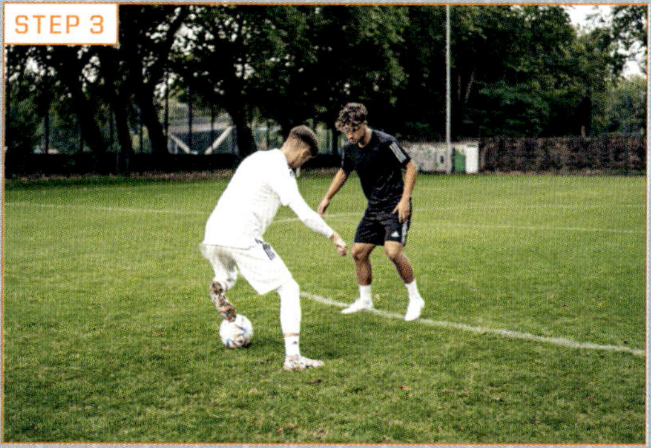

Setz deinen Fuß ab. Nun kommt dein anderes Bein hinzu, welches aber nicht ganz um den Ball geht, sondern mit einer explosiven Bewegung neben dem Ball aufkommt.

STEP 4

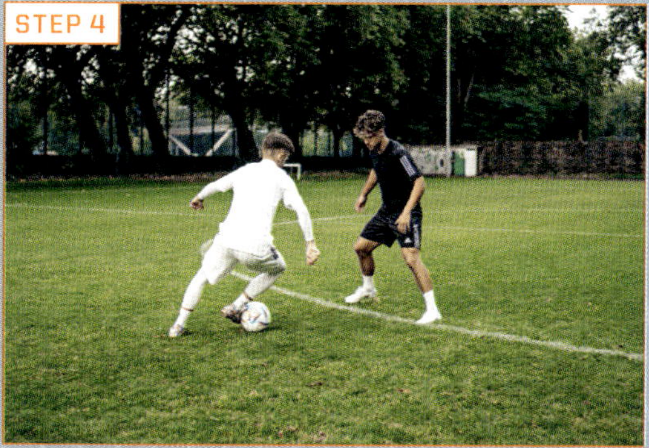

Nun hast du den Gegner auf den falschen Fuß gelockt und somit die Option, im letzten Schritt mit der Außenseite deines Fußes an deinem Gegner vorbeizuziehen.

Zum Video →

STECKBRIEF

NAME	Mario Götze
LAND	Deutschland
GEBURTSTAG	03.06.1992
GRÖSSE	1,76 m
POSITION	Offensives Mittelfeld
AKTUELLES TEAM	• Eintracht Frankfurt
ERFOLGE	• Weltmeister 2014 • U17-Europameister 2009 • Klub-Weltmeister 2013 • Deutscher Meister 2011, 2012, 2014, 2015 und 2016 • DFB-Pokal-Sieger 2012, 2014, 2016 und 2017 • Niederländischer Pokalsieger 2022

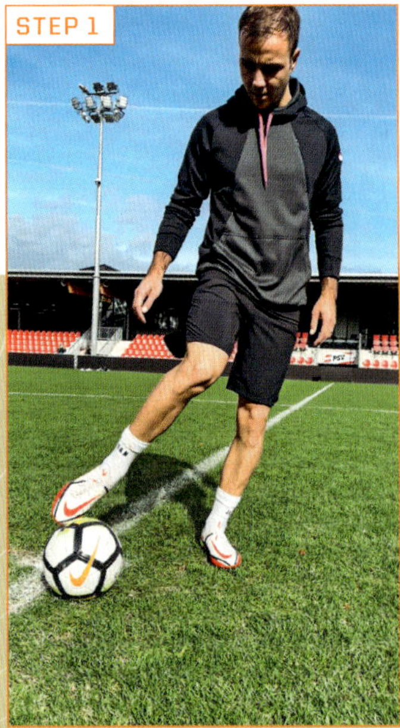

Ziehe den Ball mit der Sohle in Richtung Standbein.

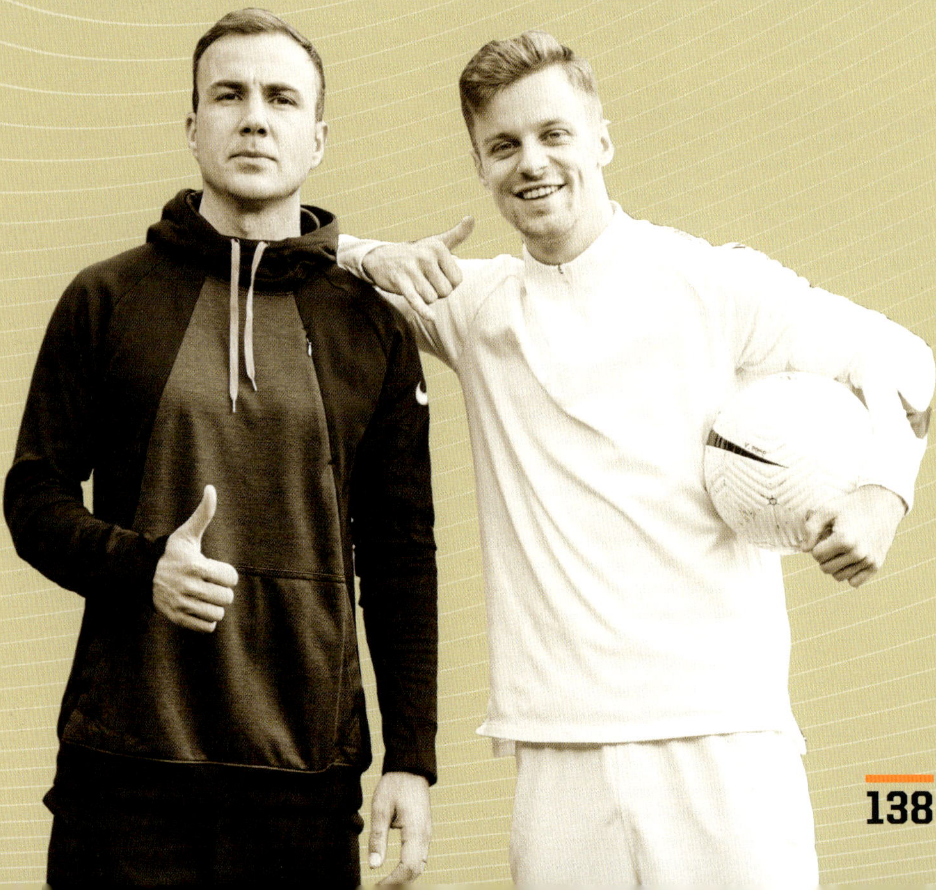

GÖTZE FLICK UP

SCHWIERIGKEITSGRAD ★★★★★

BESCHREIBUNG

Der Signature-Move von Superstar Mario Götze ist ein richtiger Hingucker! Wie der Trick funktioniert, zeigt dir Mario persönlich! Viel Spaß beim Nachmachen!

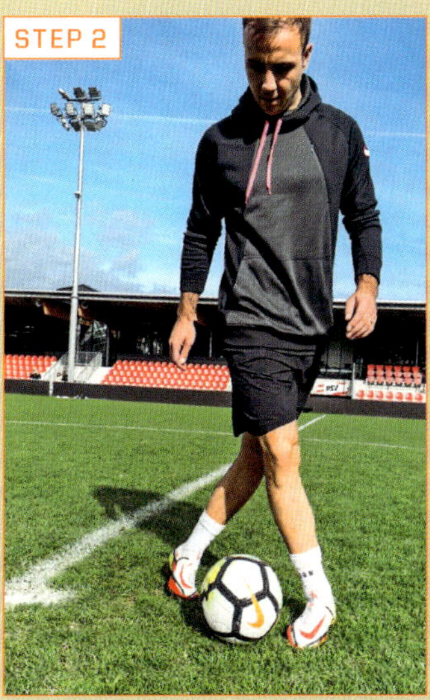

Platziere dein Standbein neben dem Ball, um den Ball im nächsten Schritt in die Luft zu befördern.

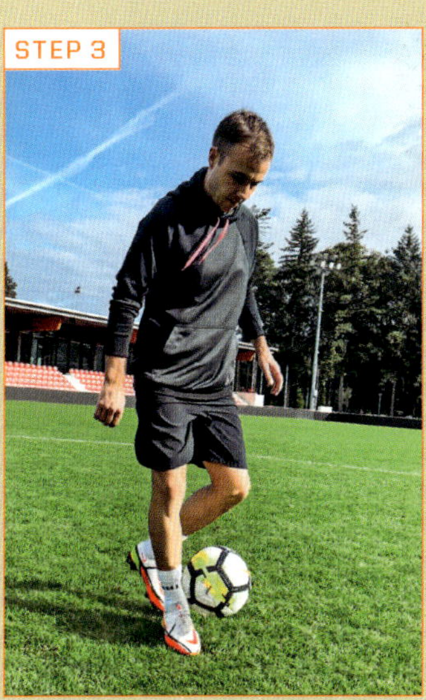

Belasse dein Standbein in derselben Position und lasse den Ball über deinen Vorderfuß rollen. Dadurch bringst du den Ball in die Höhe.

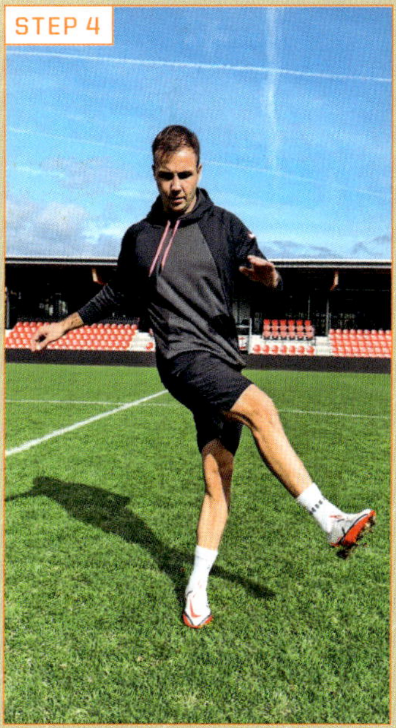

Positioniere nun deinen schwachen Fuß neben dem Ball und ziehe deinen starken Fuß diagonal darüber. Achte darauf, beide Beine zu strecken!

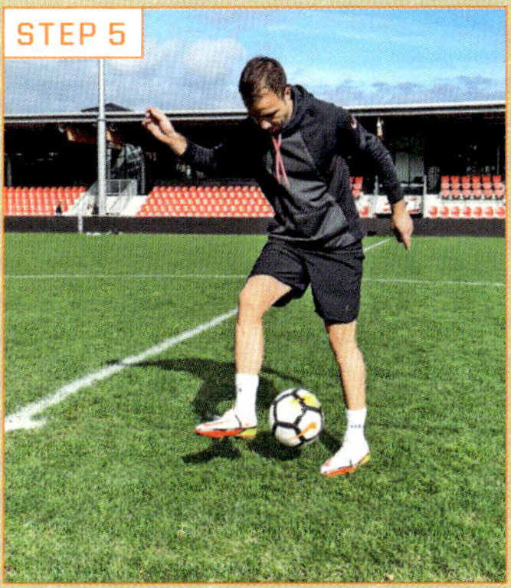

Lasse den Ball im letzten Schritt auf deinen Vorderfuß abtropfen und bewege deinen Fuß im selben Moment diagonal nach links, um dir Platz zu verschaffen.

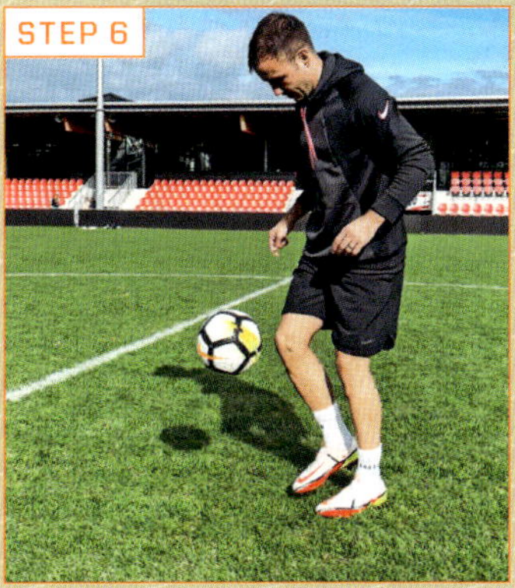

Flick done! Halte den Ball nun weiter hoch wie Weltmeister Mario Götze!

Zum Video →

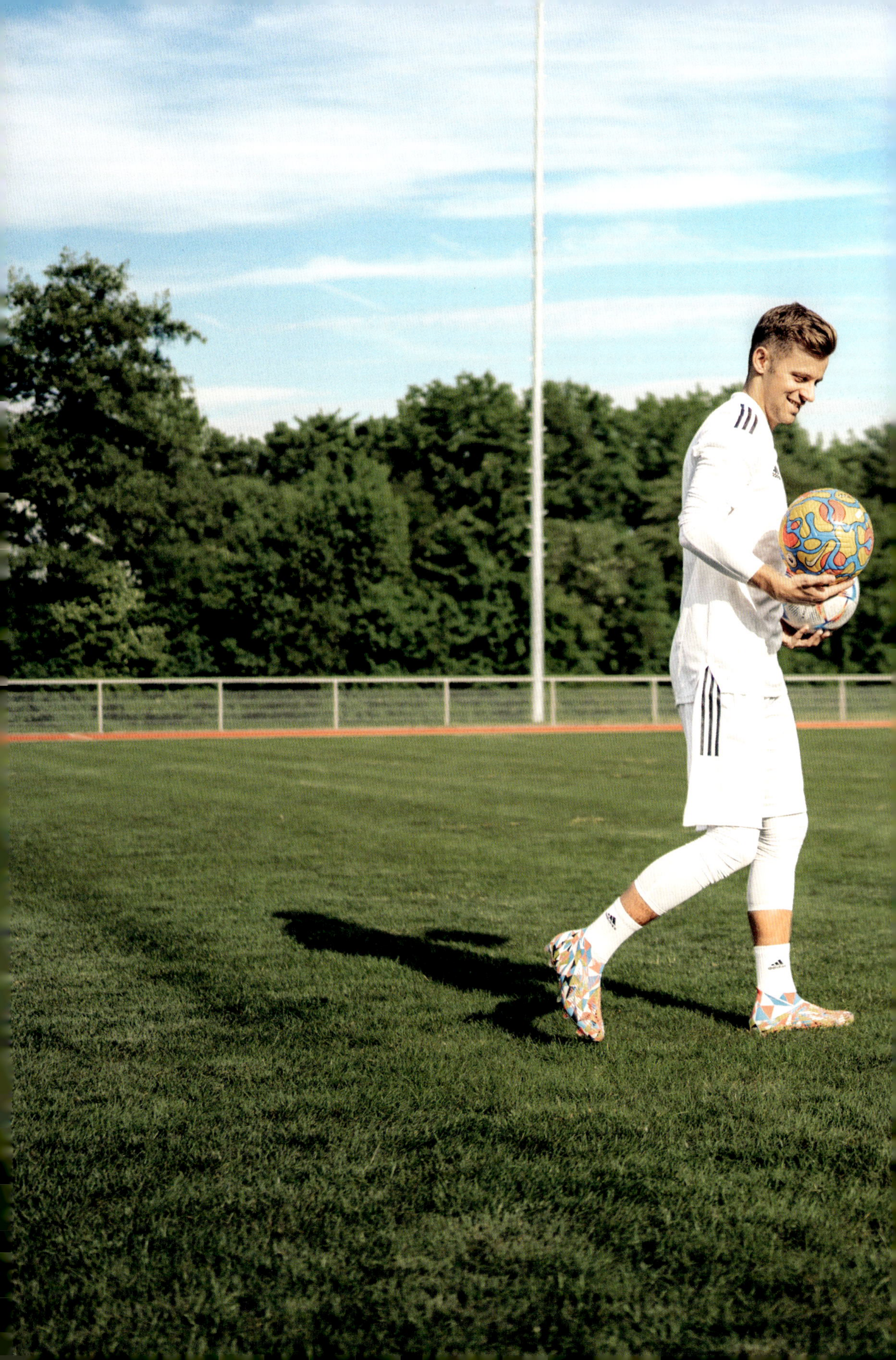

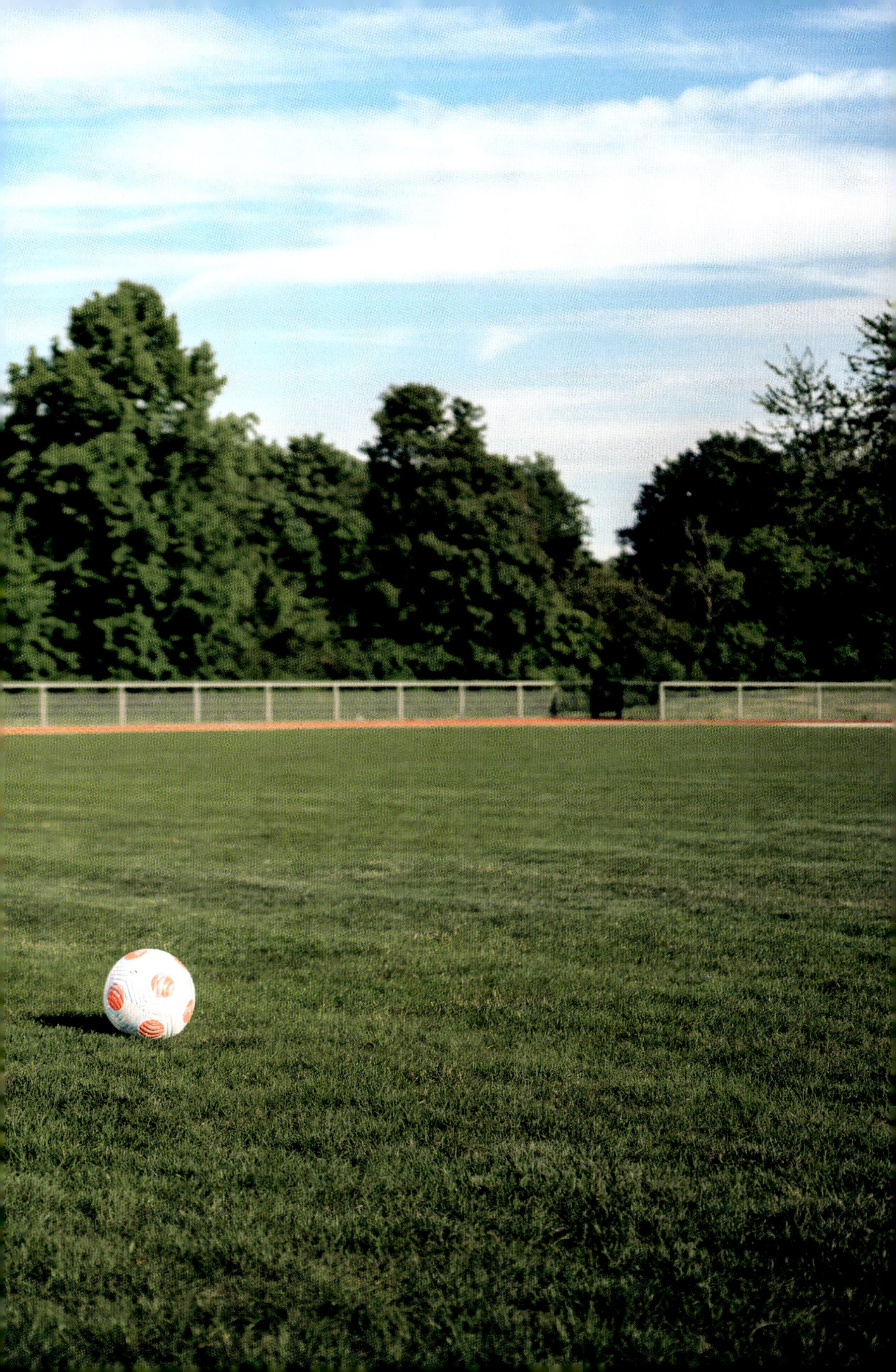